ターニャ・M・ラーマン

リアル・メイキング
いかにして「神」は現実となるのか

柳澤田実 訳

慶應義塾大学出版会

母の想い出に

HOW GOD BECOMES REAL: Kindling the Presence of Invisible Others
by T. M. Luhrmann
Japanese translation published by arrangement with Princeton University Press
through The English Agency (Japan) Ltd.

日本の読者の皆さんへ

日本の読者の皆さんにご挨拶できることを光栄に思います。私にとって、日本は驚くべき国、常に想像力が自由に発揮される場所でした。宮崎駿監督の映画、生き生きとしたキャラクターたちが登場する漫画、そして月の精や体のない妖怪、思いがけない、時には恐ろしい行動をとる猫たちが登場する日本の民話は全て、想像力豊かに描かれ、また奇想天外で思いもよらないものです。この点に関して付け加えるならば、ファンダムがこれほど重要な意味を持つ国は他にはあまりありません。日本のファンの中には、アイドルのために祭壇を作り、特別な日にはバースデーケーキを捧げたり、アイドルをガールフレンド、あるいは妻のように扱う人もいると聞いています。

本書『リアル・メイキング』は、こうした振る舞いを中心テーマとしています。日常的にはリアルではないもの（神、霊、スクリーン上の人格との関係、機械仕掛けの犬など）は、どのようにして**現実である**かのように感じられるようになるのでしょうか？　ロボットに愛されていると感じたり、絵本の登場人物に抱きしめられたり、会ったこともない映画スターに大切にされていると感じたりするようになるには、どうすれば良いのでしょうか？　『リアル・メイキング』は表向きには宗教をテーマにしています。けれども、私が心を掴まれた主な謎は、宗教よりもはるかに大きなものでした。私にとっての謎とは、普通の人間がどのようにして、神を、人と話すことができる一人の人物のように体験できるようになるのかということでした。神は目に見えません。信仰する人は、それが誰であるかを想像しなければなりません。しかし、多くの信者は、この想像しなければならない存在を、自分と社会的な関係を持つ存在として体験するようになります。彼らは、神が自分たちを愛し、語りかけ、覚えていてくれる、単なるごっこ遊びではない存在であることを体験するようになるのです。熱心なファンや「俺の嫁（Waifu）」のような関係を持つ人々が愚か者でも狂人でもないように、このような信者は愚か者でも狂人でもないのです。

『リアル・メイキング』では、こうした現象について私が人類学者として学んだことを説明しています。最も重要なことは、人々が想像上の他者を、例えば日常世界のテーブルや椅子を扱うのと同じような仕方で、リアルなものとして扱わないということ、そして想像上の他者が確かに現実であると感じるための具体的な習慣やテクニック、暗黙の文化的期待が存在するということです。全ての神々は想像されなければなりませんが、彼らが入り込む想像の世界は、細部に至るまで詳細で、かつある程度共有されたものです。その想像の世界は、神がいつ現れるのか、その神がどのようにコミュニケーションをとるのか、その神が誰に対して現れるのかを認識するための暗黙の方法を設定しています。本書で私は、コミュニティが協力し合い、自分の内面にある考えや感覚に注意を向けることで、神が現れる時を見定める方法を教え合っていることを説明します。そして、実際人々は想像しなければならないこの神と何度も相互作用する練習をし、その練習によって、神がいかに生き生きとリアルに感じられるようになるかを示します。

本書の中で私は、神や霊をより鮮明に体験できる人がいることも示しています。自分の内なる世界に没頭できる人、自分の心を想像し、世界に対して多孔質である人、神や霊を鮮明に体験するために何度も練習する人、こうした人たちは、目に見えない神や霊が存在し、応答してくれると感じやすいのです。そのような人たちには、自分の感覚で神を体験する瞬間が起こりやすいことを本書は示します。彼らは、まるで神が現実にそこにいるかのように、神の存在を見たり、聞いたり、感じたり、感覚したりするのです。

本書の説明は、想像に過ぎないものが、どのようにしてこの世でリアルに感じられるようになるのかを理解するのに役立つと私は考えています。ファンにとってアイドルがまるで彼を知っているかのように感じられるようになるのはなぜか？　ロボットの犬が感情を持つようになるのはなぜか？　あなたが信じていないはずの幽霊が部屋の隅から話しかけてきたりするのはなぜか？

ぜひ本書を楽しんでいただけますように。

凡例

- 訳注は、本文中に〔　〕の中で示した。長い注に関しては、*をつけ脚注にした。
- 書籍名については、邦訳のあるものは邦訳のタイトルに従い、ないものは訳した上、原著タイトルを添えた。

序

私たちは全員、溝の中にいるが、中には星を見ている者もいる。

——オスカー・ワイルド『ウィンダミア卿夫人の扇』

信仰はなぜ長続きするのだろう。この問いについて考えるにあたり、多くの学術的理論が、宗教が持つ二つの端的な特徴を考慮していないことは印象的だ。第一に、宗教とは、人々が目に見えない他者と触れ合うために努力する実践である。第二に、宗教を信仰する人々は変化を求めている。彼らは日常とは異なる感覚を得たいと願っている。ところが、ほとんどの宗教に関する理論は、こうした特徴を探究する代わりに、目に見えない他者を信じることを当たり前のこととみなしたり、認知上の誤りとみなすことから始めてしまう。雨乞いの祈りとは実際に雨乞いの祈りであって、それは叶えられないものだとこうした理論は仮定する。これらの理論は、なぜ分別のある人々が明らかに馬鹿げた信念（belief）を持つのか、その理由を説明しようとする。例えば、人々は孤独を恐れ、親を〔目に見えない他者に〕投影している（フロイト）

とか、社会というものの経験は非常に強力なので人々はそれを神として象徴化した（デュルケーム）とか、人々は夢のなかで超自然的なことの証拠に見える奇妙な経験をする（タイラー、ジェイムズ）といった説明だ。あるいは人々は素早く自動的に考える時に、目に見えない他者の存在を直感するための帰属的な形式を進化させてきた（ボイヤー、バレット）とか、自然描写の翻訳が長い時間の経過のなかで躓いた結果、「言葉の病」が異世界の存在に関する神話を生んだ（ミュラー）などである。これらの理論は、信じることは直接的でそれ自体問題にはならない、つまりほとんどの文化で人々は端的に霊や超自然的なものがそこにあると思っていると仮定する。

しかし、これはおかしな話だ。神や霊は見ることができない。握手をすることも、その目を見ることも、話す声を聞くこともできない。だから神や霊がそこにいるのを当然だと思うのはおかしなことだ。更に人は目に見えない存在が何をもたらしてくれるのかについてあれこれ考えるが、その約束は往々にして果たされない。多くの場合、神々は人々の考えを知っていて、人の運命を決めると考えられていて、また多くの場合、神々を崇拝する者に正義と報いを約束する。しかし、信仰心の篤い人にとっても、人生は時として気まぐれで不公平に感じられることがある。私たちは、こうしたパワフルで慈悲深い、目に見えない存在が、簡単に利用可能で、いつでも応答してくれると想定すべきではないだろう。

もし私たちが信念（belief）という先入観なしに、「人が信仰（faith）に費やす努力は、神や霊をリアルに感じるために役立つのか」という問いから出発するなら、人が神や霊を礼拝する時にすること、そしてその実践が従事する人々に与える影響に焦点を当てざるを得なくなる。すると、その習慣自体が信念を強くするのに役立っているのかどうかを問うことができる。また人々が、「自分の信じる神々はリアルだと自分を説得する必要があるのか」と問うことができれば、突如宗教儀式はより意味を持つようになる。結局のところ、もし霊がここに存在していると問題なく信じられるのなら、つまり霊が単にそこにいて、応答し、利用可能ならば、なぜ彼らを呼び出すために徹夜の太鼓の儀式が必要とされるのだろう。もし、神が常に目の前に存在し、気づいているなら、なぜ神に祈る必要があるのだろうか。

この本で私は、宗教の謎とは偽りの信念の問題ではなく、「神や霊がどのようにして人々にとってリアルな存在となり、リアルであり続けるのか」、また「こうした現実制作《リアル・メイキング》は人に何をもたらすのか」という問題だと主張する。これは、神々はリアルではない、あるいは信心深い人々も実は疑いを抱いているということではない。信仰を持つ多くの人々は、神々がリアルであるのは当然であるかのように話すし、疑いを表明することは決してない。しかし、彼らは礼拝のために大変な努力をする。莫大な労力と時間とお金をかけて、大聖堂を建てる。儀式の準備に何日も、何週間もかけて、食料を集め、儀式会場を作り、参加者を集める。神殿の薄暗い照明や福音派のメガチャーチの凝った演出など、聖なる空間に演劇的な効果をもたらすことで、彼らは異質な感覚を強化するが、そのようなことは聖典で命じられているわけではない。彼らは断食をする。特別な服を着る。何時間も詠唱する。彼らは休むことなく祈り続ける。

もちろん「信じているからこそ、大聖堂が建てられるのだ」と言う人もいるかもしれない。私は、もし焦点を移したら、何がわかるのかを問うているのだ。つまり、もし信じるから礼拝するのではなく、礼拝するから信じるのではないか、と問うとしたら、何がわかるのかということだ。私の考えでは祈りや儀式、礼拝は、「目に見えない他者が現実であること」を抽象的に知ることから、「神や霊がその場にいて、意識を持ち、応答しようとする」と感じることへと導く。私はこのことを「現実制作《リアル・メイキング》」と呼ぶことにし、そのプロセスで得られる満足感が信仰の持続する理由をある程度は説明すると考えている。

「現実制作《リアル・メイキング》」という言葉で私が意味するのは以下のことだ。信仰を持つ人の課題とは、神や霊が、ダークエネルギーのように抽象的に存在していると信じることでなく、今、ここで重要なのだと信じることである。つまり、床が実在することを知っているように（あるいは、じっくり考えればわかるように）、母親の愛をリアルに感じるように、神や霊をリアルに感じるということだ。つまり、信仰を持つ人は、神や霊が自分に関わっていることを、内面で親密に感じるようになるのである。人が、自分の人生にとって良い意味で重要である目に見えない存在との関わりを持続させるためには、堅固な〔現実〕世界の判然とした性質に対して、神は繰り返し現実化されなければならない。人はどうにかして、祭壇が金箔を貼った木材以上のものになり、イコンの目が炎に包まれながら自分たちを見返すような状態にまで到達しなければならないのだ。

　この本は、目に見えない他者がリアルに感じられるようになる方法の一端を描き出す。私が人類学的に注目するのは、心、つまり内面の意識である。なぜなら、目に見えないものを知るには、感覚できないものを把握する能力、つまり想像力が必要だからだ。モーリス・ブロッホ（Broch 2008）が思い出させてくれるように、想像する能力が宗教を可能にする。私が説明することの多くは、注意（attention）の微細なプロセス、つまり目に見えない他者を把握するための心の使い方に関わる。そのように心を使うことである時はより鮮明で、より直接的だが、常に何かがいるという可能性を信仰者が保ち続けられる仕方で目に見えない他者が把握される。私はこのような現実制作《リアル・メイキング》の行為を「発火《キンドリング》」と呼ぶ。というのもこれらの行為は火が燃える場所と方法を形作るが、大きな火を燃え立たせるための小枝や火口のように、それ自体はささいな出来事だからだ。社会的に形成され、局所的に特定された注意の微細なプロセスは、心を使って注意を「ありのままの世界」から、信仰の範囲で理解される「あるべき世界」へと移動させることによって、信仰を持つ人に対し神の存在感を発火《キンドル》させる。本書では、目に見えない他者がリアルに感じられるようになる過程が人々を変え、その変化が信仰の強力な動機になることを論じる。

本書は、福音派キリスト教徒を対象に私が行った過去の民族誌研究に由来する、一連の仮説を整理したものだ。私はこれまでイギリスの魔術、アメリカのサンテリア、インドのゾロアスター教など、様々な信仰を調査してきた。しかし、私が深く研究することになった現実制作《リアル・メイキング》のプロセスを見出したのは、何よりも福音派の伝統の中だった。私が福音派で見たことの多くは、他の宗教でも起こっている（もちろん、多くのことは異なってもいるのだが）。霊が目に見えないという問題は、多くの社会に共通している。本書で私は、私が知っている宗教に見られる基本的なプロセスが、他の社会の宗教についても何かを照らし出することができるのかどうかを問いかけている。

その基本的な主張はこうだ。**神や霊、つまり目に見えない他者は人々にとってリアルな存在にされなければならず、この現実制作《リアル・メイキング》がそれを行う人々を変化させる。**私たちが宗教と呼ぶものの周りにある社会的実践を見ると、実践者が「現実とは何か」という感覚を変化させる一連の振る舞いが見えてくる。これらの振る舞いは、目に見えないものの臨場感を増し、その振る舞いをする人間を変化させる。

本書の各章では、議論のステップ、つまり提案や仮説が提示されている。各章の仮説が、他の宗教や社会にどれだけ広く一般化できるかについては、未解決にしている。読者の意見は様々に異なるだろう。何をもって宗教とするのか？　神々は必ずしも目に見えないのか？　サッカーファンは敬虔なカトリック教徒と同じ種類の活動をしているのか？　こうした問題にはまだ誰も決着をつけることができない。また、特定の木や川の周りにいて、能力が限定的な「小さな神々」よりも、力強く、全知全能で、道徳的な「ビッグ・ゴッド」（Norenzayan 2013）にとって、現実制作《リアル・メイキング》はより一層重要なのかという問題もある。しかし私の考えでは、本書で私が説明する実践は多くの宗教に共通し、これらの実践は、目に見えない他者がいかにリアルに経験されるようになるのかを、ある程度説明できている。

　この本は招きであり、最近言うところの「挑発」でもある。いくつかの仮説を提示する本書は、それらの仮説が、私たちが宗教と呼ぶものをどの程度説明できているか、あなた、つまり読者に問いかけている。以下は、主要な仮説のリストだ。このリストは本書の各章への道しるべにもなっている。

　第一に、**人は神や霊を（簡単には）信じない**。人は、日用品が現実であるように、神や霊がリアルであるように振舞うことはない。「宗教の認知科学」[*1]という分野の大きな発見は、人は恐怖や驚きを感じた時、素早く、簡単に、自動的に、目に見えない存在に関する考えを生み出すということだ。しかし、目に見えない存在、つまり神や霊がリアルだと深く信じるためには、特別な思考、予期、記憶の方法で世界を解釈しなければならない。私はこれを「信仰の枠組み」と呼ぶことにする。この信仰の枠組みは人々が世界を理解する通常の方法と共存し、時にはそれと矛盾することもある。ある司祭は「**これは私の体だ**」と言うが、それ［＝聖体のパン］は乾いたクラッカーのように見える。説教は「**私の神は何でもできる**」と主張するが、神は離婚を止めることはできない。だから信じることは簡単ではない。特に、目に見えない他者があなたを愛し、ケアし、安全に保ってくれると想定する場合には。

　第二に、**詳しい物語は、神や霊をリアルに感じさせるのに役立つ**。詳細な物語は信仰の枠組みをより身近なものにし、人々が目に見えない他者をよりリアルに体験できるようにする。見えない他者が臨在することを感じさせる作業は、優れた物語から始まり、こうした優れた物語は豊かで具体的なディテールを持つから説得力があるのだ。良質で、詳しい物語、つまり鮮明に想像された世界は、疑念を宙吊りにする。また、物語は、見えない他者を人々と交流できるキャラクターとして紹介し、そのような他者と話し、彼らが語り返してくれることを体験させる方法を提示する。

第三に、**才能と訓練が重要である**。人々が何を行い、何をその活動に結びつけるかは、神や霊をどのように体験するかに影響する。想像することに没入する人は、目に見えない他者についてパワフルな体験をする可能性が高い。また、訓練も効果的だ。祈りや儀式の間に、想像することに没頭する練習をする人も、目に見えない他者を体験をする可能性が高くなる。没入（absorption）は、内的世界と外的世界の境界を曖昧にし、人が世界を理解するために信仰の枠組みに頼ることを容易にし、自分の感覚で感じるという仕方で、見えない他者が臨在することを経験できるようにする。

第四に、**心についてどう考えているかもまた重要である**。神や霊に関する内面的な証拠は、しばしば心と世界の間にあると感じられる領域、すなわち、自分のものとは思えない思考、風に乗ってささやくような声、そこにいるのに視界の届かないところにいると感じられる人など、人の内的意識と感覚的世界の間にある空間からもたらされる。特定の社会に属する人々が、思考、感情、意図、欲望といった人の心の地形を文化的モデルへとマッピングする方法に従って、こうした奇妙な瞬間への対応の仕方は形作られ、そ

＊1　「宗教の認知科学」については、第1章及び注を参照のこと。

の瞬間はより感覚的で、より外的で、よりリアルに、より神々や霊の証拠のように感じられるようになる。
第五に、**応答の感覚は「発火《キンドル》」する**。目に見えない他者の臨在に対する人の感覚は、こうした細やかな注意の実践という燃え殻から発火《キンドル》するだけでなく、特定の方法でも燃え上がる。火はより簡単に、より特定の方法で再点火する。この章では、何がどのようにスピリチュアルな存在を燃え立たせるのか、その理論が述べられている。神の声を聞いたり、霊を見たり、死者の存在を感じたりする瞬間は、他人の証言に頼らない証拠になるので、信じる人にとって重要だ。そのような瞬間があると、世界を理解するために、信仰の枠に手を伸ばすことが容易になる。

第六に、**祈りの実践は、人々が自分の思考に注意を払う方法を変える**。祈りは信仰の枠組みを使う具体的な方法であり、それが人を変えるのは、人が自分自身の意識、自分の内面世界に注意を向ける方法を変えるからだ。祈りとは、考えることについて考える行為である。認知行動療法士がクライアントに自分の思考に対する注意の仕方を変えるよう指導するのと同じように、祈りは祈る人が自分の思考に向かう方法を変える。祈りは、現実制作《リアル・メイキング》がどのように人々を変えるかを示す、第一の拡張例である。

第七に、**人は神や霊と関係を構築する**。これは、現実制作《リアル・メイキング》がどのように人を変えるかについての二番目の拡張例だ。人は、訓練し、目に見えない他者がよりリアルになるにつれて、その他者と自分自身を再び関係づけるようになる。この関係は非常に親密で感情に溢れたもので、「信念」という言葉で捉えきれるものではない。現実制作《リアル・メイキング》がうまくいくと、人は神を特定の方法でリアルにし、その神と特定の関係を築くが、それはある意味、全ての社会的関係が持つような行きつ戻りつする特質を持っている。一旦実在するようになった神は、人々がリアルに感じるものを変えるが、時には、他の神と関係を持つ他宗教の人々のやり方とは劇的に異なる仕方で変えるだろう。これらの関係は、信仰の枠組みを日常世界に根付かせ、重要なものにする。

この本は無神論者の本ではない。信仰者の本でもない。これは人類学者の本であり、人間が自分の世界を認識するためのフィルターである「心（mind）」についての人類学の著作である。私が本書で述べることとは、神や霊が本当に実在することを肯定も否定もしない。人類学者が見ることができるのは、目に見えない他者との関係の人間側の部分だけだ。その関係は、懐疑論者にとってと同様に、信仰を持つ人間にとっても明らかに複雑で曖昧なものだ。私たちは皆、暗いガラスを通して見ていて、誰も「現実界（the Real）」に直接アクセスすることはできないのである。私が本書で提供するのは、人が神や霊をリアルなものにし、目には見えないけれど、生き生きと感じられる存在との関係を発展させた時、彼らがどのように変化するかについての説明である。

注：「文献エッセイと注」のなかに各章に関する短いエッセイがあり、このエッセイには興味を持った読者のために、より豊かな学術的議論やより詳細な実証分析が含まれている。

目次

第1章 信仰の枠組み

信念はいつも誤った問題だと感じる。特にそれが神々の現実性を判断するための診断として提示される時には。

――ロバート・オルシ『天と地の間で』

現代の敬虔なキリスト教徒は、自分は十分に信心深くないと頻繁に言う。彼らは、神の愛を頭の片隅に置いておくことがいかに難しいかを悲しむ。また、次の日曜礼拝までの期間に神のことを忘れてしまうことを嘆く。そして、神が自分の問題を解決してくれると信じることができなかったことを詫びる。ある男性が、失った職の代わりの仕事を神が与えてくれると十分に信じることができないと言って、教会の前で泣いていたのを私は覚えている。もしあなたが注意深く観察するならば、教会の礼拝とは、人々が真剣に神と向き合い、神が彼らの人生に影響を与えられるように振る舞うことを思い起こすためのものだとわかる。その振る舞いとは、祈ること、聖書を読むこと、キリストのようになることだ。そして、人々は、家に帰って子供たちを怒鳴りつけては、イエスのようになることを忘れてしまった我が身の愚かさを感じると言う。彼らは祈る時間が足りていないと言う。また、神が助けてくれるように振る舞っていないと告白する。彼らは、自分が真に理解していないのではないか、献身していないのではないかと心配している。

実際、もしあなたが注意深く見るならば、教会とは、日曜日ごとに人々の心の習慣を変えることに関係していることがわかるだろう。心の習慣が変われば、神は人々にとってよりリアルで、より重要な関係を持ち、より身近だと感じられるようになる。また彼らは教会に来た時よりも一層神を信じることができ、出て行った後もそうした信念を長めに持ち続けられるようになるのだ。以下の引用はキリスト教の最も明確なメッセージの一つである。**あなたは神を信じているかもしれないが、本当はそうではない。あなたは神を十分に真剣には捉えていない。神がそこにいると思っているかのように振る舞っていない。「主よ、私は信じています。私の不信仰をお助けください」**（『マルコによる福音書』9章24節）。

私が、シカゴとサンフランシスコ・サウスベイで、カリスマ的福音派プロテスタントを対象に民族誌的なフィールドワークをした時（Luhrmann 2012）、このあからさまなパラドックス（信じていないのに信者であること）は際立っていた。そこにいたのは熱心な信者たちで、ほとんどの人たちは確固たる信念をもって神の実在を主張し、その多くは（彼らが理解したように）その信念に従って行動し、現実的な結果をもたらす仕方で〔ドナルド・トランプら右派政治家〕に投票した。しかし、民族誌家として注意深く見聞きしているうちに、彼らが、信仰の中心にある目に見えない他者を、吠える犬やオレンジの皮のような目に見える日常の事柄とは全く異なるものとして扱っていることがわかった。彼らは「神が語りかけてきた」と言ったが、神の言葉を聞いたという他人の報告に対して、特にその言葉が具体的な結果をもたらすものである場合には、しばしば懐疑的だった。例えばある牧師は教会でこう言った。「もし神様が、落ち着きなさいとおっしゃったら、それは神様の言葉だと思ってください。もし神様が、仕事を辞めてロサンゼルスに引っ越しなさいと言われたら、私やハウスグループ[*1]、祈りの輪で共に祈り、神様の言葉を正確に聞いたかどうかを見極めてください」。「神様に不可能はない」と言いながら、人々は決して神に学期末のレポートを書いてもらったり、買い物に行ってもらったりはしなかった。彼らは、「神様の力と愛は無限だ」と何度も語ったが、しばしば自分は無力で愛されていないと感じていた。また、祈るべき時に、助けを求めて祈るのを忘れてしまうと頻繁に語り、明らかに叶わない祈りに苦悩することもしばしばあった。彼らは信仰の神秘について、つまりなぜ神はある祈りには応えるのに他の祈りには応えないのか、なぜ神は彼らの人生にこのような痛みを許すのか、自分はほとんど理解できていないと語った。

私の観察によれば、これらの頑固な福音派キリスト教徒たちが、神を自分たちの生活の中に存在させ、際立たせるためには、努力が必要だった。この目に見えない他者への信念（belief）は、目に見えるもの、あるいは電気や微生物のような目に見えないものも含んだ、日々現実として存在する事象への信念とは、ある意味で違っていた。神の深い愛に対する真っ直ぐな信仰を維持するのは、とりわけ難しいことだった。世界はしばしばそうした信仰を否定しているように見えたからだ。

私が見たところ、彼らは少なくとも週に一度は教会に通っていた。毎日聖書を読むように心がけ、聖書の物語を通して自分たちの生活の詳細を説明し、少なくとも1日30分は祈るべきだと考えていた。彼らの

＊1　福音派の各教会が組織する、年齢ごと、あるいは地域ごとの信徒の集まり。こうした小グループの活発な活動が福音派教会の組織的強みである。

多くは、毎週一晩、小さなグループで他の信徒と過ごし、そこで祈り、歌い、聖書について語り合った。そのようなことをしない限り、信仰は枯れて死んでしまう、つまり、神を意識の前面、意識の中心に置く努力をしない限り、神は消えてしまうと彼らは何度も語った。彼らは、キッチンテーブルなど、自然な日常世界にある普通の物について、このように言うことは一切なかった。目に見える世界は頑固なので、目に見えない他者についての推論が経験によって裏付けられない場合、それに対するコミットメント〔責任ある関わり〕が薄れる可能性がある。信者たちはそのことをわかっていた。

多くの人類学者は信念についてこのようには語らない。公正を期すために言うと、キリスト教徒はしばしば絶対的な確信をもって自分の信念について語る。それゆえ観察者が以下のように言うのは簡単なことだ。彼らは一文ごとに主を賛美しているのだから、なぜ神がリアルであることに対する彼らの確信に疑問を抱く必要があるのだろう、と。C・S・ルイスは以下のように書き記している。「私がキリスト教を信じるのは、太陽が昇ったと信じるのと同じだ。それが見えるからというだけでなく、それによって全てが見えるからなのだ」(Lewis 1962 : 165)。

このような発言を自分の国でよく耳にするためか、人類学者の多くは、自分たちの研究対象が、超自然的なものに対してためらいを抱かず、超自然的なものを自分たちが歩いている地面と同じくらい端的にリアルなものだと信じているかのような文章をよく書く。人類学者はしばしば、世俗的で西洋的だと想定される読者に対して、非西洋的で、社会が世俗化されたことがない人々について解説するにあたり、次のような文章を書く。

（アンダマン島民は）霊が死んだ男女の肉を食べると信じている。　（Radcliffe-Brown［1922］2013：140）

例えば、酋長は時にライオンとして「立ち上がる」と信じられている。この信仰は、動物や樹木、祖先に捧げられた工芸品に祖先が宿るという説と一致している。　（Fortes 1987：136）

神の存在は誰にとっても当然なものとみなされている。　（Evans-Pritchard 1956：9）

エヴァンズ＝プリチャードの文章は全て「もちろん」で終わる、とクリフォード・ギアーツ（Geertz 1988：58）が述べたように、先の引用の最後の文章は、暗黙の「もちろん」で終わっている。そういうものなのだ。これらの人々は、神々は実在し、現前し、パワーを持っていると考えているのである。

実際、人類学者がこのような書き方をするのは、研究対象である人々があまりに無批判であるから、「信じている（believing）」と表現することさえ間違いだと考えているからだ。それがエヴァンズ＝プリチャードの言いたかったことなのだ。彼は、ヌエル族が「神は存在する」などと言う可能性を否定するために、以下の文章を書いたのである。

ヌエル人にとって、それは無意味な発言であろう…ヌエル語には「私は信じる（I believe）」を表す言葉はない。　（Evans-Pritchard 1956：9）

このような主張は、ある人類学者から別の人類学者へと次々に反響している。クリスティーナ・トーレンは以下のように記している。

> 私たち（人類学者）は、情報提供者が知っていることを信念とみなし、そうすることで彼らを誤って表象してしまう。例えば、私がフィジーの情報提供者を正しく表象しようとするならば、彼らは、祖先が彼らのものであった場所に住んでいることを知っている、と言うべきだろう。（Toren 2007：307–8）

彼らは「信じる」のではなく「知っている」のである。

人々は自分たちの神々がリアルであることを「信じる」のではなく、むしろ「知っている」のだと人類学者が主張する時、彼らはしばしば現代人が犯す愚かな過ちを表明している。彼らはしばしば、「（何かを）信じる」ことは西洋的あるいはキリスト教的なものだと主張する。これは、タラル・アサド（Asad 1993）によって力強く主張されたことだ。時に人類学者たちは、人類学者が他の人々の信念について語る時、それは本当は彼らを免責するための手段なのだと主張することもある。エドゥアルド・ヴィヴェイロス・デ・カストロ（Viveiros de Castro 2011など）、モルテン・ペデルセン（Pedersen 2009）、マーティン・ホルブラード（Holbraad 2009）は、人類学者がアマゾン、モンゴル、キューバなどの人々の信念を調査する方法について、怒りに燃えたテキストを書いている。彼らによれば、人類学的な観察者のほとんどが、〔調査対象の持つ〕信念は誤りであることが前提であるかのように書いているが、そのような見方は根深い植民地主義的な衝動や科学的帝国主義に突き動かされている。以下はヴィヴェイロス・デ・カストロ

(Viveiros de Castro 2011：133) の言葉である。「人類学者は、『ヴィジョン〔＝幻視〕』とは信念でも人々に共有された見解でもなく、客観的に見た世界であることを認めなければならない。世界観 (world views) ではなくヴィジョンとしての世界 (worlds of vision) である」。

西洋近代の人々のリアル (現実的) なものについての考え方が、啓蒙主義的な伝統とキリスト教というルーツの両者により、かなり文化的に特殊であることに私は同意する。しかし私は、西洋以外の人々が人間や木や岩がリアルであることと、幽霊や神や霊が現実であることを区別せず、後者をリアルなものとして体験するために努力する必要がないとは思わない。その証拠として、全ての人間集団は、自然とみなされるものと自然を超えたものとを、たとえその線引きの仕方が異なっていたり、何がその線のどちら側にあるのかについて異なる結論に至ることがあり得るとしても、区別していると私は思う。

ロバート・バートレットが『中世における自然と超自然 (*The Natural and the Supernatural in the Middle Ages*)』(Bartlett 2008) の中で指摘しているように、あるものは自然であり、他のものは神からもたらされるという考えを否定しなくても、人々は何が自然であるかについて不安定な考えを持つことができる。実際、西洋人以外の人々が、岩石や神々を現実として異なる仕方で捉えているわけではないと決めつけることは、彼らが私たち西洋現代人ほど繊細な存在論を持っていないと決めつけているようで、いささか侮辱的に私には思える。全ての人間は柔軟な存在論を持っていて、(一方では) 神々や霊について、(他方では) 日常的な世界について、異なる仕方で捉えているのではないかと私は思っている。

この点を理解するために、まず近年、哲学者や心理学者が人間の思考について教えてくれたことに目を向けてみよう。過去四十年ほどの間に、人間は二つの異なるパターンの推論を行うことが明らかになってきた。ヒューリスティック推論と分析的推論（Evans 1984）、システム1（直観）とシステム2（意図的推論）(Kahneman 2003)、暗黙的信念と明示的信念（Boyer 2001）、非反省的信念と反省的信念（Barrett 2004）、アリーフ（alief）とビリーフ（belief）（Gendler 2008）などである。それぞれの対が強調する現象は多少異なるが、いずれも、人間は、速く、自動的に、直観的に考える時と、ゆっくり、注意深く、熟慮して考える時とでは、異なる結論に達することを指摘している。

私たちは最初の推論パターンによって生み出される考えを「直観」と呼んでいる。それは人々が「第六感（from the gut）」から生み出す信念だ。直観の中には、「人間であること」のより多くの部分だと思えるものもある。幼児でさえ、固体の物体が他の固体の物体にぶつかると、跳ね返ってくると思っている。幼児はまた、物体が互いににじみ出ているように見えると驚く。人間には「生得的な物理学」だけでなく、生得的な生物学、生得的な心理学、さらには生得的な数学さえも備わっているようだ（Spelke and Kinzler 2007）。その他の直観は、後天的な知識に基づいている。「カリフォルニアでは洪水が原因で多くの人が死亡した」と「カリフォルニアでは地震による洪水が原因で多くの人が死亡した」のどちらが可能性が高いかと尋ねられると、論理的には前者の方が可能性が高いにもかかわらず、多くの人が後者を選ぶのは、カリフォルニアは洪水ではなく地震と関連していると学習しているからである。バークレー校の哲学科を卒業した若い女性が銀行員になったのか、それとも銀行員でフェミニストになったのかを尋ねられると、（統計学的に言えば）後者の方が前者よりも可能性が低いにもかかわらず（「a」と「b」の両方であるものの存在は、「a」のみであるものよりも可能性が低い）、バークレー校の人々は政治的に進歩的だと学習しているため、人は後者を選ぶことが多い。

これらの例は、ダニエル・カーネマンとエイモス・トヴェルスキーの卓越した研究によって生み出された数多くの事例の一つであり、カーネマンのノーベル賞受賞演説（Kahneman 2003）に要約されている。（トヴェルスキーは受賞前に逝去）。カーネマンとトヴェルスキーは、私たちの素早い判断が特定の方法で形作られることを示すために、以下の原則を使っている。代表性（地震は洪水よりもカリフォルニアを代表し、フェミニストは銀行員よりもバークレー校を卒業した女性を代表する）、顕著性（縦線と二つの縦長の半円は、数字の列では「13」に見えるが、文字の列では「B」に見える）、フレーミング効果（あるプログラムが人口の半分の命を救うと人々に伝えれば、人口の半分を死に至らしめるプログラムよりも好まれる）だ。これらは、人々が事前の知識に基づいて迅速に意思決定するのを助ける原則であり、多くの場面で、人々の認知的コストを節約し、安全を保つのに役立ち得る。

対照的に、熟慮型思考とは、いわゆる合理的な決断を下す時や、分析的な論文を書く時に行うものである。このような時、私たちは議論のステップを意識する。そのステップを意識的に考え抜き、それが証拠によって裏付けられているかどうかを慎重に検討する。熟慮的思考は直観に後押しされ得るが、人は熟慮的思考をする時、誰かが混乱しないように分析的要素を明確に配置しようとする。研究論文を書いたことのある人なら誰でも証言できるように、熟慮的思考は難しいものだ。

この二つの思考法の背後にあるモデルが示すのは、人間はあらゆる種類の問題を解決するために常に直観を生み出しているということだ。例えば、電車でどこに座るか、家の中に誰もいないか、話している相手を信用すべきかどうか等についてである。より多くの情報があれば、最初の直観を覆すことができる。もし私が隣の部屋で物音が聞こえたら、最初は侵入者がいるのではないかと心配するだろう。しかし、部屋に入って調べ、犬が何かを倒していたことがわかれば、恐怖は苛立ちに変わるだろう。私たちはあらゆる種類の事柄について直観を持つが、詳しく知るとすぐに直観は真実ではないと判断する。誰かを信頼するとか、ラックにかかったシャツは自分に似合うだろうとか、注文した料理はおいしいだろうとか、そういう直観だ。

「宗教の認知科学（Cognitive Science of Religion）」と呼ばれる分野の現時点での偉大な功績は、超自然的な存在に対する、より理性的で熟慮されたコミットメントを支え得る多くの直観を、私たちの進化した心の習慣が生み出していることを示したことである。パスカル・ボイヤー（Boyer 2008）は、『ネイチャー』誌の論文で、これらの特徴のいくつかを要約している。

第一に彼が指摘したのは、人は乱暴に擬人化するということだ。人は雲に顔を、車に目を見る。コンピュータ画面上で二つの幾何学的な形が連続的に動くと、人はそれらに意図を見出す。第二に、人は誰かが不在の時にその人を心に留めることができるだけでなく、不在の他人や想像上の他人とさえ永続的な関係を築くことができる。第三に、人間には心があるという理解が芽生える前の幼い頃は、自分が知っていることは誰もが知っていると思い込んでいる。全知全能の知者という考え方は、子供だったことのある人なら、ある意味で誰でも知っていることだ。第四に、人間は集団を形成し、その中では信頼や、コミットメントを示す偽装しにくいシグナル〔合図〕に敏感に反応する。証拠がないにもかかわらず、コスト（十分の一税、傷跡、時間）を伴う要求を進んで主張することは、集団の形成を促進するかもしれない。第五に、人は危険に対して非常に敏感である。捕食や汚染の可能性を人は敏感に察知しているようだ。私たちの祖先は、聞き慣れないノイズを捕食者がいるというシグナルとして扱った方が、生き残る可能性が高かったのだろう。その結果、（おそらく他の原因もあるのだろうが）私たちはいたるところにエージェント〔行為主体〕を見出すようになった。

心の習慣が生み出すこのような直観は、見えない存在という一見不合理なアイディアを、確かにもっともらしく思わせるのだろう。ジャスティン・バレット（Barrett 2004 : 13）は、「反省的な信念が、非反省的な信念を通じて私たちの無意識的な心の道具が教えてくれることとうまく一致する時、反省的な信念はより合理的に見える」と述べている。実際、人々が直観的に理にかなっているとは思えない熟慮的なコミットメント（例えば「神は常にどこにでもいる」）を抱いている場合、彼らが行う努力（神の存在を常に見出そうとすること）の一部を、こうした熟慮的なコミットメントをより直観的に感じられるようにする試みとして解釈することができる（Boyer 2013）。

しかし、人々の推論のパターンが異なるという観察結果は、考え自体の信憑性とその考えへの持続的なコミットメントには違いがあることを教えてくれるだけでなく、信念とは一種類のものではないことを想起させてくれるはずだ。カーネマンとトヴェルスキーはこのことを「システム1とシステム2」、あるいはカーネマン（Kahneman 2011）の有名な本のタイトルを借りるならば、「速く考えることと遅く考えること（ファスト&スロー）」と呼んでいる。人は信念と呼ばれる様々な考えを抱く。「電車は10時12分に着く」、

「スターバックスのコーヒーよりピーツ・コーヒー&ティーのコーヒーの方がおいしい」、「『ハリー・ポッター』シリーズでは、ハーマイオニーはロンではなくハリーを好きになるべきだった」、「引力は全ての物体を引き寄せる」、「書斎の床にはカーペットが敷いてある」、「アラー以外に神はおらず、ムハンマドはその預言者である」等々だ。これらは、期待、好み、見せかけ、科学的、事実的、宗教的といった、様々な種類の存在論的コミットメントを伴う信念である。このような違いは、人々が様々な信念を持つ方法には一貫して違いがあり、人々はこれらの方法の間を簡単に柔軟に行き来できるのではないかという疑問を私たちに抱かせるはずだ。要するに、こうした違いは「異なる種類の信念は一貫して異なる存在論的態度で保持されているのではないか?」という問いへと私たちを導く。

存在論的態度

哲学者のニール・ヴァン・ルーウェン(Van Leeuwen 2014)は、宗教的信念と一般的な信念は異なる「認知的態度」で保たれると論じている。つまり、人は異なる証拠を用いてこれらの信念を評価し、異なる理由でこれらの信念にコミットし、そこから異なる種類の推論を導き出すと言うのだ。はっきりさせておきたいのは、様々な種類の認知的態度で維持される、様々な種類の信念へのコミットメントがあるのは間違いないということである。つまり、事実に関する信念とは対照的な、フィクションに関する信念、知ることに関する信念とは対照的な、行うことに関する信念があり、また平凡な世界に関する信念とは対照的な、自分のアイデンティティを規定する事柄に関する信念などがある。しかし、霊に関する信念に対する認知的態度が、通常の世界に関する信念に対する認知的態度とは種類が異なるという主張は物議をかもすものだ（Boudry and Coyne 2016)。私自身は、ヴァン・ルーウェンが主張する以下の五つの論点に説得力を感じている。

第一に、霊について話す時、人々は異なる言葉を使う。それは、霊がリアルであることとありふれた物体がリアルであることについて、異なる考え方をしていることを示唆している。あなたは「私は犬が生きていると信じている」とは言わない。この事実はあまりに明白で、言うまでもないからだ。あなたは犬が生きていると仮定して、愛らしいとか、お腹が空いているとか、散歩が必要だとか言うのである。ヴァン・ルーウェンは以下の二つの信念を対比させている。

「ジェニファーはマーガレット・サッチャーが生きていると信じている。」

「サムはイエス・キリストが生きていると信じている。」

一つ目は、ありふれた主張だ。２０１３年４月にサッチャーが亡くなった後も、ジェニファーがマーガレット・サッチャーの生存について信念を持ち続けていたとしたら、それは単なる誤りであり、彼女にその誤りを認めさせるのは大して難しくないだろう。しかしサムは、「二千年ほど前に死んで埋葬されたイエスという一人の男がいた」と明らかに気づいているのに、それに対抗する信念を主張している。つまり「イエス・キリストは生きている」という彼の発言は、死という歴史的現実を前提とし、同時にそれを否定しているのだ。これは認識論的に複雑なコミットメントであり、その複雑さは文の構造そのものに現れている。もしあなたがサムに「間違っている」と言えば、彼はおそらく、あなたの方こそ間違っていると激しく反論することだろう。

事実、この二つの異なる種類の信念のコミットメントの一つはありふれたものであり、もう一つは宗教的なものだが、両者は明確に区別されるため、私たちはしばしば異なる動詞を使って識別する。すなわち「考える（think）」と「信じる（believe）」だ。私たちは両者を、異なる存在論的主張を行うものとして扱っている。ヴァン・ルーウェンと彼の共同研究者たち（e.g., Heiphetz, Landers, and Van Leeuwen 2018）は、一連の研究の中で、人々は通常、事実的な主張については「考える」で話し（例えば、グスタフは最終論文の締め切りが6月18日だと考えている）、宗教的な主張については「信じる」で話すのがデフォルトであることを発見した（例えば、リサは寺院でお香を焚けば家族の安全を守れると信じている。ゼインはイエスが水をワインに変えたと信じている等）。ヴァン・ルーウェンと私が共同で行った研究（まだ進行中）では、人々は英語圏やアメリカだけでなく、他の文化圏や言語圏でもこのような区別をしていることがわかった。

第二に、宗教的信念はそれを主張する人のアイデンティティの一部となる。そして人は、アイデンティティを定義する信念に対する挑戦に対して、ありふれた信念に対する挑戦とは異なる評価をする。ありふれた信念は、経験から知る詳細に適応する。例えば愛犬が書斎にいると信じていたのに、キッチンにいるのを見つけたとしたら、私は自分の信念を調整する。一方、もし私がユダヤ教徒で、忠実なユダヤ教徒であるためにはコーシャを守るべきだと信じているとしたら、それは私が何者であるかにとって重要な信念である。その場合、私が間違っていることを示すためには、相当骨が折れることだろう。人は宗教的信念を、自分が何者であるか、世界はどうあるべきかという感覚に応じて、より高く評価する。

実際、自分の信念がストレスにさらされている時、人は自分の宗教的コミットメントが意味をなすように世界のほうを調整することさえある。ヨーラム・ビル（Bilu 2013）は、自分たちのラビであるメナヒム・シュネウルゾーンを不死の救世主だと信じていたメシアン・ルバヴィッチ・ハシッド[*2]について長年研究してきた。弟子たちがイエスの死後彼を見聞きしたと言ったように、シュネウルゾーンが死んだ後、多くの人々がシュネウルゾーンを見聞きしたと報告している。そして、おそらくイエスの弟子たちと同様に、彼らが本格的な布教を始めたのは、シュネウルゾーンの死後であった。古典『予言がはずれる時』（心理学者レオン・フェスティンガーが米国中西部の終末論カルトを研究したもの）の主な主張は、まさに人々が伝道するのは、自分たちがコミットした信念が真実でないかもしれないと恐れるからというものである。

第三に、宗教的信念と事実的信念は、同じ出来事の解釈において、しばしば異なる役割を果たす。マリノフスキー（Malinowski 1954）は何年も前にこのことを指摘していた。トロブリアンド諸島の人々は、泥棒よけのお守りを畑に置き、荒れ狂う海で木製のカヌーを守るために呪文を唱えていた。しかし、彼らは侵入者に目を光らせ、沈むことのない耐航性の高い船を建造するために、あらゆる実用的な知識を駆使して慎重に木をくり抜いてもいたのだ。彼らが魔法を使ったのは、予期せぬ状況、予測不可能な出来事、大

＊2　ハシディズムとは、内面性を重視するユダヤ教内の敬虔主義運動である。18世紀にポーランドのユダヤ人の間で生まれ、正統派に批判されつつもユダヤ人大衆の半数近くを虜にした。ハシディズムには様々な派があるが、ここで言及されている「ルバヴィッチ」は「チャバド」とも呼ばれるアメリカのブルックリンを拠点とする一派で、最大派閥ではないが、その世界的な知名度は最も高い。

波など、私たちが運と呼ぶものを扱うためである。より最近では、クリスティン・レガーレとその共著者たち（Legare 2012）が、自然的な説明と超自然的な説明はそれぞれ異なることのために用いられ、この現象は文化圏を越えて広範に見られることを実証した。一つはどのようにそうなるかを説明するために用いられ、もう一つはなぜそうなるのかを説明するために使用されるのだ。腫瘍ができるのは、細胞が異常な分裂を始めるからだということは科学的にわかっている。しかし、なぜこの時に、この人に、この腫瘍が生じたのか。人々が超自然的な説明に目を向けるのはそのような時だ。

四点目として、ロバート・マコーリー（McCauley 2013）が言うように、超自然的な信念は「自然」ではない。少なくとも、人間の子どもであることに含まれてはいない。子どもたちは、魔法や霊に関するその土地の文化的説明を、大人よりも簡単に信じるわけではない。実際、ある意味では、子どもは大人よりもこうした考え方にコミットしておらず、興味がないようにも見える。これはマーガレット・ミード（Mead 1930）がニューギニアで観察したことだ。ミードがマヌスの子どもたちに魔法や精霊について話そうとすると、子どもたちは興味なさそうに彼女を一瞥した。幽霊について何時間も話し合ったのは、大人たちの方だった。レガーレとその共著者たち（Legare et al. 2012）は、多くの社会で自然的説明と超自然的説明が共存していることを記録しただけでなく、人々が歳をとるにつれて自然的説明が超自然的説明に取って代わるかどうかを理解しようとした。その結果、逆の方が真実であることが明らかになった。レガーレのような研究者が神々や先祖について尋ねると、懐疑的に見えるのは幼い子どもたちであり、確信し、わかりきっているように見えるのは大人たちの方だったのだ。また年齢を重ねるにつれて人が宗教的になる可能性が高くなるにもかかわらず、宗教的なコミットメントは、年をとることの自然な一部でもないようだ。世俗的な社会で人は、宗教を全く持たずとも、快適に成人になることができる。

五点目は、宗教的な観念について考える時、人は必ずしも合理的で道具的な推論を用いないということである。それは、宗教について合理的に思考することができないということではない。アウグスティヌスやアクィナスの著作は、神的なものについて論理的に考える人間の能力を証明している。しかし、多くの場合、人々はそのようにはしない。人類学者のスコット・アトランとその共著者（Atran et al. 2014）は、彼らが「聖なる価値」と呼ぶ信仰のコミットメントが、しばしば人間の生活の他の側面を支配し、コストとベネフィットの絶え間ない算定とは無縁であることを示している。イスラム教徒の女性に、ベールを脱がせるためにお金を差し出したら、彼女はベールの重要性をもっと激しく主張するかもしれない。また、キリスト教徒の女性に、結婚指輪と交換しようと、結婚指輪にそっくりな指輪とお金を差し出したら（Medin 1999）、たいていの場合、彼女は断るだろう。聖なる価値によって定義された集団と完全に融合していると感じる時、人は、他のほとんどの人が到底しないような行いをすることもある。彼らはアトランが言うところの「献身的行為者」となり、神聖な価値に無条件にコミットし、そのためには死もいとわない。

以上の五つのポイントに加え、宗教的信念は、自然な日常世界について私たちが知っていることに対し、事実上常に二次的だと言える。日常世界は常に重要だ。あなたは信号では停車しないといけないし、試験勉強をしなければならないし、犬に餌をやらなくてはならない。ブレーキを踏まずに自分の車が止まってくれるように祈る人は、敬虔ではなく頭がおかしいように見えるだろう。論文を書かずに提出できるように祈る学生や、ボウルに何も入れないで犬に餌が与えられるよう祈る犬の飼い主も同様だ。このことに関するイスラム教の有名なハディースがある。「マーリク・ブン・アナスが伝えた。ある男が言った。『アッラーの使徒よ、ラクダを縛ってアッラーを信頼するべきか、それとも縛らずにアッラーを信頼すべきか』。アッラーの使者（彼に平和と御加護を）は言う。『ラクダを縛り、アッラーを信頼しなさい。』」（ティルミズィー、ハディース２５１７）。ハディースは言っている。神に集中しなさい。しかし、ラクダを縛ることを忘れてはならない。平凡な日常世界は動かぬ事実だ。ある意味で、それは常に優先される。

ヴァン・ルーウェン（Van Leeuwen 2014：701）はこれを「継続的な現実追跡」と呼ぶ。テディベアをお風呂に入れる遊びをする子どもたちは、テディベアをままごとの石鹸で洗い、ままごとのタオルで乾かすかもしれない。彼らはまた、寝る前のおやつとしてテディベアにままごとのクッキーをあげたり、ミルクをこぼしたふりをして床から拭き取るふりをするかもしれない。彼らは、これらのままごとが全てリアルであるかのように振る舞う。しかし、大人がそのままごとクッキーを本当にかじると、子どもはその振る舞いに驚いてしまう（Golomb and Kuersten 1996）。心理学者のポール・ハリス（Harris 2000）は、この例を使って、ままごとが日常世界に完全に取って代わることはないと指摘している。ままごと菓子の成分が本当の食べ物ではないことを子どもは知っている。同じように、日常的な問題（犬がお腹を空かせている、論文の締め切りは月曜日）を解決するために祈ることは、日常的な世界で行動する必要性に完全に取って代わることはないのだ。

もちろん反例もある。『マルコによる福音書』16章18節が示唆するように、蛇使いの宗教は、蛇を拾ったり猛毒を飲んだりしても無害であることを示すために、マムシを手に持ったり、ストリキニーネを飲み込んだりすることを信徒に奨励している（Covington 1995）。クリスチャン・サイエンスは、癒すのは神だけであるべきだという理由から、信徒に医療を拒否するよう勧めている。1997年には、ヘブンズ・ゲートと呼ばれるカルト教団が、バルビツール酸とウォッカを飲めば、彗星の尾を引く宇宙船に乗るために肉体を捨てられると39人を説得した。しかし、このような反例は比較的まれである。ほとんどの人は、世界がどのように機能するかについては普通の期待を抱き、霊に関連する特別な期待は、特別な時と特別な方法でのみ意味を持ち、妥当であるかのように振る舞う（Taves 2009b）。

私が不思議に思うのはこのことだ。つまり人々は、神々が端的に現実であるかのように話すかもしれないが、そのように振る舞うことはないのだ。バイブルベルト〔アメリカ南東部一帯のキリスト教保守派が多く住む地域〕でも、中世のイギリスでも、フィジーでも、ヌエル族の間でも同様だ。彼らは、自分の人生にポジティブな影響を与えるほど目に見えない他者を実在させるには、努力が必要であり、特定の考え方を身につけなければならないかのように振る舞う。またその結果、目に見えない他者は、普通の物体が実在するようには実在していないかのように振る舞うのである。彼らは、神や霊を、日常世界のものに対するのとは異なる存在論的態度で扱っているように見える。

トマスを二重化する

人は自分たちの神々をリアルに保つために努力しなければならない、と私が主張すると、人類学者たちはしばしばこう答える。そうですね、あなたが言っていることは、世俗的なアメリカ合衆国の現代のキリスト教徒には該当しますが、一度も世俗化したことのない伝統的社会の人々には当てはまりません。「信仰すること」はキリスト教徒や西洋人が不安に思うことであって、それ以外の人々が心配することではないと、このように言うのだ。例えば、アパレシダ・ヴィラサ（Vilaça 2013：362）はかつて、アメリカの福音派キリスト教徒は疑うことができても、アマゾンのワリ族は疑わないと言って私の意見に異議を唱えた。「ラーマンが彼女の調査対象に対峙して投げかけた問いは、非常に特殊な人格概念で形作られた文化的枠内でしか意味をなさない」。言い換えるならば、霊がリアルであることを疑うのは、現代の世俗的で個人主義的な社会の人々だけなのだ。しかし、ヴィラサ自身の民族誌が示唆しているのは、ある意味で、霊が存在するかどうかは人々の接し方次第であるかのように、ワリ族が振る舞っているということである。つまり霊は人間にとって、目に見える普通の物体とは別の意味でリアルであることを示唆している。

まずワリ族に霊が姿を現す必要があるが、その霊の到着は演劇的で、演出されたものだ。

2003年のある日、私はジャガーの霊を呼び出すシャーマンのオロワムに、ジャガーとその世界について話を聞かせてほしいと頼んだ。オロワムは家の近くの木の幹に座り、私はビデオカメラを三脚に載せてオロワムの前に座った。数人がオロワムの周りに座り、彼の話を聞いていた。長い沈黙の後、オロワムは左を向いて低い声で話し始めた、するとたちまち、そちら側にいた人たちは全員逃げ出し、特に子どもたちは親に追い払われた。発言から私は、ジャガーがそちらの方向からやって来るのだと理解した。どうしたら良いかわからず、私は座ったままオロワムのほうを見た。ジャガーたちは、私が誰なのか尋ねた。彼は、私は孫娘だと答えた。彼はまた左のほうを向いて話を聞き、私のほうを振り向くと、ジャガーたちは撮影の返礼に私が何をプレゼントするか知りたがっていると言った。私は答えた。彼はジャガーに向き直ると、大きな声で「シャッ」と私の返事を繰り返した。どちらの台詞もワリ族の言葉で話されていた。私たち三人（ジャガーの群れも加わっていたのでそれ以上）は15分ほどこのように話し、その後ジャガーたちは去っていった。そして、他の者たちがオロワムを取り囲み、何が起こったかを話した。私が知る限り、ジャガーがいたことを疑う者は誰もいなかった。（Vilaça 2013 : 361）

ワリ族の人々は疑念を口にすることはないかもしれない。しかしそれでもシャーマンは、見えない霊の存在を証明するために、あらゆる努力を惜しまない。シャーマンは目で指示し、対話では大声で話し、見えない他者の言葉を報告する。それは熟練した、訓練されたパフォーマンスである。ワリ族がこのようなパフォーマンスを必要とするのは、霊が普通の方法では感覚に現れないからだ。霊は日常の事物とは種類が異なり、ワリ族たちの振る舞いはそれを表現している。

ヴィラサの『祈りと捕食（Praying and Preying）』（Vilaça 2016）によれば、ワリ族は、私の研究対象の福音派キリスト教徒が神のために行うのと同じくらい熱心に、霊を心に保つ作業を行なっている。キリスト教布教以前のワリ族のコミュニティでは、動物との関係について数えきれないほどのルールが存在し、しばしば神話のような物語で表現されていた。ヴィラサは以下のような人々の説明を記している。「獲物にとってはすぐに焼かれて食べられることも重要なんです。不死身の動物たちは、完全に食べられた後、自分の家に戻り、食べられたことを無視して、（矢による）体の傷は森でひっかかれたからだと自分の親族に話すことさえあるのです」（Vilaça 2016 : 198–99）。もちろんこのような説明は霊の存在を指し示す行為である。「ほら、私は肉を素早く焼いているでしょう。なぜならこれが霊の望むことだからなんです」と言うように。キリスト教徒とワリ族の違いは、米国のキリスト教徒にとって、注意を引きつけられることは教会、ハウスグループ、聖書の朗読、祈りなどを通して起こるということだ。ワリ族の場合、それはシャーマンを通して起こる。つまりシャーマンは子どもたちに川で遊ばないように諭したり（川には死んだワリ族の霊がいるかもしれないから）、食事の時に特定の行動（早食いなど）をするように強要したり、病気は霊が関係していると説明したりする。ヴィラサは、「私が最初の現地調査で見た多様な治療セッションでは、シャーマンはたいてい二人一組で行動し、その場にいる人全員に対して、この動物やあの動物を食べてはいけないといった、長い道徳的な話をする」（Vilaça 2016：199）と書いている。洪水の禁忌を守らなくなると、動物の霊は消えてしまうとワリ族の人々は言う。ヴィラサは以下のワリ族の男の言葉を引用している。「動物たちの身代わり（超自然的な霊）は消えてしまいました。…私たちは完全に白人〔＝西洋近代人〕です。」（Vilaça 2016：243）要するに、ワリ族は、霊を適切に呼び、適切に扱った時にのみ、霊は意味を持ち、リアルになるかのように語っているのである。

従って、ワリ族でさえ、霊を存在させるためには、正しい精神の枠組みの中にいる必要があるという感覚を持っているのだ。ワリ族は、霊を自分の人生に存在させるためには、霊に注意を払い、霊がリアルであるかのように振る舞う必要があるかのように話す。そうしなければ、霊は消えてしまう。

実際、人々は特定の条件下でのみ神や霊が現実であるかのように振る舞うことが多い。これは人類学者のリタ・アストゥティが、マダガスカルの海辺に住む漁師の小さなコミュニティ、ヴェゾ族をフィールドワークした際に見た光景だ。ヴェゾ族は彼女に、人は死後、祖先なり、夢を通してコミュニケーションを取ると語った。「夢の中で、死者は元の姿形で見られ、話したり聞いたり、動いたり見られたりすることができ、触ったり感じられたりすることもできる」（Astuti 2007：231）。しかしヴェゾ族は明らかに、死者はただ死ぬだけだとも考えていた。アストゥティが「死んだ女性は火で暖かくなるのだろうか」と言うと、死体を運んでいたヴェゾ族の人々は彼女を笑った。また死者に服を着せている時に誰かが、「彼女の胸は大きかったが、行き先でもうそれを振り回す機会はないので、ブラジャーは必要ないだろう」と言った（Astuti 2007：234）。つまり全ては生き残るように見えたが、実際には何も生き残らなかったのである。

では実際のところ彼らは何を信じていたのだろうか。アストゥティはポール・ハリスと協力して二つの死にまつわる物語を作り人々に語った。物語の一つでは、働き者だったランピーが、熱を出して病院に運ばれ、そこで医師から4本の注射を打たれたが、3日後にマラリアで死亡したと語られた。もう一つの物語では、子どもや孫が沢山いるラペトと呼ばれる男が、彼らに見守られ家で死に、彼の死後、子どもや孫たちは彼の夢を見て、先祖代々の墓を建てたと語られた。二つの話のうちの一つを聞いた後、被験者である人々は「まだ機能しているもの」は何かと尋ねられた。人々は、身体的な機能（彼の心臓は動いているか、目は動いているか）や精神的な機能（彼は子どもに会いたいか、妻の名前を知っているか）について尋ねられた。どちらの話を聞いたかに関係なく、人々はほとんどの機能はもう動いていないと答えたが、精神的な機能の方が身体的な機能よりも多く動いていると言った。また、顕著にランピーよりもラペトの方が、より多くの機能が働いていると答えた。つまり、人々が彼らの宗教的な考えを思い出す時、死者は死体というよりむしろ先祖のように見えたのである。アストゥティとハリスは次のように結論づけた。

ヴェゾ族は祖先の存在や力を抽象的に信じているのではなく、建てなければならない墓、解釈しなければ

> ばならない夢、説明し解決しなければならない病気に注意を向ける時に、祖先を信じる。他の文脈では、死は完全な消滅として表現されており、その文脈でヴェゾ族が祖先の霊の存在を信じていると主張するのは誤解を招くだろう。
> （Astuti and Harris 2008：734）

驚くべき主張である。つまり、日常的な文脈で日常的な出来事を思い起こす場合、ヴェゾ族は霊魂を信じているかのように考えたり行動したりはしないのだ。

実際、アストゥティの養家の当主は、大きな儀式の最中に死者に語りかけ、最後にこんなジョークで締めくくった。「お終いだ、もう返事はないだろう！」（Astuti 2007：241）。人々は笑った。アストゥティによれば、人々が笑ったのは、儀式が終わりに近づくにつれ、「死者との一方的な会話を支えてきた心の枠組みから抜け出し、自分たちがしていることの不合理さを認識するようになったから」（Astuti 2007：241）だという。これが示すのは、宗教的コミットメントとは、持つことも持たないこともできるリビングルームのソファのような事象だということではない。アストゥティの見方によれば、信仰とは注意を払うという行為であり、多くの点で信仰は事実を度外視しているため、それを維持するのは難しいということになる。**お終いだ、もう返事はないだろう。**

後述するエッセイで、パスカル・ボイヤーは彼らしい明快な表現でこのことを指摘している。「世界中の人々は、神々や霊を（簡単には）信じない」。

実際にその場で儀式を観察するならば、人は、信念とはしばしば儀式の基礎というよりは、儀式の時折の、とらえどころのない結果だという印象を受けるに違いない。実際、レヴィ＝ストロース（そして他の多くの人々）が想定しているほど信念が端的なものならば、儀式は極めて非効率なものになってしまうだろう。私の同僚であるドニ・ヴィダルがかつて言ったように、風邪を治すのに一晩中、台本に書かれた儀式的な行動と不明瞭に発音される一万の詩が必要だとしたら、これを全て「効能」と呼ぶのは少し無理があるように思える。（Boyer 2013：350–51）

儀式とは、神々や霊が重要であることを人々に思い出させるものだ。儀式は神々を描写し、神々が埋め込まれている物語について語り、人々を歌わせ、祈らせ、踊らせ、想像の中で思い描かれなければならないもの（もちろん、神々は目に見えないので）を、時には世界内で体験できるような状態に入らせる。

始めは、霊はそばにいるかもしれないし、いないかもしれない。しかし、儀式や一万の詩の詠唱を一晩中行った後、ある人々にとっては、ある節目で、この思い込みの表象がより鮮明になり、より身近になり、実際の体験と結びつけられ、何らかの説得力を与えられるようになる。言い換えれば、この表象が一般的に信念と呼ばれるものに転化する可能性がある。（Boyer 2013：351–52）

人々が儀式を必要とするのは、彼らが、有益な神は現実だという宗教的信念（ボイヤーの言うところの思い込み）を、木は上に伸び、ココナツの実は下に落ちるといった信念と同じように扱ってはいないからだ。彼らは霊が存在することを思い出す必要があり、霊に反応してもらうために行動する必要がある。これは特に、役に立つ神々や霊に当てはまる。自分の人生に積極的で愛情深い関心を寄せてくれる目に見えない他者が存在するという考えは、多くの点で荒唐無稽であり、世俗的であったことのない共同体であっても、維持するには努力が必要である。それは意志と注意を要する。神々や霊が重要であるかのように記憶し、予期する心の枠組みが必要なのだ。

現実《リアルネス》であることの種類

はっきりさせておきたいのは、異なる文化圏の人々は、異なる方法で現実《リアルネス》であることについて考えているということだ。人類学者のジョナサン・メアは、あるエッセイの冒頭を、宗教に関する公開討論はしばしば、相手が何を言っているのかまったく理解できないまま、互いに怒鳴り合うことで成立しているように見えるという辛辣な観察で始めている。新無神論者たち（リチャード・ドーキンス、ダニエル・デネット、サム・ハリス、クリストファー・ヒッチェンスなど）は、キリスト教徒の言動は彼らが考えていることの証拠とされるべきで、彼らが考えていることは端的に誤謬への固執だと主張する。彼らに反論するキリスト教徒たち（メアはカレン・アームストロングとマーク・ヴァノンを挙げている）は、キリスト教は命題に関するものではなく、むしろ超越的、象徴的、非文字的な真理に関するものだと反論する。「その結果、大声での会話がすれ違うことになる」（Mair 2013：449）とメアは述べる。それは、両者が現実であることについて異なる考えを持っているからだと彼は主張する。異なる「信念の文化」の中で生きている彼らには、互いの声が適切な仕方で聞こえないのだ。

古典学者ポール・ヴェーヌは、その思慮深いエッセイ『ギリシア人は神話を信じたか』の中で、信念のように見える古典古代の主張は社会的な主張であり、この時代の対話者たちはそれらの信念を、後世のヨーロッパ人が仮定するように、日常的な世界を指すとは考えていなかったと述べている。「ギリシア人は神話を信じたり信じなかったりする。彼らは神話を信じるが、神話を利用し、神話を信じることに関心がなくなった時点で神話を信じることをやめる」(Veyne 1988 : 84)。全ての人間は矛盾したコミットメントを抱いている。これらの異なるコミットメントは、彼が「真理プログラム」と呼ぶものによって管理されている。ここで言うコミットメントとは、ある社会に属し、特定の態度で保持される様々な考え、実践、関心の集合である。ヴェーヌは以下のように言う。「ギリシア人は神々を『天にいる』と想定したが、もし本当に神々が天空に見えたら、驚いたことだろう。もし誰かが、時間を文字通りの意味で使って、ヘパイストスが再婚したばかりだとか、アテナが最近すごく老けたとか言ったら、彼は同様に驚きを隠せなかっただろう」(Veyne 1988 : 18)。

フィリップ・デスコーラ(Descola［2005］2013)のプロジェクトは、以上のような観察について、比較する上での深みと具体性を与える試みだと私は考えている。彼は、社会が人間的なものとそうでないもの、つまり文化と自然を区別する方法を研究の中心に据えている。全ての人間は、文化と自然を区別する線を引かなければならないが、彼の主張の要点は、その引き方が人それぞれ異なっているということだ。自然を非主体的で客観的なものとし、人間の意図から解放したのは啓蒙主義だが、それが西洋の存在論的コミットメントを未来永劫変えてしまった。アニミズムの世界では、世界全体に人間のような意図があると想像され、全ての物体には主体性があり、単に外見上の違いがあるだけだと思われていた。トーテムの世界では、人間のような主体性を共有するのは人間と、限られた数の人間以外の動物と、その人間が同一化する物体だけだと理解されていた。そして、他の世界は類似によって複雑にマッピングされ、その全てが互いに異なっていた。啓蒙主義以降の世界の自然主義が、事実上、自然から心を剥奪する時、人間は自分たちを取り巻く世界を略奪する権利を感じたのだとデスコーラは主張する。これらは、何が、どのような仕方で、誰にとって現実であるかに関する文化の違いである。

要するに、霊と日常的なものが常に異なる仕方でリアルだとしても、日常世界の事象と信仰の枠組みが現実として扱うものとの関係を、人々が判断する方法自体が多様なのだ。西洋文化は、人々にカテゴリー的に唯一の判断を求めているようだ。すなわち現実か現実でないかという判断である。これがデスコーラの要点だ。啓蒙主義以降の世界の「自然」は、精神事象とは根本的に異なる、リアルで物質的な世界を作り出している。G・E・R・ロイド（Lloyd 2018）は、結局のところ、これこそがギリシア人から私たちに遺された遺産だと指摘する。これに対して西洋以外の文化は、連続的な判断を人々に促すと言えるのかもしれない。つまりよりリアルか、よりリアルでないかという判断である。そしてだからこそ、西洋文化の人々は、他の多くの民族とは異なる仕方で、現実であることについて不安を抱いている可能性が高い。それでも目に見えない存在は、どこにでもある日常的な事象とは異なる仕方でリアルだと理解されているという証拠がある。神々や霊は、異なる場所においては異なる仕方で、日常的事象とは別様にリアルである可能性が高い。

そして、悪魔

また、愛に満ちた神への信仰を維持することは、悪霊への信仰よりも難しいようだ。これは直観に反することかもしれない。愛に満ちた神を信じることは慰めになるはずだが、悪魔を信じることはほとんど慰めにはならないだろう。しかし、恐怖は愛よりも割り引くのが難しいだろうし、神の愛は率直に言ってありえないと思われるものなのかもしれない。

現代の福音派キリスト教会の多くでは、〔伝統的なキリスト教教義の中心であった〕罪と〔神の〕裁きはほぼ消滅している。このような教会は通常、教会に通っていない人々に手を差し伸べ、潜在的な改宗者に対して、決して裁かず、罰せず、常に愛する神を提供している。「愛から、愛と共に、愛のために」が、私の参加した福音派の祈祷グループが描写する、神と私たちの関係を経験するべきやり方だった。アメリカ合衆国で聖書以外に最も多くのハードカバー本を売っているリック・ウォレンの『人生を導く5つの目的：自分らしく生きるための』もそうだ。「神は愛であるから、神がこの世で学んでほしい最も重要な教訓は、いかに愛するかである」(Warren 2002 : 123)。このような喜びの約束を、多くの人々は真剣に受け止めることが難しいと感じる。ウォレンの本はワークブックとして売られており、各章の終わりにはレッスンと実践が掲載されている。彼自身、ほとんどのキリスト教徒はこれらの考えを口先では認めているが、実際に信じることは難しいと推測している。

一方で、目に見えない危険な他者への恐怖は抑えがたいものだ。ボイヤーが『神はなぜいるのか』で指摘しているように、人間は危険を鋭く察知する。後にバレット (Barrett 2004) が「行動主体過剰検出装置」

（どこにでも行為主体を見出す人間の顕著な傾向）と呼ぶものは、捕食者を避ける必要性から進化したものだとボイヤーは主張する。衝突事故、藪の中のざわめき、暗くて寂しい道など、何かがうまくいかないと、人間は自分に危害を加えそうな行為者を探す。

２０１６年にフィンランドで開催された会議で、私は、異なる村の霊について報告するパネルで四つのレポートを聴いた。ジョン・ミッチェルは、最近マリア巡礼の場所となったマルタ島の新石器時代の寺院について話し、ヘレン・コーニッシュは、不気味さを感じたがる魔術博物館の来訪者について発表した。いずれの場合でも、霊を感じたいと思っても実際には感じない人が多いことがわかった。他の二つの報告は、地元の人々を含め、誰もそこにいると信じていないにも関わらず、人類学者を含めた誰もが完全に無視することができない霊について解説した。アレックス・アイシャーはインド北部のアニミストの人々との仕事について話し、カラム・ピアスはチベット仏教徒が多い村での仕事について述べた。両者とも、地元の人々が悪霊は現実に存在すると言わない時でさえ、悪霊に関する地元民の呟きを無視することがいかに困難だったかを、不安とともに語った。農作物や船を大混乱に陥れる気まぐれな霊は、完璧な収穫を約束する霊よりも、もっともらしく感じられる。また、永遠の喜びを約束する神よりも、罰を与える裁きの神のほうがリアルで、ありのままの世界と一致しているように感じられる。未知なるもの、危険なものへの恐れを払拭するのは難しい。

目に見えない霊には「**もっともらしさの連続体**（continuum of plausibility）」がある。一方の端には、人間が恐れる、全知ではない気まぐれな霊が支配する精神世界がある。もう一方の端には、愛に満ちた一神教の神々が支配する精神世界があり、彼らは時に信仰者の地上での経験とは相反する正義を約束する。彼らはアラ・ノレンザヤン（Norenzayan 2013）の言う「ビッグ・ゴッド」で、全知全能の正義の神である。気まぐれな霊からビッグ・ゴッドへと連続するにつれ、目に見えない他者への信仰を維持するためには、より多くの努力が必要となる。事実それこそビッグ・ゴッドがノレンザヤンの論じるような社会的効果をもたらす理由なのかもしれない。こうしたビッグ・ゴッドは、ほぼ間違いなく、多くのより小さい神々よりも、あからさまなコミットメントのシグナル〔合図〕を要求する。つまり誰もが教会に行き、特定の日に断食をし、特定の巡礼をしなければならないのだ。ノレンザヤンは、社会が全知全能の神々を採用するにつれ、人々がグループのメンバーをより容易に信頼するようになり、その信頼がより大きな社会的世界の成長を可能にすると主張する。よりあからさまな証言が生まれ、おそらくよりあからさまな信頼性のシグナルが発せられることになるのだ。イエスへの信仰を宣言する人は、信仰を宣言することによって、悪い行いは知られ、罰せられるという信念も表明している〔それが他者に対しては、自分は信頼に値するというシグナルになる〕。

全ての信仰がこの〔小さい霊からビッグ・ゴッドへの〕連続上にあるわけではないし、この連続は何か共通の思想を前提としているわけでもない。どの信仰も、善き人生についての個別の概念と、目指すべき独特の道徳的目的を持っている。それぞれの信仰にとって、その道徳的な目的は超自然的な世界に向かって設定され、この世界は大なり小なり活動的な霊的存在から成り立ち、様々な方法で管理されている。例えばタイの仏教徒は、全てを見通す包括的な神という考え方を否定するものの、幽霊がうようよいる世界に住んでいる。彼らは人間の経験を苦悩の人生としてイメージすることによって、善い人生を目指す。それでもこれらの種々の信仰には共通項がある。恐ろしいものは望ましいものよりも信じられやすいということだ。あなたが仕えなければあなたを呪ってくる神は、終わりのない黄金の世界を約束する神よりも無視するのが難しい。

信仰の枠組み

以上の観察が示唆するのは、宗教を信じる人々は、信仰という枠組みを持つのと同時に、日常的な世界に対しては普通の期待を持っているかのように振る舞っているということだ。それは、神や霊が本当に重要だという思考様式と、岩や犬や「店で何を買うか」といった普通の世界についての思考様式〔の併存〕である。信念（belief）は少々乱雑な言葉なので、私はここで「信仰（faith）」という言葉を使うことにする。「信念」とは、直観的であれ熟慮的であれ、「目に見えない霊がいるかもしれない」というあらゆる主張を意味する。「信仰」とは、人の人生に有益な形で関与している目に見えないものが存在するという考えに対する、持続的で意図的で熟慮に基づくコミットメントを意味する。信仰を持つ人々は、自分の人生に積極的で愛情深い関心を寄せてくれる目に見えない他者がいるという考えを持ちつつ、リアルな日常世界で活動するために、神や霊を重要視する思考様式や解釈様式、一連の期待や記憶を採用するのだ。

このような考え方や解釈のなかで、人は、神々や霊があたかも存在し、関わっているかのように意識する。そのように意識すると、あらゆる記憶、理解、期待、希望が鮮烈になる。つまり彼らは、神々や霊が何を望んでいるのか、どうすれば神々や霊を喜ばせることができるのか、神々や霊はどこにいて何を考えているのかなどを考える。多くの聖典が、犬に餌をやる時、市場へ車で行く時、コートを着る時でさえ、このように〔目に見えない存在について〕考えることを目標にしている。イスラム教では、人は、神を意識し認識する「タクワ」、あるいはアッラーが見ておられることを意識する「ムラカバ」でなければならない。ヘブライ語聖書では、「今こそ、心と魂を傾けてあなたたちの神、主を求めよ」(『歴代誌上』22章19節)、新約聖書では、「いつも喜んでいなさい。絶えず祈りなさい」(『テサロニケの信徒への手紙I』5章16–17節)と人々に指示している。バガヴァッド・ギーター(2章48節)には、「至高の主に心を定めてあらゆる行いをしなさい」と書かれている。メアリー・ダグラス(Douglas〔1966〕2002)によれば、信仰とは、注意を転換し、再構成することである。

私がここまで述べてきたように、これは困難なことになり得る。表向きは宗教的であっても、人は神や霊のことを考えなくても、世の中で極めて効果的に機能することができるし、実際機能している。子どもたちの朝食を作ったり、台所の流しを片付けたりする必要性から目をそらし、神や霊に注意を向けるには努力が要る。徹夜で太鼓を叩く儀式において、あるいは教会や寺院では、神々や霊に意識を向けるのは簡単かもしれない。そしてもちろん、ひとたび人々が注意を払うようになれば、神々や霊は、散らかった流し台よりもずっとリアルに感じられるようになる。しかし儀式は永遠には続かないし、人はしばしば、神々や霊に注意を向ける正しい方法を身につける必要があるかのように話したり、振る舞ったりする。そうしなければ神々や霊がまったく現実ではないかのように感じられるからだ。日常的な期待は常に重要で、厄介な流し台はそこにあって行動を要求してくる。しかし信仰の枠組みの方は、常に重要なわけではない。

従って、信心深くありたいと願う者にとっての挑戦とは、いかに気が散ったり落胆したりしやすくても、また日常との競合や矛盾があるとしても、できる限り信仰の枠組みのなかで考えることにほかならない。

この課題に最も適した比較対象は遊びだ。それは「as-if（あたかもそうであるかのように）」の枠組みであり、人は日常世界の現実を意識しつつも、この遊びの枠組みの想定に従って行動することができる。

真面目な遊び

信仰の枠組みで考えることを選択するということは、現実について考える別のモードに入ることを決めるということだ。このモードは、根本的にリアルなものを再編成するために、想像力という資源を必要とし、日常的な現実の通常の想定とは緊張関係にある。これは、想像力豊かな遊びから出たり入ったりするのと同じような視点の転換を伴う。ただし遊びの要求は世界についての真剣な要求でもある。

信仰と遊びの関係に注目したのは私が最初ではない。多くの人類学の観察者たち（ピーター・ストロンバーグ、ドン・ハンデルマン、ジーン・ブリッグス、マイケル・ピュエット、そして私自身の初期の研究など）は、神聖なものが遊びのような性質を持っていることを見抜いてきた。歴史家ヨハン・ホイジンガが『ホモ・ルーデンス』の中で定義したように、遊びの要点とは遊ばないことと明確に区別される点にある。それは「自由な活動」で、「『真剣ではない』『普通の』生活からかなり意識的に外れたところに立っているが、同時に、プレイヤーを強烈に、完全に没頭させる」（Huizinga［1938］1971：13）。犬は遊ぶ時、しゃがんで遊びの合図を送り、獰猛に歯をむき出しにするが、実際に噛むことはない。子どもたちも遊ぶ時、頻繁に「遊ぼうよ！」と合図を送り、リビングルームのソファの上で大海原の海賊になることもある。人類学者のグレゴリー・ベイトソン（Bateson［1972］2000）は、このことを解釈フレームの多層化だと語った。「遊びの枠組み」と「現実の枠組み」があり、私たちは遊ぶ時、遊びの枠組みの中で行動するのだ。私たちはテディベアに目には見えない水を浴びせ、空気のタオルでテディベアを乾かすが、自分の手が濡れなくても混乱することはない。

信仰は多くの点で遊びに似ている。アダム・セリグマンと彼の共著者たち（Seligman et al. 2008）が儀式について述べているように、信仰とは、雑然とした流し台という日常性に重ね合わされた、「as-if（あたかもそうであるかのように）」の仮定法モードだ。人々は、信仰の枠内で行動する時、何かが真実であるかのように、つまり自分を愛し、自分を裁き、自分を守ってくれる目に見えない人がいるかのように振る舞う存在論的態度を採る。そして、自分が見て知っている世界とこの「as-if（あたかもそうであるかのように）」が相容れないことを知っているにもかかわらず、それを真剣に受け止めようとするのだ。人々は聖書やクルアーンの教え、あるいは先祖の約束を真剣に捉える場合、彼らがなるべき人間になることを目指そうとする。しかし、彼らはまた、ありのままの世界という現実の枠組みの中でも生きている。彼らはクリーニング屋に行かなければならないし、昼食代を用意しなければならないし、アストゥティのヴェゾ族の場合には、死者は死者であり、通常の展開では死者からの返事はないことを認識しなければならない。テディベアを洗う子どもが二つのレベルで生きているように、信仰を持つ人々は事実上、二つのレベルで生き、世界を意味づける二つの異なる方法に関係しているのだ。彼らは（ヴァン・ルーウェンが言うように）二つの異なる方法で世界をマッピングしているかのように振る舞う。しかし、信仰という枠組みから注意をそらすような、留意すべき日常的な事柄はたくさんあるので、それは難しいことだ。つまり、常に思いやりがあり責任感のある人間になるのは難しい。夕食を食べに家に帰る途中、また橋で事故が起きた時、自分が強大な神に守られていることを改めて思い出すのは簡単なことではない。

本書の目的は、この遊びのようなスタンス、「as-if（あたかもそうであるかのように）」のコミットメント、信仰の枠組みが、どのようにして遊びではなくリアルだと感じられるようになるのかを説明することにある。公正で公平で善良な世界を信じることは、不注意によるミスではなく、また説明が求められる妄想的な誤解でもなく、信仰というコミットメントの根本的な要点だ。それは「にもかかわらず信じる」ということである。信仰とは、農作物が腐り、子どもが死に、戦争が塵と血に終わっても、神々と霊を何とかして生かしておくことができることだ。また信仰とは、経験的な事実がそれと矛盾しているように思えたり、別の形で注意を喚起しているように思えたりしても、現実を理解する上で特定のコミットメントを前面かつ中心に押し出すことだ。そして信仰とは、世界が善良で、安全で、美しいという信頼を持つことである。その世界とは、正義が勝利し、敵が阻止され、その日の繊細な美しさに感動できる世界である。それは世界をありのままに見て、ある程度世界をあるべき仕方で経験することでもある。そのようにするためには、信仰のフレームを日常のフレームに重ね合わせる必要がある。神々や霊がリアルに感じられる時、彼らはその重ね合わせをより効果的に行うことができる。以下では、現実である《リアルネス》ことの感覚を発火《キンドル》させ、遊びのような信仰の枠組みが日常と同じように思えるようになり、神々や霊が生きていると感じられるようになるために、人々が注意を払うことを学ぶ具体的なやり方を見ていくことにしよう。

第2章 パラコズム（空想の世界）を作る

読者の注意を喚起し保持する最も確実な方法は、特異で、明確で、具体的であることである。偉大な作家たち――ホメロス、ダンテ、シェイクスピア――が効果的なのは、彼らが特定の事柄を扱い、重要な詳細を報告するからである。彼らの言葉は情景を呼び起こす。

――ウィリアム・ストランクJr.、E・B・ホワイト
『英語文章ルールブック』

神々は人間のようなものだと想定されているが、実際に見ることはできない。神々は応答してくれると考えられているが、祈りはしばしば叶えられない。神々、少なくともビッグ・ゴッド〔ノレンザヤンが提唱した道徳的な神全般〕は、宇宙の公正な裁定者であるはずだが、下界の正義は時として惨めなほど脆弱だ。これらは裸の王様のような欠点である。目に見えない他者が実在するという感覚にさせるために役立つものは何だろう。そのためには何よりも目に見えない他者が反応する世界が必要である。

むかしむかし

まず初めに、良い宗教には良い物語が必要だ。良い宗教、効果的な宗教とは、信者が信仰の枠組みを維持できるような宗教、つまり目に見えない存在が実在し、自分たちの生活に肯定的な形で関係しているという考えが維持できる宗教のことである。パラコズムとは、私的でありながら共有可能な想像の世界のことで、ブロンテ姉妹が一緒に夢見たアングリアやゴンダルといった架空の国のように、概して子どもたちによって創造される。この用語はまた、例えば熱狂的なトールキン・ファンが中つ国[*1]に夢中になるような世界創造も意味している。トールキン・ファンが中つ国を体験するように、人々が自分の信仰を生き生きと体験することができるならば、神々はより身近に感じられるようになるだろう。

私は若い頃、トールキンのファンだった。エルフ語は習わなかったが、ギターの弾き語りは覚えたし、〔『指輪物語』の〕本はボロボロになるまで読んだ。いつ何を読むかも決めていた。庶民的な第一巻は時を選ばずに読んだが、高らかに歌い上げる第三巻は神聖なものとして特別な日のためにとっておいた。映画の舞台がニュージーランドのシャイアになるずっと前から、私はモリアの洞窟やバッグエンドの丘を知っていた。私は自分の人生について考える時、探求、課題、苦難、忍耐から成るこの物語を背景に考えてきた。この物語が私の心をこれほどとらえたのは、聖書の世界をこういう仕方で思い描くことがなかったからではないかと考えたのは大分後になってからだ。

中つ国を私や他の多くの人々にとってこれほど鮮やかなものにしたのは、トールキンの描写の緻密なデイテールである。エルフの森ロスロリエンの高台の危険さ、モルドール郊外でホビットたちが、サムが家から持ってきた鍋で調理したウサギの匂い等。これらのディテールのおかげで、読者は世界を自分のものに作り変えることができる。最も完全な物語を作り上げた作家が、読者にその物語を最も深く作り直させるというのは、逆説的に思える。しかし、それは真実だ。読者が読み返すうちに、この魅惑的な世界と読者の歴史は、中学生時代の記憶と同じくらい重層的なものになる。その詳細な記憶こそが想像をよりリアルに見せる。デイヴィッド・ブルックス（Brooks 2012）によれば、多くの人が熱狂的にブルース・スプリングスティーン[*2]を愛するのは、ニュージャージーで過ごした幼少期から、醜悪さ、暴走族、ショッピングモールの駐車場から成るパラコズムを創り上げた彼の能力のおかげなのだ。「情熱的でローカルな色を加えられた道徳的風景を作り上げれば、人々は惹きつけられる」とブルックスは書いている。

神は実に細部に宿る。ジェームズ・ウッド（Wood 2008）は、中世の神学者ドゥンス・スコトゥスから概念を借りて、細部を文学の「これ性（thisness）」と呼んでいる。「これ性」とは、「具体性をもって私たちの注意を集中させる」（Wood 2008：67）細部のことだ。これこそが、日常生活と文学の違いを生み出すと彼は言う。「文学が日常生活と異なるのは、日常生活が不定形なままに細部に満ちていて、私たちを細部に向かわせることがほとんどないのに対し、文学はそれらに気づくように教えてくれる点だ。例えば文

＊1　中つ国（Middle-earth）とはＪ・Ｒ・Ｒ・トールキン（１８９２〜１９７３年）の物語に登場する世界。
＊2　ブルース・スプリングスティーン（１９４９年〜）はアメリカのロック・シンガー。労働者や若者の声を代弁する歌手として国民的スターとして愛されている。

学は、母が私にキスをする直前によく唇を拭う様子や、ディーゼルエンジンがだらしなくアイドリングしている時のロンドンのタクシーのドリル音や、古いレザージャケットに肉の脂身の筋のような白い線が入っている様子に気づくよう教えてくれる」（Wood 2008：64）。宗教も同様だ。宗教が日常から注意をそらす物語であるとすれば、細部とはこの注意をそらすことを可能にする物語のメカニズムである。

この意味でのパラコズムとは、私的でありながら共有される想像の世界のことで、細部に至るまで豊かなものだ。その細部の豊かさゆえに、人々は物語に夢中になり、何度もその物語に立ち戻り、様々な角度から物語を探求し、色々な瞬間を追体験し、あたかもそこにいるかのように場面を再現し、物語に新たな章を加えることさえできるようになる。パラコズムの多くはフィクションによって創造され、人々が共有するのはそのテキストだ。宗教がパラコズムとなる場合、儀式や説教、キャンプファイヤーを囲んで語られる作り話の中で、宗教団体は物語を提供する。信者がそれらの物語を手にして、その中で生き始めると、その物語は私的な想像力を強力に掌握し、それが真実であるという感覚を発火《キンドル》させる（私はこのことについて以下で論じていく）。信仰の枠組みが際立つようになり、神々や霊がよりリアルに感じられるようになるのだ。

物語を現実にする

古典学者サラ・アイルズ・ジョンストン（Johnston 2015 a,b, 2018）は、一連の卓越した議論の中で、古代のギリシア人が自分たちの神々を実在するかのように感じるための物語技法について述べている。神話は何度も繰り返し語られる物語で、その意味は、それを聞く人々が登場人物についてすでに知っている知識に依存していると彼女は指摘する。神々を称える祭りで、人々は神話を演じ、その神話の中に組み込まれた人間についての物語を語った。しかし、その神話は、穀物を実らせたり、兵士に成功をもたらしたりするためのものではなかった。その神話は、魔法のような効能を持つものではなかったのである。では、なぜ神話が語られたのだろうか。どのような目的のために使われたのだろう。神話は、神々を人々にとって現実（リアル）にするために語られたのだ。

ジョンストンは、ある仕方で神話を語ることは、その内容をよりリアルに感じられるようにすると言う。彼女は「ケニング」という専門用語を使っている。「ケニング」とは、聞き手が神話について知っているかどうかによって意味が変わるような言い回しのことだ。古代ギリシアの詩人や歴史家はケニングを常用していた。ケニングは、たとえそれが一瞬だとしても、聞き手を神話の世界に没入させるとジョンストンは論じている。「ピンダロスが、ある勝利者は『美しい峡谷を持つニススの丘』（メガラという場所は日常世界には存在するが、そこに属すると神話で語られるニススという人物は実在しない）で王冠を勝ち取ったと言う時、私たちはほんの一瞬であっても、ニススと彼の命取りとなる紫色の髪の束という印象的な物語を背景に、その勝利者をリアルに感じ取るのである」(Johnston 2015b : 189)。そうすることで、詩人は神話の世界を日常の世界と融合させたのだと彼女は言う。いずれにせよ、それが当時の歴史の構造だった。人間の世界と神々の世界の間に厳密な区分はなく、過去の英雄が現在の普通の人間に道を譲る特定の瞬間もない。神々と人間が一緒に語られることは、両者の関係性、共存、同一性の感覚を意味する。「上手に語られたギリシア神話は、聞き手に、彼らが神々や英雄の規範的な行動を繰り返しているのではなく、…たとえより劣った相棒であったとしても、彼ら自身が神々や英雄の中で実際に生きていると感じさせることができる」(Johnston 2015b : 190)。

これが物語の行うことなのだとジョンストンは言う。物語を聞いたり読んだりする者は、物語られた世界を平凡な世界と重ね合わせることで、世界を経験する別の方法にある程度入り込むことができるのだ。パワフルな本の終わりには、読者のものの見方が変わる。アニー・ディラードの『ティンカー・クリークのほとりで』に没頭する人は、おそらく周囲の自然界の動きに気づくだろう。ディラードの散文は、虫、鳥、雲、影で溢れている。例えば、樹液を吸うシカモアの根、メイソンジャーの壁に激しくぶつかるポリュテーモスの繭などだ (Dillard [1974] 2016 : 108, 68)。優れた小説の最後、日常に戻る時、人は自分が変わったかのように感じる。それは、新しい考えを学んだからではなく、小説の世界にいるかのように感じ、考えたからである。ハリー・ポッターの本の終わりには、手にした杖が力強く躍動するのを感じる。ギャッツビーが、もう一人の男の愛人を殺した車を運転していたのはデイジーだと言う時、あなたは語り手が恐怖で息を呑むのを感じる。これはおそらく、人間であることの最も神秘的で根本的な特徴だろう。リアルであれ想像上であれ、人は、他人の痛みに対して、あたかも自分が苦しんでいるかのように反応することができるのだ。

小説に関する新進の理論家であるジョシュア・ランディ、ブレイキー・ヴェルムール、ズザンナ・サンシャインは、文学の認知的効果は、ランディ (Landy 2012 : 76) が言うところの「乖離した信憑性」、つまり信じることと懐疑することを同時に行う能力、並列的なコミットメントを保つ能力を観客に訓練することだと述べている。そしてコミットメントこそが、文学がそれに関わる人々にもたらす魔法と変化の核心だと論じている。

ランディによれば、福音書の目的は教訓ではない。またそれは、鉄道の時刻表や百科事典が情報を伝えるように、イエスについての情報を伝えることを目指しているわけでもない。福音書の目的は、たとえ話が比喩に過ぎないという認識を保留しながら、あたかもそこにいるかのようにイエスを体験できるように聞き手を訓練することなのだ。ランディが言うように、「真に物語の内部にいる者は、決して地上に戻らず、…決して言い換えで叙情詩を台無しにすることなく、シリア・フェニキアの女（イエスの比喩に別の比喩で答え、福音書の中でイエスの考えを変えた唯一の人物となった）のように、もっぱら高次の次元で活動し、象徴の中で生き、イメージからイメージへと容易に飛び移る」（Landy 2012：57）。

つまり、物語の成功は、聞き手が比喩的な性質を見失うことなく、比喩の現実らしさに魅了されるようにできるかに掛かっている。ジョンストン（Johnston 2015b：201）が説明するように、優れた語りは、「よく練られ、上手に伝えられることで、日常世界の一部ではない人物が現実のように見え、宇宙がどのように機能しているかについての自分の見方が変わるような状態へと、心と身体を開放する」人間の基本的な能力を利用する。こうしたことができるのは、私たちはその登場人物たちが実在しないとわかっていても、ディテールの具体性によって、あたかも実在するかのように想像することができるからだ。

明らかに虚構の物語でさえ、真実に関する読者の感覚を変化させることを示す優れた証拠がある。1956年、社会学者のドナルド・ホートンとR・リチャード・ウォールは、当時新しい設備だったテレビが、多くの家庭に定着するにつれて観察されるようになった驚くべき現象をとらえるために「パラソーシャル（擬似社会的）」という言葉を作った。彼らは、沢山の人々がテレビで演じられるキャラクターと濃密な関係を築いているのを目の当たりにしたのである。視聴者は、俳優が単に役を演じているだけだとわかっていながら、あたかもその人物が実在するかのように行動していた。小説についても同様である。ジョンストンによれば、ディケンズの連載小説『骨董屋』の読者の多くは、登場人物のリトル・ネルが死のうとしていること、つまりディケンズが彼女の死を物語の中に書き込んでいることに気づいた時、狼狽してディケンズに手紙を書き、なんとかやめさせられないかと頼んだ。彼らは明らかにこのキャラクターが作者の頭の中から作り出されたものであることを知っていたが、それでもなお彼女を失うことに耐えられなかったのだ。J・K・ローリングが、『ハリー・ポッター』シリーズの完結前に、自分の作品のメイン・キャラクター——それが明らかに創作された、現実ではありえないようなキャラクターであっても——を殺したくなる衝動をどのように理解しているかに関して声に出してつぶやくと、それは国際的なニュースになった。ジョンストン(Johnston 2015b : 198)は言う。「私たちが架空の登場人物とパラソーシャルな関係を持つのは、クリエイターが、実在の人物と同じように私たちの感情的・認知的な反応を促すような説得力を、それらの登場人物に持たせたからだ」。

神々についても同じことが言える。神や霊との関係は、全ての目に見えない他者との関係と同様、パラソーシャルな関係である。目に見えない他者とは、通常の対面的関係を持つことはできない。彼らには顔がないからだ。もちろん信仰を持つ人々は、神々を架空の登場人物だとは思わない。神について想像すべきことは、その神が埋め込まれている豊かな物語、つまり穏やかなヘブライの神が被造物を調査したり、(もっと苛立った気分の時には)不品行な人間をエデンから放り出したりする神話のような物語から浮かび上がってくる。キリスト教徒は、イエスの物語をよく知っているからこそ、彼の受難に繰り返し涙を流すのだ。

信仰の伝統はまた、信徒が自分の神々を直接体験するように訓練する。目に見えない他者について、より直接的な感覚的証拠を得られるよう実際に訓練するのだ。しかし、そこに到達する前に、信者は神についての物語を通して神を知らなければならない。彼らは自分の神を一人物のように想像できなければならないが、それができるのは、聖典や集会の中で、また他の信徒たちによって神が描写されてきたおかげなのである。

確かに、アブラハムの神はしばしば特別な存在としてみなされる。ユダヤ教徒は神の名を発音せず、イスラム教徒は神を表象しない。第二バチカン公会議以前のカトリックは、最も神聖な宗教儀式を、その場にいるほとんどの人が理解できない言語〔ラテン語〕で行っていた。しかし、このような特質は、耳を傾ける人々に注意を喚起し、そのルールが真実である空間をより豊かに装飾する。これらの特徴は「これは注目すべき存在だ」と語るのだ。

物語の細部は、特定の方法で構成されることで、より効果的になる。ジョンストン（Johnston 2015b）によれば、ギリシア神話が、感覚的には存在していない神々をリアルに感じさせる原因として、物語上の文脈に関する二つの具体的な特徴がある。一つ目は**シリーズ化**である。物語が断片的に語られることで、読者はより興味を持つようになるのだ。『骨董屋』、『ミドルマーチ』、『ハリー・ポッター』シリーズ、そして『ゲーム・オブ・スローンズ』は全て、分割して出版された。読者は、ある回を読み終えて、まだ続きがあることを知り、その続きが知りたくなる。〔2010年から2015年にかけてイギリスで放映された〕時代劇ドラマ「ダウントン・アビー」のレディ・メアリーはマシュー・クローリーと結婚するのだろうか？　何百万人もの視聴者がそれを知るために、クリスマス・スペシャルにチャンネルを合わせた。ジャック・マイルズが『God：神の伝記』を執筆した時、これが神が時が経つにつれ学び、変化していく様を描いた本であったため、一部の聖書学者たちは激怒した。しかしマイルズは聖書の読まれ方について、深い何かを捉えていた。それは、物語が時間と共に展開し、主要な登場人物の行動や彼らを形作る出来事を最初から予測することはできない、一連のシリーズとしての聖書の読み方である。「ギリシア神話の登場人物たちやドロテア・ブルック、リトル・ネル、ニコラス・ブロディ、レディ・メアリー・クローリー、その他のシリーズ化された登場人物たちは、少しずつ観客に提供された。このような状況は、（その語り口が効果的であれば）必然的に、その人物についてもっと聞きたいという聴衆の欲を刺激し、その間のインターバルにその人物について考えるように、さらにはその人物との［豊かな関係］を築くように促すことになる」（Johnston 2015b：206）。

第二の特徴は、**多層性**（plurimediality）である。物語が繰り返し語られるにつれて、登場人物は色々な異なる姿でイメージされるようになる。旧約聖書の神は、創造主としては恵み深く、庭［＝エデンの園］では怒りっぽく、砂漠では命令的で、『雅歌』では官能的に魅惑的である。イスラム教の神には99種類の名前がある。繰り返し物語に登場することは、聴き手にその人物の存在を思い出させるだけでなく、彼らの表象を発展させるように促す。「多層的なキャラクターを経験する時、私たちはそれぞれ、たとえ無意識であったとしても、他の具体化よりもある特定の具体化と深く関わることを繰り返し選択することになる。そうやって私たちは、それぞれ自分自身の多層的なキャラクターを作り上げることになる」。パーソナライゼーションは、私たちを物語に一層反応するようにさせる。私たちはより所有感を持ち、より責任を感じ、自分が投資した認知的・感情的リソースをより鮮明に記憶する。私は大学時代にヴァージニア・ウルフの『ダロウェイ夫人』を読み、そのずっと後になって長い夏の午後に再びこの本を読み返した時、クラリッサ・ダロウェイが誰であり、どのように生き、何を考えていたのかということをより深く理解した。またそれだけでなく、取り返しのつかない選択をしてしまう大人の感覚によって、彼女の後悔をより痛ましく感じた。

このことは重要なポイントにつながる。信仰の枠組みがパラコズムになるためには、それが詳しいだけでなく、パーソナルに鮮明でなければならないのだ。人々は聖書を読むだけでなく、自分自身のプライベートな表象、内的な風景を持たなければならない。フィールドワークで福音派キリスト教徒たちの聖書研究会に参加した夜のことを思い出す。曖昧で退屈な書物『士師記』を読んでいた時、イスラエルの民がミディアン人と戦った一節を読んだ人々は、まるでその日の午後、職場で同僚と一緒にいた時の出来事のようにこのエピソードについて話していた。これこそがパラコズムだ。私的で、緻密で、親密で、パーソナルな想像の世界である。

パーソナルな信仰なんて存在しない、と反論する声が今にも聞こえてきそうだ。デュルケームが観察したように、信仰は、私たちの社会を映す最も強力な表象である。私的な言語ゲームは存在しない。しかし、デュルケームの最も深い洞察は、〔本来社会的な〕信仰が私的なものへと**作られる**ということだった。宗教は私たちの内的世界を変容させ、時間や空間の捉え方さえも変えてしまう。信仰は内的経験の社会化であるかもしれないが、同時に信者はそれぞれ私的な内的世界を持っている。それがパラコズムのパラドックスである。共有される想像の風景が豊かであればあるほど、個人はそれを自分自身のものとしてより鮮やかに作り変えることができるのだ。発火《キンドル》した神は、深く共同的であると同時に、完全に個人的なものである。

フィクションから信仰を切り離す

信仰の枠組みがパラコズムになるために、信仰が備えるべき基本的な特徴は、優れた物語以外にもある。そこには**参加のルール**が存在しなければならない。それは、パラコズムがどのように構築され、共有されうるかを決める原則と実践である。誰がどのような条件でこの共同体に入れるかを決める知識の領域と行動規範と言ってもいい。要するに**参加のしるし**が知られる必要があるのだ。それはパラコズムに入り、自分がそこにいることを他者に示すための戦略であり、多くの場合、目に見えない他者が実在すると感じることができていると主張する方法でもある。また、目に見えない他者である神との**相互作用の手段**、つまりパラコズムの中の存在がいつ反応し、言葉を返してくるかを知る手段も必要だ。目に見えない他者との相互作用は、信仰の特別な世界をフィクションから区別する中心的な特徴の一つである。『指輪物語』の登場人物の」アラゴルンや『ハリー・ポッター』の登場人物の」ダンブルドアが返事をすると期待する人はいない。けれども、人々は神々が反応することを期待する。神々は行動し、作用する。それこそが神々を神々たらしめるもので、単なるごっこ遊びではないのだ。パラコズムは、神々がどのようにそうするのかを規定しなければならないのである。

このことをより正確に記すために、宗教的な風景の中での私自身の逡巡を描くことにしよう。私は今まで多くの信仰を研究してきた。博士論文は、自らを魔女、魔術師、異教徒、ドルイド、西洋秘儀の入門者と呼ぶ、ロンドンの中流階級の人々について書いた。トールキンやアラン・ガーナー[*3]、ギリシア神話の神々の物語に親しみ、それらの物語に命を吹き込もうとする人々である。また私は、強力な神と親密で直接的な関係を求めるカリスマ的な〔＝神や聖霊による癒しや「賜物」を重視する〕福音派キリスト教徒たちと何年も過ごした。この間、アメリカ宗教研究の見習いとして、同僚のリチャード・マドセンと私は、アメリカの宗教の成長点とも言うべきいくつかの伝統と多くの時間を過ごした。60年代以降のカリスマ的キリスト教精神の発祥地として有名な福音派教会、黒人カトリック教会として設立された後に教区がヒスパニック系になったカトリック教会、豚肉を食べるユダヤ人に手を差し伸べ、彼らを再び仲間に引き入れようとした新正統派ユダヤ人のためのシュル〔＝シナゴーグ〕、自分たちが育った退屈な伝統よりも肉感的なものを求めている白人中流階級が集まったアングロ・キューバン・サンテリア・グループ[*4]などである。こ

＊3　アラン・ガーナー（1934年～）はイギリスの児童文学者。著作には魔法が登場する物語が多い。

＊4　サンテリア（Santería）とは、キューバで発展し、その後ラテンアメリカとアメリカに広まったアフリカ起源の宗教的伝統に与えられる一般的な名称である。サンテリアは、19世紀の最初の数十年間に大量に奴隷にされた西アフリカのヨルバ族の人々によってキューバにもたらされた。サンテリアという名称は、オリシャと呼ばれるヨルバ神とローマ・カトリックの敬虔な聖人（サントス）を一部の信者が対応させたことに由来する。サンテリアは、占い、犠牲、イニシエーション、霊媒を通じて、宗教の実践者とオリシャの神々との間にパーソナルな関係を築くことを基本としている。1959年のキューバ革命時に100万人近くのキューバ人が北米に移住したことで、特にニューヨークやマイアミに広がった。

れらの信仰は多様だが、その全てで、信徒たちがパラコズムを構築し、そこに入り込み、相互作用することを可能にするという、先に説明した特徴が見出される。

参加のルール

私たちが参加のルールを認識するのは、しばしば違反行為、つまり小説的なミスマッチや筋書きが稚拙な場面に出会った時だ。読者は優れた小説の世界に入り込み、理にかなっているかどうかに惑わされることなくその世界の前提を吸収する。私たちは、ヒラリー・マンテルの作品中のトーマス・クロムウェルが、国王よりも先に、控えめなジェーン・シーモアを愛していたという情報を、ただ受け入れる。[*5] これは、国王が彼を裏切るという知識と、クロムウェルの基本的な良識について私たちが学んでいることに合致している。もちろん彼は、アン・ブーリンの弟ジョージの妻で、生意気で不幸せなジェーン・ロックフォードよりもジェーンを好む。私たちがP・G・ウッドハウスの作品の荒唐無稽な筋書きを受け入れるのは、荒唐無稽さが彼の筋書きにつきものだからだ。バーティ・ウースター[*6]が存在する世界では、貴族の末裔である成人男性が、武装したガードマンと共に銀の牛のクリーム入れを守るのは、理にかなったことのように思える。しかし私は、フランシス・ホジソン・バーネットの『秘密の花園』を読んで、親切なコマドリが、失くした鍵を地面から取り出して、孤独な少女に渡す場面で立ち止まったことを覚えている。私はこう思った。いやいや、コマドリはそんなことはしない。その鍵は何年も前に失われていたのだから、どこかの鳥が道ばたで見つけたのだろう。少なくともしばらくの間、私の猜疑心は物語の糸を断ち切った。

「参加のルール」とは一体どういう意味なのだろうか。第一にそれは、特殊な世界には特殊な知識領域があるということだ。現代の魔術師になろうとする者は、占星術、タロットカード、古いヨーロッパのパンテオン〔＝汎神殿〕の神々に関する技量を身につけなければならないことを知る。キリスト教徒になりたい人は、聖書を読み、その物語を知らなければならないことを学ぶ。「参加のルール」とは、第二に、参加者に要求される特別な行動があるということを意味する。私たちはそれを儀式と呼んでいる。サンテリアに入信する人は、神々を召喚する方法と、神々が到着した時の振る舞い方を学ばなければならない。礼拝を守るユダヤ教徒になる人は、安息日の過ごし方、コーシャの守り方、家族の純潔の保ち方を学ばなければならない。パラコズムに参加する者が何を知り、何をすべきかは、参加のルールに明記されている。

特別な知識、特別な儀式的行動など、これらのルールを知る良い方法は、新参者に自分たちの信仰習慣を紹介する本の中に書かれている。私が研究してきた信仰は様々だったが、どの信仰にも本があった。私の調査参加者たちは、本棚から本を溢れさせ、床に積んだりもしていた。本は山積みになっていて、食事のテーブルの上に本が置かれていることもあった。それらの本は、彼らの信仰について語っていた。神々について、神々をどのように理解するか、何を祈るか、どのように祈るか、神々をどのように崇拝するか、崇拝する時に何を経験するかなどについてである（もちろん、書物のない信仰もある。しかし、シャーマニズ

＊5　イギリスの作家、ヒラリー・マンテル（1952〜2022年）が2009年以降に公刊したクロムウェルを扱った三部作の内容。
＊6　イギリスの作家、P・G・ウッドハウス（1881〜1975年）が書く短編集、ジーヴス・シリーズの主人公。

ムに関する民族誌をざっと調べればわかるように、そのような信仰にもまた参加のルールはある)。

初めて魔法について一から手ほどきを受けた本、ポール・ヒューソンの『魔法をマスターする：魔法使い、魔術師、魔女の集会(*Mastering Witchcraft: A Practical Guide for Witches, Warlocks and Covens*)』(Huson 1970)にどうやって出会ったのか、私は覚えていない。1970年にパトナムズ〔=ペンギン・グループの出版社〕からこのようなガイドが出版されているのは、私にはとても異様なことに思えた。しかし、そうだったのだ。この本には、魔法陣の描き方から恋愛魔術のレシピ、攻撃から身を守る絵の描き方まで、驚くべきほど具体的な提案が並んでいる。最初に必要なもののリストもある(「木炭の塊は火皿に。できれば自己発火性のものがよいが、普通のものでもよい。…ただし、必ず無香料のものを入手すること」[Huson 1970：50])。薬草のリスト、ルーン文字とその意味、基本的な仕事道具、呪文、祈願が記されている(「月が満ちている金曜日の朝(午前8時)、恋人にしたい人の足跡から土を掘り出して…」[Huson 1970：102–3])。占星術、タロットカード、ルーン占い、神々の名前と行動についての紹介もある。具体的な言葉や行動の列挙、図表やリストは、多くの点で中世の魔術書を彷彿とさせる。しかし他の点では『魔法をマスターする』にはそれ以上のものが含まれている。『ソロモン王の鍵』[*7]にはない、包括的な枠組みの設定だ。「空想にふける能力は、魔女にとって何よりも重要だ。なぜなら、彼女が実際に呪文を唱え、世界を燃え上がらせるのは、この暗いガラスを通してだからだ」(Huson 1970：22)。

特別な儀式的行動は、ユダヤ教、特に近年成長しつつあるバアル・テシュヴァ・ユダヤ教、つまり「新たに遵守する人のための信仰」で際立っている。正統派ユダヤ教はルールで溢れかえっている。聖典のトーラーには、ユダヤ人の生き方に関する神の教えである戒律と祝福として、613のミツワーがあると理解されている（これらは何重にもなるラビの言説によって装飾され、解釈されてきた）。ミツワーの目的は、少なくとも表面的には明らかだ。つまり従えば祝福され、従わなければ神に滅ぼされるということである。「遵守するユダヤ人」とは、これらのミツワーを守る人、あるいは少なくとも守ろうとする人のことである（第二神殿が破壊されて以来、何年も守れないミツワーもある）。遵守は連続的なものだと理解されている。一方の端には、ハシディックなブルックリン住人に象徴されるような敬虔なユダヤ人がいる。[*8] 彼はもみあげを伸ばし、黒い帽子と黒いコート、白いシャツを着ているが、これは18世紀ポーランドの正装である。このユダヤ人は同族だけの共同体に住み、シナゴーグで一日三回祈り、多くの祝日（ロシュ・ハシャナとヨム・キプールだけでなく、スクコット、シム・チャット・トーラー、プーリーム、シャブオット、ティシュア・べ・アヴ）を全て守り、妻以外の成人女性には手を出さない。非コーシャ（コーシャとはユダヤ教の食事規制）のレストランや非コーシャの家では食事をしない。祈りを捧げる時は、右腕に長い黒い革紐を巻く。この紐は、トーラーの羊皮紙が入った小さな革の箱に由来する。また、頭にも同じような箱をかぶる。これらの箱と紐はテフィリンと呼ばれる。彼は常に縁のある下着（ツィーツィート）を身につけ、祈る時には祈りのショール（タッリート）を身につけなければならない。こうしたユダヤ人は子どもを持つことは神から命じられていると信じ、家族を大切にしている。

律法遵守の連続体のもう一方の端には、豚肉やロブスターを食べる世俗的なユダヤ人がいて、おそらく

＊7　作者不詳の魔法の指南書。ユダヤの王ソロモンに帰されているが、おそらく14、15世紀頃のものだとされている。写本にもラテン語、ギリシア語、ヘブライ語があり、オリジナルがどれかは諸説ある。

＊8　ハンディックなユダヤ人家族
Hasidic Family Scene - Borough Park（by Adam Jones）

＊8　ユダヤ教徒の女性が金曜日の夜の食事のために蝋燭に火を点けている。このように生活の隅々にまで様々な戒律があり、それを遵守することで、目に見えない他者がリアルになるパラコズムが形成される。写真はラーマンが調査をしているバアル・テシュヴァの写真ではないが、同様のことが行われている。
Jewish mother and daughters light Sabbath candles（by Rafael Ben-Ari）

は異教徒と婚姻関係にあり、おそらくは子どもがなく、生まれながらの信仰に関心がない。バアル・テシュヴァのシュルは、人々をその一方の端からもう一方の端へと連れて行くことを望んでいる。これがこの集団の支配的な物語であり、新しい信徒メンバーが自分自身に課す基本的な物語でもある。ユダヤ人とは誰なのだろうか？　真のユダヤ人、すなわち敬虔なユダヤ人とは、神のミツワーをこれまで以上に遵守する人のことである。これらが信仰における参加のルールであり、人をユダヤ人にするための儀式なのだ。

私が１９９０年代後半に知り、約1年間参加したバアル・テシュヴァの集会は、１９９０年に始まった。当時30代後半だった地縁のある夫婦がヨーロッパ旅行に出かけ、自分たちがユダヤ人でありながら、ユダヤ人であることの意味をほとんど何も知らないことに気づいたのがこの集会の発端である。これはアメリカ人としては珍しくないジレンマだ。ホロコーストを経験した世代のユダヤ人の多くは、神への失望と、建国当初からユダヤ教に懐疑的な国〔＝アメリカ〕に同化したい願望という二つのプレッシャーに引きずられ、信仰から遠ざかっていった。彼らの子どもたちは、自分たちの信仰の伝統をほとんど意識せずに育った。このシュル〔＝シナゴーグ〕を設立した夫婦は、「本物」を求めてヨーロッパから帰ってきたのだ。「本物」とは、改革派の集会の薄められた慣習でも、保守派の集会の慣習でもなく、自分たちの祖父母の信仰である。彼らは先祖たちが祈ってきたように祈りたいのだ。「何世代にもわたって祈り続けてきたように」とここの信徒たちは私に語った。

夫妻はある団体を通じ、若い正統派のラビを見つけた。彼は一握りの家族のために、間借りした部屋で礼拝を始めた。そのラビは迫力に満ちていた。肉体的にも知的にも充実した人物で、激しさと率直さを兼ね備えていた。彼はオーソドックスなやり方でシュルを運営した。男性と女性は別々に、男性は前に、女性は後ろで男性より上方に、カーテン（メキッツァ）で仕切られて座った。女性はラビを見ることができたが、男性は女性を見ることができなかった。礼拝は全てヘブライ語で行われ、ラビがその週の律法の部分（パラシャー）について解説（デラシャー）するのと、アナウンス以外はヘブライ語で行われた。男たちは前後に揺れながら祈り、部屋が混み合うので身を寄せ合い、スカルキャップ（キッパー）と祈りのショールを身に着けていた。祈祷書は使い古されたものだった。礼拝は長かった。土曜日の礼拝は9時に始まり、正午過ぎに終わった。私がこのシュルを訪れた時には、およそ207の家族がいて、彼らはもっと広い場所を探していた。

そのラビは誰のことも追い出さなかった。ほとんどの女性は、スカートが膝下まで、シャツの袖が肘まであるような、正統派の女性にふさわしい服装でシュルに来ていた。しかし、既婚女性で帽子やスカーフで頭を覆っている人はほとんどいなかったし、完全な律法遵守者のようにかつらをかぶっている人もほとんどいなかった。レギンスにTシャツで授業に参加する者もいた。中には、決意の固い女性たちに引きずられて礼拝にやってきた男性もいた。ある男性は、周りの男性が祈っている間、イスラエルに関する考古学的な歴史を読んでいた。「ラビは、人々がそれほど信心深くない時にこそ最も効果を発揮するんだ。その方が何か彼にできることがあるんだよね。インパクトを与えることができると、彼は本当に嬉しいんだ」と別の青年が教えてくれた。

ラビの仕事は、新しく来た人たちを追い払わず、もっと律法を遵守したくなるように鼓舞することだった。だから彼は教えた。朝の最初の祈りの後には、男性向けのタルムード・クラスがあった。火曜日の昼間には女性のクラスがあり、夕方には子どもたちと一緒に家にいなければならない母親たちが何かしら学べるようになっていた。他にもタルムードのクラスがあり、木曜日の夜には毎週のトーラーの部分を議論し、水曜日には預言者に関するクラスがあった。月曜日の夕方には倫理学のクラスがあり、これは「初心者のクラス」と呼ばれ、毎週一段落程度のペースで「父祖の知恵」と呼ばれるミシュナーからの文章、「ピルケイ・アヴォート」を読んでいた。これらのクラスの全てで、実に多くのことが教えられていた。もちろんテキストそのものについての授業もあった。また、歴史的な話、宗教的な解説、ミツワーそのものについての説明もあった。つまり遵守者は何をし、何を言い、そして何を考え、何を感じるべきなのかについてである。しかし、あくまでも中心的な教訓は、「ユダヤ人であることとは、儀式を完全に遵守するために努力すること」というものだった。これは多くの人が、誰も到達できないと思っていた目標である。

これらのミツワーは一体何を要求していたのだろうか？　多くの人々にとって、安息日を守ることが、より遵守的になるための第一歩だった。「安息日を守る」とは、まず金曜日の日没から土曜日の日没まで働かないことであり、これには車を運転しない、お金に触れない、電気をつけない、料理をしないといった広い範囲の事柄が含まれる。またこうした事の代わりに、その時間を同じ宗教の人たち（＝ユダヤ教徒）と過ごすことになっていた。信徒の中には、シュルの徒歩圏内に安息日ホームと呼ばれる小さなアパートを持ち、金曜日の午後にそこに移動する者もいた。また徒歩圏内の友人の家に泊まる人もいた。多くの人は車で通っていた。というのもほとんどの人にとって地元の不動産は住むには高すぎたのだ。彼らは金曜の夜と土曜は、徒歩圏内で食事を済ませるようにしていた。週末になると、信徒のグループが、礼拝のためにシュル周辺の丘を下り、食事のために丘を登った。誰もが行くべき場所があることになっていた。「昼食をとる場所はありますか」というのが、私がここで最初に聞かれた質問の一つである。

安息日の負担は台所を担当する女性たちにのしかかっていた。また、コーシャのルールは厳格で近寄りがたいので、バアル・テシュヴァの人々は通常、コーシャを遵守することにする前に、まずは安息日を守るようになった。妻よりも夫の方が安息日を守ることに熱心な家庭では、緊張が激しくなることもあった。ある女性はこう振り返っている。

とてもお金がかかるんです。千ドルくらい掛かりました。沢山のものを買わなければなりませんでした。本当に大変だったんです。それでも、ジョナサンが、イスラエルにガブリエルを迎えに行って一緒に旅をしている間に、家をコーシャにできないか考えてみることにしたんです。何年も前からジョナサンは「コーシャ用の台所を作ってくれないかな」と言っていたんですけど、私は「全ての大仕事は私がやることになるのよ」と言ったんです。そして「本当にきちんとしたものができない限り、私はそれをするつもりはない」と言いました。

カシュルート、あるいはコーシャの主要概念の一つは、肉と乳製品を分けることである。ラビの伝統が『レビ記』を解釈してきたように、これは肉と乳製品を同じ食事で一緒に食べてはいけないことを意味する（「若い山羊をその母乳で煮てはならない」『出エジプト記』23章19節）。肉と乳製品を同じ皿に盛ってはならないのだ。そのため、コーシャの家では二組の皿を用意しなければならず、過越祭ではさらに二組の皿を用意することもある。それらの皿を同じ食洗機で同時に洗ってはならないし、同じ汚れた流しに重ねて置いてはならない。カトラリーも二セット、調理器具も二セット用意しなければならない。残りもののミートボールを入れた容器に、翌日カッテージチーズを入れてはならない。肉でも乳製品でもないもの（パレーブ）は、肉や乳製品と一緒に食べるとその性質を帯びてしまう。つまり、あなたの子供が今夜チョコレートミルクと一緒に食べたツナが、明日のあなたのランチにはなることはできない。コーシャを守っている人の多くは、キッチンカウンターを二つ、冷蔵庫を二つ、食器用の大きなキャビネットを二つ、食洗機を二つ持っている。一方、ほとんどの食品はラビの監視下に置かれなければならず、特別な店で購入されることもある。

コーシャを完全に守ることとは、ユダヤ教徒以外の人と食事できないことを意味していた。ほとんどの人は妥協し、レストランではベジタリアン料理だけを食べ、ユダヤ人以外の友人の家では紙皿を使った。コーシャを守ることはダンスのように思えた。ある時はより遵守し、別の時はより遵守しないということを、頭がおかしくならずに「正しいと感じる」には苦労する。しかもこれには社会的影響も伴われていた。安息日にコーシャ遵守者は、コーシャを守っていない人の家で食事をすることはできなかった。要するにコーシャを最も遵守している者だけが、信徒の中から誰でも招待することができたのである。ここで再び女性の言葉を紹介しよう。

コーシャ用の台所を作っても外食はできるんですが、その場合でも、地域共同体の人を家に招くことはできないのです。コミュニティは多様なので、律法遵守という視点から私たちが守っている基準は次のようなものになります。厳格なコーシャとみなされるのは、「安息日の遵守者（ショメル・シャバット）」と言って外食をしない人、つまりレストランや誰かの（非コーシャの）家でベジタリアンを食べない人だけということです。自分の家を他の人々に開放するためには、本当に厳格な約束をしなければならないんです。

「安息日の遵守者（ショメル・シャバット）」は文字通り、聖人になるのだ。

コーシャ遵守の次の段階は、家族の純潔である。オーソドックスな家庭では、女性は月経中、不浄とみなされる。夫は彼女に触れてはならないし、彼女も夫に触れてはならない。女性は夫に直接何かを渡すことさえ禁じられている。夜、同じベッドで寝ることも許されない。生理が終わっても、禁忌が終わるまでに彼女は七日間待たなければならない。そして、夫のために身を清めるために、古代の掟に従って、静水と流水が混じり合うように造られた儀式用の浴場であるミクヴェに身を浸さなければならない。この儀式も夫婦間の争いの種であったが、男性よりも女性のほうが、遵守を強く求めていたようだ。家族の純潔の難しさについては、コーシャを守ることの難しさよりも耳にすることが少なかった。戒律は様々な方法で人を強く引っ張っているようだった。彼らは確かに強く引っ張られていた。

引っ張られることで、彼らは驚くべき共同体感覚を築いていた。戒律を守ってきた母親の助けなしに、新参者としてコーシャを守るようになるには、つまり2日前に10人分の夕食を作り、当日は何も調理せずに温かいまま提供する方法を学ぶには、（彼らが言うように）一つの村が必要なのだ。安息日を守るためには、子どもも大人も昼夜を問わずスクリーン〔＝端末〕に触れず、コミュニティの他のメンバーと何時間も過ごすことが求められる。

ルールは日常生活を専門知識のクロスワード・パズルにも変えた。全てを知っている人は誰もいなかったのだ。また誰もが自分よりもっと理解している人がいると思っていた。通常ラビは毎月の会報に多くの祭りの意味とルールを印刷したが、人々はより多くの情報を求めていた。集会で第一神殿と第二神殿の喪失を悼むことになっていて、いかなる化粧品も禁止されている特定の日に、ハンドクリームを使ってもいいのかどうかを彼らは知りたがった。また彼らは灰を入れた卵を食べるべきだとは知っていたが、灰をどこで手に入れることができるのかを知りたがっていた。以前、この祭りの準備の仕方について話し合った時、ある若い教師が、9日間は音楽も洗濯も新しい服も香水も、身だしなみのためのハンドクリームも禁止で、断食の夜はぐっすり眠ることはできないと説明した（彼女の夫は床で寝ると彼女は言った）。私たちは、食べられるものとその準備の仕方について話した。数日後、その教師は恥ずかしそうに私のところにやってきて、食事の一つについて間違ったことを話してしまったと言い、自分で訂正した。その一方で、ラビは、ためらいと曖昧さが神殿の破壊を引き起こしたという授業を行った。

しかしながら、もちろん、ルール自体が問題なのではない。私がラビに読むべき本を尋ねると、彼はベンジャミン・ブレッヒの『ユダヤ教を理解する（Understanding Judaism）』（Blech 1992）を勧めてくれた。くすんで乾いた無地の表紙のこの重厚な本は、まるで大学出版部の初期アルメニアの碑文に関する学術書のようだった。ブレッヒが説明するところでは、善良なユダヤ人であることとは、律法を守ることであり、神がモーセに与えたとおりに律法を遵守することである。一つひとつのミツワーを守るのは、神がそれを義務として与えたからで、あなたにはどれかを選ぶことなどできない。ブレッヒはミツワーが必要だと、教え諭し、解説し、主張する。その上で、本当はミツワーを遵守する必要はないのだと言う。そう言いながら彼が引用するタルムードのたとえ話は以下の通りだ。敬虔な愚か者とは、海辺に立っていて、溺れている人を助けるために礼拝を中断しない人のことである。

要するにこれらの参加のルールは、人をユダヤ人にする儀式なのである。律法遵守は所属するために行うことなのだ。そして、儀式の主な目的は参加者を特定することであるため、ある意味、儀式自体はまったく重要ではない。重要なのは、「私たちのような人々」が何をするかについての共通理解の方なのだ。正直に言って、卵と一緒に入れる灰をどこで見つけるか、人々が本当に悩んでいる様子には、明らかに楽しさと苛立ちの両方が見られたのだが、各人が何に従うかを決めることは、先祖の世界を再想像し、それをどのように個人的に作り直すかを決める方法になり、また共有可能なパラコズムを構築する方法にもなる。

参加のしるし

ひとたび特別な世界が構築されたら、信仰を持つ人は、自分がその中に存在していることを知るだけでなく、目に見えない他者もそこにいることを知ることになる。目に見えない他者が存在していることを主張する話し方や行動の仕方があるはずだ。そのような 宗教的な場での「参加のしるし」には、人間と霊が一つの共有した関係に参加していることを、人々が主張するための独特の言葉の使い方が含まれる。

アルバート・ロード（Lord［1960］2019）は、ホメーロスの吟遊詩人などの物語の歌い手たちが語る、偉大な物語の構成要素として、「定型」と「主題」を区別したことで知られる（彼の指導教官であったミルマン・パリーの議論を基にしたものだが、パリーは33歳の若さで謎の死を遂げたためこの議論を発表することはなかった)。ロードが発見したのは、物語の歌い手たちは、偉大な叙事詩に見られる何千行もの文章を暗記し、正確に再現したわけではないということである。その代わりに詩人たちは、ロードが「口承形式」と呼ぶ伝統に従って、その都度新たに歌を作っていた。彼らは、必要に応じて省略したり脚色できる大小の筋書きに慣れ親しみ、その物語にまつわる常套句の使い方を学んでいた。例えば「バラ色の指の夜明け」は定型であり、『イリアス』で朝を描写するためにしばしば呼び起こされるフレーズだが、『イリアス』の主題は、アキレウスの悲劇とトロイの木馬の欺きである。

信仰生活に入ると、人々はしばしばこのような仕掛け、つまり、こうした定型と主題を採用する。目に見えない他者との個人的な関係を主張する特定のフレーズ、その関係がどのように進むのかに関する特定の筋書きがあるのだ。この筋書きが自らを導くモデルにもなる。

南カリフォルニアにあるホライゾン・クリスチャン・フェローシップは、「ニューパラダイム」のキリスト教会に特徴的な、「普通の人々向け」の飾り気のないアプローチをとっているが(Miller 1997)、ホメーロスの叙事詩のような定型と主題に溢れている。他の同類の教会と同じように、ホライズンでも日曜の朝は聖歌隊ではなくロックバンドが演奏し、牧師たちはフォーマルではなく反インテリ的なスタイルをとり、多くの信徒は平日に小規模な家庭での聖書の分かち合いに集い、大きな礼拝集会は体育館で行われている。[*9] また、彼らは「聖書に基づく」と自称しているが、それは、書かれた聖書が文字通り真実であり、唯一の決定的な権威だということを意味している。加えて彼らは、起業家精神に富み、よく組織化されていて、非常に効率的でもある。

ホライゾンは、おそらくニューパラダイム教会の原型であるカルバリー・チャペルの分派である。カル

＊9　ペンテコステ系の福音派教会の様子。目を閉じて手を上げて祈るスタイルは世界共通である。音楽もソフトロック調が多く、礼拝はロックコンサートのような熱気に包まれる。
Devoted Christians celebrating Easter Sunday at the Hillsong Church at Baulkham (by The Sydney Morning Herald) 提供Gettyimages

バリー・チャペルは、70年代半ばに、南カリフォルニアのビーチでカウンター・カルチャー的なジーザス・ムーブメントに接触することで成長を始め、今ではアメリカ全土に千を超える「種を蒔いた」教会を持つに至っている。2000年代に入ると、ホライズンはメイン・キャンパスで約5千人の信徒（ほとんどが白人）に奉仕するようになった。ホライズンは、サンディエゴには七つの分派教会を持ち、世界中に80軒の分派教会があると主張している。またこの教会は幼稚園、小学校、中学校、高校、神学と牧会学の修士課程を持つ伝道学校、国内外でのアウトリーチ伝道、青少年プログラム、サマーキャンプ、絶え間なく行われるコンサート、「ゲッタウェイ（＝リトリート）」、社交イベントなどを運営していた。この多忙な施設で特に強調されている目標は、礼拝者一人一人がイエスと個人的な関係を持つように導くことである。

ホライズンでは、マニュアルやその他の書籍、教会の礼拝、そして私たちのインタビュー記録を通じて、あるフレーズが繰り返し響いている。新参者がコミュニティの一員になるにつれ、これらのフレーズは彼らの会話のパターンの一部となる。新しく信仰に入る者はハーディング（Harding 2000：19）が「共有された初歩的な信仰言語」と呼ぶものを身につけるのだ。それは、キリストにおける新しい生活（キリスト教に入信した生活のこと）を表す言葉やフレーズであり、彼らの新しい考えの論理を構成する主題でもあり、彼らがこの生き方に加わることを決めた方法を表現する共通の筋書きである。

最も重要なフレーズは「神と共に歩むこと」だった。名詞の「my walk」であることもあれば、動詞の「to walk」であることもあるこのフレーズは、神の傍でこの種のキリスト教徒として人生を生きる日々の経験を表している。「神と共に歩む」とは、神との関係を発展させることを学ぶことと、誘惑、挫折、失望といった、信仰に対する日々の試練に対処することの両方を含む。いかにもザ・ビーチボーイズの曲に[*10]

出てきそうな、ある若いブロンド女性は、自分のハウスグループについてこう語った。「彼らが神との歩みにおいて、別次元に達することができるように、彼らと交流しているだけなんです」。「神と共に歩む」ことは、神と共にいる方法を表している。また「神と共に歩む」ということは神の臨在も意味している。ある背の高い細身の男性はこう言った。「僕にとって、主と共に歩んでいる今、神様が一日中僕に語りかけているように感じます。…神様はいつも僕と一緒にいると思うんです」。

もう一つよく使われるフレーズは「神の言葉」である。このフレーズは書かれた聖書を意味するが、同時に神がキリスト教徒個々人と聖書を通して持っていると信徒たちが信じている、愛に満ちた、パーソナルでユニークな関係を含意している。ある背の高い男性は言った。「何週間か続けて教会に行きました。聖書は私に語りかけ、パーソナルに語りかけてきました。…それで、聖書は愛の物語で、私に向けて書かれていると気づいたんです」。これは驚くべき主張だ。2千年近く前に編纂された書物が、同時に私たち一人一人のために書かれたと言うのである。「聖書は言っています。神の言葉はあなたの心の石版に書かれているのです」。要するに、彼は、ただ本を読んでいたのではなく、神と共にいたと言いたいのだ。

従って、ホライズンのような場所では、キリスト教徒の生活を理解し、経験する方法自体を組織する主題があるのだ。これらの主題は、五月のある朝の礼拝で取られた私のメモにあるような、説教を通して理解することができる。

誰かがどこかで革命を起こさなければなりません。政府の人々は、ハーバード大学やイェール大学を出ていますが、言論の自由によって保護されているからポルノをいつでもテレビで見せて良い、という法律を可決したばかりです。しかし、言論の自由とはそういうものではありません。言論の自由とは、政府を批判する自由であって、くだらないものをテレビに映すことを許す自由ではないことは、みんな知っています。…私たちは神の子であることを忘れないでください。女性の皆さん（ここで会場が静まり返った）、あなたたちは神の娘たちです。…ふしだらなことを考えるのをやめなさい。あなた方は高貴なのです。…あなたがこのことに気づいた時、神に向かって「私は体臭と肉体に満ちた場所、肉欲的で物質的な場所にいます、どうか助けてください」と言えば、神はあなたを助けてくださるでしょう。とても祈りたいのに、うまく言葉にできない時でも、あなたの内側に霊がいるから大丈夫です。そして、もしあなたが祈り、イエスと共にいるなら、悪魔はあなたの気をそらすことはない。悪魔は言うでしょう、「彼女は正義のヘルメットをかぶっている。彼女には手が届かない」。そして悪魔は先に進むでしょう。なぜなら、彼の時間は短いからです。短いのです。そして、あなたの時間は無限なのです。だから、気持ちを麻痺させたり、アルコールやドラッグで自分を鈍らせたりしないで。いい気分でいなさい。手を伸ばしなさい。生き始めなさい。全ての花の匂いを嗅ぎなさい。神と共に生きなさい。生きなさい。彼はあなたを愛しています。

このような説教の中で牧師は、キリスト教徒としてこの世でどのように生きるべきかについて、次のように考えている。人間とは何か（責任を持つ必要がある、あなたは気高く、力強い主の子どもである）、この世

＊10　ザ・ビーチボーイズは1961年にアメリカのカルフォルニアで結成され、一世を風靡したロックバンド。

とはどのようなところか（ゴミだらけ、ハーバード大学やイェール大学に行ったが道徳的に自明なことがわからない人々でいっぱいの死体と悪臭の場所）、神とは誰か（神は責任を持ち、清く、あなたを愛している）、そしてキリスト教徒が神を必要とする理由（あなたを清く保ち、悪魔から身を守る鎧を与え、あなたが完璧に生きるのを助けてくれる）。こうした一般的でスピリチュアルな主題に織り交ぜられているのは、驚くほど具体的な政治である。また、善良なキリスト教徒は「とても祈りたいと思っているかもしれないが、本当には祈れない」ことも注目に値する。このようなキリスト教徒は、祈りは簡単に自然にできるものではないと想定している。神との関係を学ぶ必要があるように、祈りもまた学ばなければならない技術なのである。それは信仰の論理の一部になっている。重要な点は、それらが神と共に生きる人生の特徴になっているということだ。

信徒たちは、彼らの新しい宗教性を描写するための特定のフレーズや、神に属する人間世界を描写するための主題的な筋書きを学ぶ一方で、神との献身的な関係に入る自分自身を描写するための特定の個人的な物語、すなわち回心物語も学ぶ。この物語形式は、先述の説教のような他の種類の物語とは一線を画し、よりパーソナルで、よりステレオタイプ的である。

こうした非常にパーソナルなものとステレオタイプ的なものとの組み合わせは、福音派キリスト教徒に限ったものではない。例えば、ボロロ族の間では、シャーマンになる者は、森の中で切り株や蟻塚や石が突然動くのが見えなければならないし、野生の七面鳥のような狩猟動物を捕まえなければならないし、誘惑される夢を見なければならない。しかもシャーマンになる者たちは、このようなステレオタイプ的な出来事を、強烈にパーソナルに体験する。シャーマンと一緒に仕事をしたある人類学者は以下のように言う。

「それらの詳細や順序は、シャーマンではない成人のほとんど全員が知っている集団表象のレベルにまで標準化されている。しかし、私が最もよく知っているシャーマンは、それらを生き生きと真摯に語り、一般的なパターンと一致しながらも、特異なバリエーションや個人的反応を加えていた」(Crocker 1985 : 206)。キリスト教共同体における回心物語もこれと同様である。

ホライズンで人々が語る標準的な回心物語は、彼らは〔回心前に〕神のことを知っていた、あるいは神については抽象的に、子どもの頃に知っていたというものだった。その後彼らは、ドラッグ、セックス、アルコール、堕落といった激しい生活を経てどん底に落ち、その時点で自分の人生が空虚で、満たされていないことに気づいた。キリストを現実のものとして受け入れた時(多くの場合、気まぐれで教会に来た結果として)、彼らは、愛と容認、そして赦しで満たされた。建設業に従事していたホライズンのある男性信徒は、自分は宗教のない家で育ったと語った。しかし、戒律は知っていたし、「自分には責任を負うべき誰かがいて、それは神だ」と思っていたと言う。彼は13歳になる頃には、「全ては虚無に等しい」と気づいた。その虚無感は「38歳の時に本格的に襲ってきました」と彼は語った。彼はドラッグを試し、それから彼が「仏教、実存主義、次から次のロマンス」と呼ぶものを試したが、キリスト教会に行くことはなかった。「私はあらゆることを試しましたが、ドラッグのせいで全てを失いました。仕事も居場所も希望も失い、完全にどん底でした」。ホームレスになった彼は友人の家に身を寄せ、ある人が彼をホライゾンに招いた。ホライゾンに行った時、「僕は知っていた。間違いなくね」と彼は語った。私たちが正式にインタビューした人々の大半は、このような自滅、絶望、そして贖罪の物語を何らかの形で語った。

彼らの話を信用するべきだろうか。これらの話が正確ならば、そこに垣間見えるアメリカ人(少なくともカリフォルニアの人たち）の生活は憂慮すべきものだ。何人かのホライズンの信徒は、アウグスティヌスが三つの梨の実を盗んだことを罪の典型として描いたように、小さな罪を悪の極みにまで誇張することを学んでいる可能性もある。また、急成長しているペンテコステ教会が、男性を酒から引き離すための手段を女性たちに提供しているように、ホライズンのような教会が、依存症患者に依存症を断ち切るための構造を提供している可能性もある。いずれにせよ、これらの回心物語のメッセージは明確だ。私は路頭に迷い、深く迷い、誰にも愛されないほどに迷っていた。そして、神が私を愛してくださった。私は神が神であることを知った。神は私と共にいてくださった。そして全てが変わった。

クライスト・ザ・キングというカトリック教会では、参加のしるしは異なっていた。クライスト・ザ・キングは、自らを黒人カトリック教会と称していた。何年も前に書かれ、現在はウェブサイトに掲載されているそのミッション・ステートメントには、「私たちはブラック・カルチャーを特に重視します」と宣言されている。この教会はアフリカ系アメリカ人が住むサンディエゴの貧困地域に設立されたが、1990年代までにアフリカ系アメリカ人の住民の多くは引っ越し、近隣はますますヒスパニック化していた。その頃には、教会は全く異なる二つの礼拝を行っていた。地元に住む人々のためのスペイン語礼拝と、アフリカ系アメリカ人を祝福する礼拝に参加するために遠く10マイル離れた郊外から車でやってくるアフリカ系アメリカ人のための英語礼拝である。後者には、人種統合された礼拝とゴスペル・クワイアを求める中産階級の白人も参加していた。私が覚えているのは、恩返しについての説教や、ファストフードが良い食物ではないように、ファスト信仰も同様に良い信仰ではないという説教だ。そして、アフリカ系アメリカ人居住区で起きた車上狙い銃撃事件のための礼拝で感じた痛みと自責の念、またその時感じた何をしたら良いのか途方に暮れる感覚も覚えている。
クライスト・ザ・キングで人々が信仰を語る時、彼らは、「神と歩んだり、話したりすることを学んだ」とは言わなかった。彼らが語ったのは、伝統の持つ真理が自分たちを取り巻く世界の中で生命を得た瞬間についてであった。ある年配の信徒は、そのような瞬間について以下のように語った。

朝早く、まだ明るいうちに起きて、山に登りました。食べ物を持って、岩の上に座っていました。突然、谷から霧がやってきて、全てを完全に取り囲み、渦巻きました。霧が晴れ始めると、私の前にあった巨大な岩が、巨大な子羊になって私を振り返ったのです。それは思考を介さずいきなり心の中に入って来ました。この世の罪を取り除く神の子羊です。まるでミサが私の心の中で繰り広げられているかのようでした。

クライスト・ザ・キング教会の人々は、ホライズン教会の人々のように、神が自分たちの傍にリアルに存在するようになったとは言わなかった。彼らは、物語そのものが自分たちにとってより生き生きとしたものになったと語ったのである。「ミサに参加する時、私たちはパンとぶどう酒が存在した、あの瞬間に再び参加するのです」とある男性は語った。神が自分たちの物語に入るのではなく、自分たちが神の物語に入るのだ。「私たちがミサに参加し、ミサに同調することで、どんな優れた劇でもそうであるように、**あなた自身**がドラマになるのです」。
従って、福音派教会の物語の焦点が、一個人が神を選ぶ瞬間にあったのに対し、クライスト・ザ・キングの物語の焦点は、人間の共同体の中で神を認識することにあった。以下は長年教会に在籍していたある女性の言葉である。「クライスト・ザ・キングは本当に油の注がれた〔祝福された〕共同体です。私は御霊が動くのを見てきましたし、御霊が人々を変えるのも見てきましたし、御霊がどのように私のことを変えたかもわかっています」。「時には35人から40人が朝食を共にすることもあります」と語られていたように、教会の中心メンバーは多くの時間を共に過ごしていた。また彼らは互いの家を開放し合ってもいた。養子も多く、「教会の少なくとも60％には、少なくとも一人の養子がいます」と誰かが言っていた。そして多くの人には、友人や親戚の中に不運な迷える魂がいるようで、彼らは何ヵ月も家に滞在することもあった。「私の娘には、父親と継母と言い争って、彼らに追い出されたばかりで、行くあてのない幼い友達がいました。結局、彼女は私のところに6ヵ月ほど滞在することになりました」。人々はこの習慣をアフリカ系アメリカ人の文化の一部であると語ったが、同時に教会の文化の一部であるとも考えていた。「私たちはただ集まりたいだけなのです」。

ここはホライズンよりも政治的な教会だった。誤解のないように言うと、ホライゾンの説教はクライスト・ザ・キングの説教よりもはるかに直接的に政治的だった。私のメモによると、ホライズンでは神は共和党支持者であるだけでなく、全米ライフル協会のメンバー〔＝銃規制に反対する右派〕でもあったようだ。しかし、インタビューで政治的行動について語ったのは、もっぱらクライスト・ザ・キングの信徒たちだった。ギャングの銃撃戦で若者が命を落とした時、信徒たちは近所で集会を開き、一軒一軒訪ねて人々と話をした。彼らは炊き出しのボランティアをし、ホームレスと働いた。少女たちを「祭壇の少年〔＝従者〕」にし、ペンキを塗ったバンに乗ってやってきて、11月の共同祈願〔＝ミサの最後に行われる共同の祈り」の中で感謝祭に私たちのために命を捧げる七面鳥について語った男を歓迎した。彼らは、小教区を運営するのは司祭ではなく教区民であると主張した。彼らはセクシュアリティや中絶をめぐって司教と戦った。「私は（ローマの）指導者を無視しているだけなんです」と、ある男性はニヤリと笑って説明した。彼らは指導者会議が白人ばかりであることを非難した。ある女性が回想して以下のように語った。「私は（司祭の集まりで）、彼らが世界で最も優れた頭脳の持ち主であることを理解しており、もし彼らが望めば、アフリカ系アメリカ人男性をイエズス会の共同体に勧誘するためのプログラムを組めることを知っていると言いました」。

彼らは自分たちをを反教権的で、反抗的だと描写した。偉大なドロシー・デイ[*11]に匹敵する社会正義活動家のビジョンを、次から次へと語ってもくれた。彼らは教会の多様性、つまり民族的、人種的、階級的な違いを喜び、伝統的な社会的分断を超えたこれらの関係を、信仰者であることの本質だと理解していた。「神はそのようなつながりの感覚と、どのように関係しているのですか？」ある女性が他の信徒たちとの個人的なつながりについて興奮気味に語った後、私は彼女に尋ねた。「それこそが私の神体験なのです。私が神を体験する時なのです。神はいるのではなく、私がここにいるのです」。私たちがレコーダーを切ると、彼女は考えるのを止めて言った。「私は20年間、神を理解しようと努めてきました。そして最終的に「ただ神を**やらせて**ください（Let me just **do** God）」と言ったのです」。

＊11　ドロシー・デイ（１８９７〜１９８０年）は、１９３０年代のアメリカで労働運動を組織したカトリックの社会運動家。

参加のルールや儀式が、特別な世界の境界を認識する方法だとすれば、参加のしるしは、神が世界の中で人間と共に存在していることを認識する方法である。人は神聖な空間（例えばあらゆる必需品を伴うコーシャの家など）に足を踏み入れるだけでなく、神聖な霊が存在することを知らなければならない。福音派にとって、「神と共に歩む」という新しい言葉や、回心の物語を語ることのポイントはそこにある。これらの物語は、神が出現したことを証明する。またコミュニティの中で神を発見するクライスト・ザ・キングの信徒たちのポイントもそこにある。これらの物語は、神が自分の傍らにいると語っている。パラコズムは、人間がその中に入ることを選んだ意味づけに依存している。パラコズムはまた、神々や霊がそこに参加し、存在するようになることを示すしるしにも依存している。

相互作用の手段

最後に、パラコズムが信仰であるためには、目に見えない他者が応える必要がある。信者にとってはこれが、信仰体験とフィクションの違いである。物語の主要キャラクターが何らかの形で語り返し始めた時、彼らは自分が単なるごっこ遊びをしているのではないことを知る。このような信仰の場の全てで、人々は疑似フィクションの物語に関わる。この物語では、目に見えない他者が単に描写されるだけでなく、相互作用するものとして経験される。

クライスト・ザ・キングでは、何人かの女性たちが毎朝6時に電話で一緒に祈っていた。30分間、彼女たちは順番に神に語りかけ、神が特定の方法で介入してくれるようお願いし、神が自分たちに介入してくれた証拠として自分たちの人生を語った。ある過越の祭りの時、シュル〔＝シナゴーグ〕では、キャリア初期に挫折した青年がペパロニ・ピザを食べに出かけた。〔ユダヤでは〕肉と牛乳は絶対に同じ食事で食されることはないし、同じ食品の中で食べられることもない。しかし、その若者は神に腹を立てていて、それを神に知ってもらいたかった。だから彼は、聖なる週にピザを食べに行き、宇宙の創造主を鼻で笑ったのだ。ホライズンの若い女性が、定期的に神とコーヒーを飲んでいると話してくれた時、私は、人々が神に応答することを学ぶ方法に注意を払い始めたが、それがどのように機能するかを見定めるようになったのは、シカゴに引っ越してヴィンヤード教会の礼拝に行くようになってからだった。

ヴィンヤード・クリスチャン・フェローシップは、ホライズンと同じく、１９６０年代以降に発展した新しいプロテスタント教会の一つである。これらの教会は、初期キリスト教の弟子たちがイエスを体験したように、人々が具体的に生き生きと神を体験することを望んだ。そして、彼らはその方法を教えることに着手したのである。

ヴィンヤードでは、神はいくつかの方法で語り返してくると理解されていた。まず第一に、神は聖書を通して語る。信徒が聖句を思い出したり、ある聖句を読んで強い感動や影響を受けたりした時、彼らは神がその聖句を通して語りかけられたのだと推測した。神がその聖句に導いたのは、その聖句を読ませ、それに反応させるためだったということだ。ある若い女性はこのように説明した。

聖霊が（ある一節を）思い起こさせてくださるのです。私はただその聖句を思い出すだけなのですが、それは聖霊が、あなたが今まで読んできたものの中から、「今あなたが知る必要があるのはこれだ」と言ってくれているのだと思います。

神はまた、人や状況を通して語ると理解されていた。信徒たちは、出来事は偶然に思えるかもしれないと説明しつつも、神がその状況を通して何かを伝えようとして語りかけているのだと言う。その内容は、主が彼らを愛しているとか、彼らにあれこれ決断させたいなどである。ある海外に向かう若い女性が、思い出して以下のように語った。

身分証明書の写真が必要だったんです。……ある日の午後、神様が「立ち上がって写真を取りに行きなさい」とおっしゃったような気がしたんです。……私は、それはまったく効率的ではない、と思いました。……でも、そうすることは信仰の一歩だと感じました。だから、私は不平を言いながらも、それを実行しました。すると行きと帰りに三人の知り合いにばったり会って、そこにはある種のパターンがあったので、私は適切な時に適切な場所にいたのだと感じました。

この相互作用モデルは、保守的なキリスト教会の多くに見られる。それは、神が「導いている」という感覚に従って、信徒が日常生活を解釈することを学ぶという相互作用のモデルだ。

ヴィンヤード教会の信徒たちはまた、神が心の中に像や考え（「印象」と呼ばれることもある）を置いたり、体にある種の感覚を与えたりすることによって、自分に語り返してくれることを期待していた。ある年配の女性は、このことに気づき始めたきっかけをこう語る。

祈り始めたばかりの頃は、こうやって神様が私に何かを示し、語りかけてくださるとは思っていませんでした。私がただ御言葉に熱中していると、イメージが心に浮かぶのです。

ある日、ズボンを履いていたら（彼女はここで笑った）、誰かが頭に浮かんだんです。「主よ、どうかその人と共にいてください」と、ズボンを履きながら、誰かのために祈っているような感じでした！でもそれは、その人のために祈ろうとインスピレーションを受けた瞬間でした。

信徒たちは、自分自身ではなく、神という外部の存在によって生み出されたものだと同定できるような心の出来事を経験したいと思っていた。神が自分の心の中で作用しているというこの強烈な参加の感覚は、全ての保守的なキリスト教会に見られるわけではない。また一部の信徒にとっては、このような形で自分自身が神の声を聞いていることを体験するのはより難しいことだった。しかし、人々はそのように神を体験したがった。それが神が語り返す方法として明確だったからだ。

ヴィンヤードのコミュニティでは、どのような精神的な出来事が神の応答として認識できるかについて、半明示的で社会的に共有された期待があった。私が信徒に、神から来た考えやイメージと自分自身のものとをどのように区別しているのかと尋ねると、彼らはしばしば共通の「テスト」を挙げた。浮かんだ考えやイメージが、自分の考えとは異なっていること、考えやイメージが神の性質に合っていること、「これは神だ」という解釈が他の何らかの方法で確認できること、そしてその経験が平安をもたらすことである。この特異な教会に入るためにシカゴへの移住を決めたという人の例を紹介しよう。

神が私の頭の中に（シカゴの）ヴィンヤードを置いてくださったのだと、本当にはっきりと感じました。私はその教会をまったく知りませんでした。…本当に奇妙なことだと思いましたが、この考えを振り払うことはできませんでした。礼拝の後、私はただ祈り続け、神はそれを確証してくださいました。そこには完全な平安があったのです。

その平安な感覚、思いがもたらす予期せぬ驚き、そして思いが執拗であるという感覚によって、彼はその思いが神から来たものだと知ったのである。

このようなテストあるいは期待は、一般的に**識別**（discernment）と表現されていた。識別は曖昧で複雑なプロセスだった。ある決断が重大なものである場合（例えば、若いカップルが家族と離れてロサンゼルスに引っ越すよう神が呼びかけているのか判断しなければならない場合）、信徒たちはその決断について何週間も祈り、教会の他の友人たちにも同様に祈ってもらい、その祈りの経験について話してくれるように求めることも珍しくなかった。信徒たちは、自分たちは神の声に従っていると言いながら、本当は自分の願いに従って行動している人たち（ゴシップ好きな人たちはそのように思っている）の噂話をした。彼らは、人々が間違いを犯し得ると予想していたのである。

実際、心の中で神を認識するこのプロセスは技術として明確に理解されていた。それは祈りの間に、内なる声による神との「会話」を繰り返し、神の応答とみなされるような心の出来事に注意を払うことを通じて学習される。多くの祈りのマニュアルが、祈りは直観的な行為ではないと仮定していた。「神と共にある人生を送るために不可欠なことは、神とどのようにコミュニケーションを取るべきかを学ぶことである。…しかし、神がどのように私たちを支え、私たちとコミュニケーションをとっておられるかに気づくことは、必ずしも簡単なことではない。私たちは神に耳を傾け、神に応答する訓練をしなければならない。」（Foster 2006：xvii）信徒たちはまた、神が心の中で語るのを聞くこと、つまり自分の思いと神の思いを区別することを学ぶ時、最初は戸惑うことが多かったと言った。ある大学生はこのように振り返った。「キリスト教徒になりたての頃、人々が私に『神はあなたに何て言ってる？』って尋ねてきましたけど、『えっ、わからない』って言ったんです」。

とはいえ、しばらくすると、電話で人の声を聞き分けるのと同じように、神の語りかけを聞き分けることができるようになったと多くの人は言った。「違う種類の声なんです。つまり、私は自分の声を知っていますよね。あなたの声を思い浮かべれば、あなたの声がどう聞こえるかを思い浮かべるだろうし、自分の声を思い浮かべれば、何も聞こえていなくても、その声がどう聞こえるかを思い浮かべるでしょう。声のトーンが違うんです」。また、このような意見もあった。「それは誰かだとわかるようなものなんです。例えば、どうやって自分の母親だってわかるんだ？　みたいな」。

教会では、各人が自分なりの方法で神を体験し、神を認識するための学習パターンを発達させることが認められていた。ある人は温かいヒリヒリ感で、ある人は鳥肌で、またある人はイメージや印象、聖句によって神を体験した。「私にはたくさんのイメージが浮かびます」と説明する人もいた。別の人は「私はめったにイメージを見ることはありません。人々のために祈る時、私は感覚を得て、それを言葉に変換することができます。…鳥を見るよりも、鳥の飛翔を感じるようなものです」と言った。信徒たちは、人は神を識別することを学ぶことができると主張した。「それが神の声だとわかる（know）ようになるんです。それはとてもわかりやすくて、絶え間ない祈りによってもたらされます」。

ユダヤ教徒やキリスト教徒が唯一の神とのコミュニケーションを確立しようと努力するのに対し、サンテリアの人々は、心を通じて多くの霊に語りかける。彼らはまた、文字通り霊を具現化し、霊が訪れるための物理的な祭壇を作り、霊との特別な関係を示す工芸品で埋め尽くす。サンテリアは深く多層的である。

サンテリア[*12]は、カリブ海の西アフリカ人奴隷の間で生まれたヨルバの霊憑依とカトリシズムが融合した混成信仰であり、ヴードゥー教、カンドンブレ、バイーア、そしてキューバではサンテリアといったように、様々な形態をとっている。サンテリアは「聖人」や「オリシャ〔＝神々〕」のパンテオン〔＝汎神殿〕を持つ。ある神は自然界を具現化したものであり、ある神は伝統的なキリスト教の人物像に近く、またある神は古代ヨーロッパの異教の神々を彷彿とさせる。その中には、セクシーで強力な海の女神イェマヤ、いたずら好きな十字路のエレッグア、流れるような白いローブを身にまとい、天空と全てのオリシャの支配者であるオバタラなどがいる。しかし、それだけではない。祖先の霊もいる。他の霊によって遣わされた霊もいる。儀式の時に現れるだけで、自分のことを説明することもなく、二度と戻ってこない霊もいる。

人々は、霊の夢を見たり、霊に気を取られたりすることから、霊が存在していることを知る。ヴィンヤードの信徒のように、神々によって置かれた思いを心に抱くのだ。もっと直接的に言えば、参加者は儀式の太鼓の演奏中に、霊が肉体に乗り移り、霊の存在を知らしめることがあることに気づく。ある祭司は、憑依されるのはクローゼットに入るようなものだと私に言った。つまり彼女は本当にそこからいなくなったわけではないが、部屋の中にもいなかったのである。

＊12　サンテリアの祭壇。自分の霊が好むものが供されるが、カトリックの聖画やユダヤ教のメノーラー（燭台）も飾られており、サンテリアが様々な宗教や伝統の混合物であることがわかる。
Niederländische Antillen; Curacao（by ullstein bild）提供Gettyimages

私がサンディエゴで参加したサンテリアの「家」は、街の流行の最先端の地域にあるボタニカで運営されていた（ボタニカとは、スピリチュアルな修行に必要なハーブやキャンドルなどの道具を販売する店のことだ）。店は狭くて奥行きがあった。手前には、カトリック教徒が聖母マリアや聖ユダ、聖バルトロマイなどの助けを呼び起こすために使う祈祷用のロウソクや、ハーブやお香が売られていた。さらに奥には、祭壇用のキャビネット、キャンドルホルダー、水を入れるボウルなどがあった。これらがサンテリアの実践用であることは明らかではなかった。部屋の一番奥では物置と祭壇が混在していた。人々は読書、相談、おしゃべりのために奥へと消えていった

マドリーナ（入信者の中の最高位、人々を入信させグループの象徴的母のような役割を果たす人）が店を経営していた。彼女はキューバ人で、太鼓を叩きに来る人の多くもキューバ人だった。しかし、おそらく入信者の半数は中流階級の白人だった。彼らは、私がロンドンで魔術の実践者たちのフィールドワークを行った時に出会った人々とよく似ていた。ソフトウェア・エンジニア、看護師、学生など、生まれながらの自分の信仰に感銘を受けず、もっとパンチのあるものを求めている人たちである。

マイクもその一人だった。私たちは地元の形而上学系（日本で言うところの精神世界系、スピリチュアル系）の書店で出会った。私は地元のカルト的なグループについてもっと知りたいと思い、その書店に行ったのだ。店員は私が口にしたグループに関しては鼻にしわを寄せ（「彼らの目を覗き込んでも誰もいないよ」）、代わりにサンテリアについて学べるように、奥の部屋でタロットカードを読んでいたマイクのところに連れて行ってくれた。彼はかつて異教の魔法使いの修行をしていたが、しっくりこなかった。魔法使いはトラブルに遭遇すると「白い光で敵を囲み、マシュマロを投げつけるんだ」と彼は言った。ある晩、ゲイバ

ーから出てきた彼は、何者かがフロントガラスに石を投げつけ、車のタイヤを切り裂き、側面に「家に帰りな、オカマ」と落書きしたのを発見した。彼は犯人を知っていると思ったが、警察は何もしてくれなかったと言う。そこで彼はボタニカに行き、強力な呪いを送るためのハーブとその使い方の説明書を手に入れた。数ヵ月もしないうちに、犯人はサンフランシスコに移住することになり、レザー・ボーイたち〔＝ゲイのバイク乗り〕に殴られた。このことがきっかけでマイクはサンテリアにのめり込むようになると、物事がうまくいき始めたのだと言う。

サンテリアで人々はこれと似たような物語を語った。彼らは墓地から取ってきた人間の頭蓋骨や骨が入った大釜について話してくれた。彼らは、サンテリアは本当に効果がある、つまりその儀式は世界に実際に影響を及ぼすと言った。彼らはしばしば、自分は夢や影や日常生活の中に常に物事を「見る」タイプの人間であったから、また、物事がうまくいっていなくて修正が必要だったから、イニシエーション〔＝入信〕を求めたのだと言った。例えば彼らは入信後に「彼女は間違った相手と付き合っていた」ことがわかった等と語った。また私にマイクを紹介してくれた店員が言うところでは、彼女の叔母は誰かを殺害したのだそうだ。彼女の叔父は無実の罪で投獄され、叔母は叔父を告発した者たちが死ぬよう強く祈っていた。すると彼らは死んでしまい、彼女の叔父は無実だと認められ、釈放されたのだという。このような話がサンテリアに関する私のメモを埋め尽くしている。

サンテリアは入信（イニシエーション）を必要とする信仰である。新しい入信者は、一人または複数のオリシャ〔＝神々〕の保護下に置かれる。新参者は自分がマリアおばさんに憑依されていることに気づくかもしれないが、最初の憑依の後すぐに、他の霊たちが現れ始める。イニシエーションの段階が進むごとに、霊との親密な交流が始まる。その人がたくましければたくましいほど、イニシエーションが進めば進むほど、霊との接触は多くなる。進歩した入信者は儀式で神々を顕現させる。それは、目に見えない他者との関係に溢れた世界で、その関係は非常に社会的なものだった。ルイ・ブレインズとダイアナ・エスピリト・サント（Blanes and Espírito Santo 2013）は、彼らが記述したコミュニティでは、こうした社会的関係が明らかに存在していて、非常に人間的であることを発見した。それゆえ彼らは、霊を端的に意図と記憶を持つ人類学的な参加者、すなわちエージェントとして描写している。

サンディエゴのサンテリアの家では、全ての祭司が祭壇を持っていた。写真、絵、花、人形、おもちゃ、コーヒーカップ、ラム酒、ロウソク、水の入ったグラスなど、その霊が好きそうなものでごった返した演壇である。しかも霊は沢山いたので、祭壇も沢山あった。マドリーナの家は、床面積の半分がなくなるほど祭壇がぎっしりと詰まっていた。廊下、玄関、居間、食堂、そしておそらく寝室にも祭壇があった。台所には冷蔵庫の上に祭壇があり、それぞれが物で覆われていた。これらの祭壇は、人々が自分たちの霊を物体化し、コミュニケーションをとる手段だった。人々は、人々が憑依される集会である**ミサ**（misa）で、自分たちの霊が何を好むかを学んだ。他の人々が、個人に取り憑いている霊を特定し、その霊が何を望んでいるかを伝えるのだ。ある時、書店員と一緒にミサに行くと、マドリーナは、彼女の霊が修道女だったので、祭壇にロザリオが必要だと言った。

いったん霊との接触が成立すると、その人は心の中で、夢の中で、出来事を通して、霊から話を聞くようになる。それは、ヴィンヤードやホライゾンのキリスト教徒が神から話を聞くことを学んだのとよく似ている。サンテリアでは、人々は霊との接触を維持するためにより多くの儀式を行うようで、ヴィンヤードと比べて、より多くの物があった。毎日、入信者は祭壇の前で祈り、水を変え（あるいは飲み）、新鮮なコーヒーを淹れることになっていた。毎日、彼らは生活の中に霊の存在を探すことになっていた。霊が彼らを助けたり、一緒に遊んだり、注意を求めたりするやり方は全て、個々の霊の性格やスタイルに従ったものだった。「エレグア（いくつかの丸い石を接着剤でくっつけた形の人形）はトリックスターです」とマイクは私に説明した。「エレグアはバナナの皮を敷いてあなたを滑らせます。それであなたが足を骨折して救急処置室に運ばれると、そこで縫合してくれるんです」。霊は注目されるのが好きだった。人々は祭壇や夢や白昼夢の中で交流するだけでなく、彼らと友達のように接した。ある看護師の女性は、エレグアを連れて、日曜日に近所をドライブしていた。文字通り、彼女はエレグアを車の前席に乗せ、エレグアが気に入りそうな場所を車で回りながら、エレグアとおしゃべりをした。時々、私がインタビューの手配をするために誰かに電話をかけると、私の調査参加者は一旦中断して、霊にそれでいいかどうか尋ねるために振り向く。「私は彼ら〔＝霊〕に本当に友人として話しかけています」とマドリーナは説明した。

パラコズムが機能するためには、人間と神々がその中に入るだけでは十分ではない。彼らは相互作用しなければならない。神は徹底して非日常的な存在であるため、どのように交流すべきかは一見して明らかなわけではない。それゆえ特別な世界には、何を霊の反応とみなし、人間がどのように答えを返すことができるかに関する期待・予期が必要になる。ヴィンヤードで実践されているキリスト教では、人々はこれらのルールを「識別」と呼んでいる。聖書を読んだ時の意外な反応、一見偶然に見える人々との出会い、強烈な印象、考え、心の中のナッジ〔行動経済学で言う「行動への後押し」〕などである。私がサンディエゴで知っていたアングロ・キューバン・サンテリアでは、人々は、霊と交信するための物理的な祭壇（ろうそく、コーヒー、霊が好きそうな特別な人形など）に焦点を当てていた。しかし、彼らはまた、心の中で霊の声を聞いたり、目に見えない他者にまるで友人に語りかけるように表現することもあった。

ここまでくれば、信仰の枠組みと遊びの枠組みが似ていることは明らかだろう。信仰の枠組みは、それが真剣なものであるという点以外は、遊びの枠組みによく似ている。そこには特別なルールで定義された特別な世界がある。何人かの人々だけが参加し、何がリアルであるかに関して同じ前提を共有するのだ。彼らは特別な行動によって参加を表明する。私たちはそれを儀式と呼んでいる。コーシャを守り、教会に行き、一日に5回ひざまずいて祈る等だ。また、彼らは神や霊が存在すると明言し、神や霊が自分と相互作用しているかどうかを判断する方法を学ぶ。このようなルールは、特定の枠組みの中でしか意味をなさない。キリスト教徒には、日曜日のドライブに石の塊を持っていくのは奇妙に見えるだろう。サンテリアの祭司にとっては、20億人の人々を監督している一つの霊が、時間をかけて誰かに教会に行くための場所を教えていると仮定するのは愚かなことに思えるだろう。イスラム教徒とユダヤ教徒にとって、いかに祈るか、何を食べるかに関する異なる儀式は、彼らを異なる事業に関わっているものとして定義する。もしあなたがタッリート〔＝ユダヤ教の礼拝用ショール〕を着るならば、アッラーがあなたの祈りを聞いてくれるとは思わないだろう。

この遊びの比喩が含意するのは、「個人が参加を選択する」ということだ。そこには枠組みがあり、それがルールや前提と共に信仰を定義している。ある人は意図的にその中に入り、関わることを決めなければならない。懐疑論者はこう言うかもしれない。ほとんどの人は生まれながらにして宗教を信仰しており、選択の余地はないではないかと。それに対して、私はこう答える。儀式を機械的に実行することは可能で、世俗化したことのない世界においてさえ、儀式をどうでもいいと思うことは可能だ。

ヴィンヤードで、ある人が私に言ったことがある。「私は、これが神からのものだと信じるか、それとも単に自分から来たものだと考えるかを選ぶことができます。現実はどちらでもあり得るし、私はそれを知っています。それが何であるかを信じる選択は常に存在しているのです」。想像しなければならないこと（目に見えない神を表象するためには想像力を働かせなければならない）を真面目に受けとることが、信仰者にとっての試練であるとすれば、物語のメカニズムや儀式のパフォーマンスは、それを助けることができる。優れた物語の生き生きとした克明な世界、主要キャラクターの複数の表象、あたかも自分と関係があるかのように交わされるキャラクターとの対話。これらの繰り返しの実践の全てが、信仰の枠組みをより説得力のあるものにするのに役立つ。その全てが、信仰をより個人的なものにし、より有意義なものにし、より日常に根ざしたものにするのに役立つのである。

私は、信仰の枠組みをパラコズムと呼ぶことで、信仰が、私的だが共有された想像の世界として機能する方法に、読者の目を向けさせたいと思っている。共有された想像の世界には、パラコズムをよりリアルに感じさせる特徴がある。それは、自分がパラコズムを共有する共同体に参加していることを示す方法、パラコズムの中心人物をリアルに体験していることを示す方法、その中心人物が自分と相互作用していることを体験する方法などである。これらの特徴は全て、目に見えない存在をより鮮やかに、より生き生きと、よりリアルに感じさせる。

この現実制作《リアル・メイキング》には選択が必要だ。信仰の枠組みの中に入り、それをより鮮明に体験できる人は、それがよりリアルに感じられることに気づくだろう。彼らはゲームのルールを受け入れ、それを自分のものとして作り直す中で、自分の内面が他者によって社会化されていることに気づくだろう。目に見えない他者と共に働き、その他者との関係の中で自分があるべき姿になろうと努力することで、彼らは別の人間になる。しかし、そうするために、その人たちはその枠組みに入り、そのルールを受け入れ、従うことを約束しなければならない。プレイすることに同意しなければならないのだ。

第3章 才能とトレーニング

初めてのことがあると、私たちはそれを一つの経験として扱う。五感が目覚め、クリアになるのを感じる。私たちは生きているのだ。

——ジャスパー・ジョーンズ『ジャスパー・ジョーンズ：回顧展』

物語や実践には、目に見えない他者が実在していると感じやすくさせる性質があり、また、そうした物語を個人が鮮明に体験しやすくする、あるいはしにくくする個人的な性格もある。ある種の人々は、内なる心と外の世界との境界線を進んで曖昧にするので、内的に想像するべきことが、より自律的で、より主体的で、より外から与えられていると感じられるようになることがあるのだ。これは人間の能力、志向であり、生まれつきのものであると同時に訓練され得る。私はこの才能を「没入（absorption）」と呼び、その訓練を「内的感覚の修養」と呼ぶ。これらは想像力の鍛錬であり、身体の鍛錬でも心の技術でもない。ルシアン・レヴィ゠ブリュルは、このような心と世界に対する志向のようなものを「融即（participation）〔一見関わりのない事物同士に神秘的な関係があるとみなすこと〕」という言葉で捉えていたのだと私は思う。

没入と内的感覚の修養が、神々や霊の現実性《リアルネス》を発火《キンドル》させる。

神秘主義モード

今から100年近く前、ヨーロッパ人が、新しく植民地化した土地の先住民が古代の儀式で奇妙な神々を崇拝しているという報告に胸を躍らせていた頃、イギリスの人類学の新しい学派が、ロンドンの時刻表のように整然とした知的進化の階段を描いていた頃、パリの哲学者ルシアン・レヴィ゠ブリュルは、あまりにも先鋭的で、突拍子もない哲学的心理学を紡ぎ出していた。このような状況下で、ただ一人、E・E・エヴァンズ゠プリチャードは、レヴィ゠ブリュルの考えを徹底的に否定し、彼を論駁するために有名な著書『アザンデ人の世界：妖術・託宣・呪術』を書いたのだが、その中でレヴィ゠ブリュルの名前に触れることさえなかった。今でも多くの学者は、レヴィ゠ブリュルの名前をいかがわしく感じるのだが、これは残念なことである。レヴィ゠ブリュルは、重要なこと、つまり宗教的であることとは、世界が反応し、生きていることを体験することだということを見抜いていたからだ。

レヴィ゠ブリュルは『未開社会の思惟』の中で、（文字を持たず、非西洋的で、小規模な社会で生活している）「未開人」の心の特徴とは、自分自身を外側にある世界に融即しているように経験し、また外側にある世界が自分の心と身体に融即しているように経験することだと主張した。そのような人は、敵が自分の名前を知るだけで、自分に対して支配力を持つようになると信じるかもしれないし、自分の夢をリアルな外界の霊の到来だと信じるかもしれない。例えばアラスカ中北部のコユーコン・インディアンは以下のようになっている。

伝統的なコユーコン族は、見守る世界、つまり目の森に住んでいる。自然の中を移動する人は、その場所がどんなに荒々しく、辺鄙で、荒涼としていても、決して真に孤独ではない。周りにあるものは意識を持ち、感覚し、擬人化されている。それらは感じるし、気分を害することもある。そして、どんな時でも、適切な敬意を持って扱われなければならない。(Nelson 1983 : 14)

レヴィ゠ブリュルはこのような志向を「神秘主義的」と呼び、それは「融即律」によって管理されると説明した。その法則によって彼らは、自分たち自身であると同時に自分たち以外でもある(Lévy-Bruhl [1926] 1979 : 76)。彼はまたそれを「前論理的(prélogique)」とも呼んだ。その主な目的は矛盾を避けることではない。伝統的思考とわれわれの思考との主な違いは、「われわれの知覚が、客観的な現実に向けられており、この〔客観的〕現実だけに向けられている」(Lévy-Bruhl [1926] 1979 : 59) ことだと彼は主張した。私たち(理性的なフランス人)は何よりも、現実を主観的な表象や反応から独立したものとして定義することを目指している。しかし、彼ら(未開人)はそうではない。

レヴィ゠ブリュルはその生涯の終わりに、いわゆる未開人の心がヨーロッパ人のそれとは根本的に異なるという主張を放棄した(これは死後に『ノート』として出版された)。彼はまた、「前論理的」(Lévy-Bruhl [1949] 1975 : 99) という言葉も捨て、全ての人に共通する「融即」というものについて書き始め、また異なる心というよりむしろ異なる思考様式について書き始めた。彼は「神秘主義的なメンタリティは、われわれの社会よりも『未開の人々』の間で顕著であり、容易に観察することができるが、それは全ての人間の心の中に存在する」(Lévy-Bruhl［1949］1975：100–101）と述べた。感情的であると同時に概念的でもある神秘主義的な思考様式は、彼がずっと「融即」という概念に帰してきた特徴を持っていた。すなわち、通常の空間と時間からの独立性（例：イエスはまだ生きている）、論理的矛盾（例：人は自分が所属する部族のトーテムの鷲であると同時に鷲ではない）、物や存在とその特徴との間の共有された同一性（例：切り取った髪とその髪を生やしていた人物のような）、そして「多くの場合予期されない、周囲の環境のなかで与えられる現実とは別の現実との接触の感覚」(Lévy-Bruhl［1949］1975：102）である。神秘主義的なモードは日常的な思考と絶えず混ざり合っていると彼は考えた。彼にとって、謎は以下のようになった。「このような「心の癖」が、ある状況では感じられるのに、他の状況では感じられないのはなぜなのだろう？」(Lévy-Bruhl［1949］1975：100)

実際のところ、どうなのだろうか？　多くの人は、バレエ、バイオリン、テニスなど、生活の多くの領域で訓練や才能が重要だと思い込んでいる。しかし神や霊を知るということになると、才能や訓練について話すのは気まずい感じがする。なぜなら、そう言ってしまうと、宗教的な出来事を生み出すのは神ではなく人間であることを示唆してしまうからだ。才能や訓練について語ることは、神を遠ざけることになりかねないのである。ヘブライ語聖書の預言者たちは、自分たちには才能も訓練もないと誓った。この才能と訓練の否定は、預言者たちが見聞きしたことが本当に神からのものであることを主張するための語り方だったのである。「主の言葉がわたしに臨んだ」とエレミヤは言う。「わたしはあなたを母の胎内に造る前からあなたを知っていた。母の胎内から生まれる前にわたしはあなたを聖別し諸国民の預言者として立てた。ああ、わが主なる神よ、わたしは語る言葉を知りません。わたしは若者にすぎませんから」（『エレミヤ書』1章4－6節）。

しかし、神々や霊が話すのを聞いたり、それ以外の強烈で珍しい体験をしたりすることは、ある面では、確かに熟練したスポーツ選手になるようなことかもしれない。私は、才能や訓練のようなものが、神々や霊の実在感や、人々がスピリチュアルとみなすような体験を容易にすることを発見した。このように言うことで私は、人間には没入する能力、つまり内的であれ外的であれ、感覚の世界に没頭する能力と才能があり、それを発達させる訓練をしている人は、目に見えない他者がそこにいるかのように体験する可能性が高いことを示唆している。そのような気質を持つ人は、より鮮明な心象や、より珍しい霊的体験を報告する傾向があるのだ。彼らは、神が目の前に臨在するのを体験したと言う傾向が強い。このような体験は、神や霊を解き明かし、あたかも神の体験が気質的な副産物にすぎないことを意味するのだろうか？　私はそうは思わない。むしろこのことは、神や霊の話を聞きたくても、自分にはそうしたことが起こらないことに気づく人がいる理由や、神や霊と関係を持つつもりはないのに、偶然にこのような珍しい体験に出くわす人がいる理由を説明し得ると私は思う。

魔法の列車に乗って

初めて超自然的な力が私を突き抜けるのを感じたのは、ロンドン行きの通勤列車に座っていた時だった。私は23歳で、人類学の大学院で学び始めて一年目だった。私はフィールドワークを、彼らが魔法と呼ぶものを実践している教養ある白人英国人の間で行うことに決めていた。私はこの研究を、明らかに「私たち〔西洋近代人〕」ではない先住民の奇妙なやり方に関する伝統的な人類学的フィールドワークに、巧妙なひねりを加えたものだと考えていた。その時私は、彼らの内の何人かに会いに行く途中で、不安と興奮を抱きつつ駅まで自転車を走らせた。羊が点在する田園風景を列車が横切る中、私はガレス・ナイトという男性が書いた本（『内なる世界の経験（*Experience of the Inner Worlds*）』Knight 1975）を読んでいた。その本の言葉は濃密で抽象的だった。私は彼が話していることを理解するのに必死だったがなかなかうまくいかず、それでもどうしても理解したいと思っていた。その文章は、聖霊やチベットの巨匠たち、そしてカバラと呼ばれるユダヤ神秘主義の古代の体系について語っていた。著者は、これらは全て、訓練された心という乗り物を通して、高次の精神的現実からこの現実へと湧き出る力の多くの名前だと書いていた。私が、そこで言われている乗り物になるとはどのような感じなのかを想像しようとした時、私は血管に力を（想像するのではなく）実際に感じ始めた。私は熱くなった。普段の自分よりも覚醒し、生きていることを実感した。樋《とい》を流れる水のように、力が私の中を流れていくようだった。私は歌いたかった。自転車のライトを放り込んでおいたバックパックから煙が出てきた。ライトをつかみ中を開けてみると、そのライトの内の一つで電池が溶けていた。

今にして思えば、私には没入しやすい傾向があり、そのような傾向を持つ人がスピリチュアルな体験に誘われれば、このようになる可能性は低くない。しかし、当時の私はこの事態にすっかり面食らってしまった（電池がどうなっているのかもわからなかった）。

ロンドンで過ごすうちに、超自然的なパワーを体験するには、意図的な訓練が必要であることがわかった（『魔術の説得（*Persuasions of the Witch's Craft*）』Luhrmann 1989）。私が足を踏み入れたロンドンの秘密結社は、昼はコンピュータ・プログラマーや言語療法士、夜は西洋秘術の入門者というメンバーたちで構成されていた。人々は、彼らが魔法の力と呼ぶものを見分け、生み出し、操作するための基本的な技能を学ぶために弟子入りしていた。訓練の目的はグループによって異なるが、どのグループも訓練の必要性を認識し、一部の人々を他の人々よりも熟練した人々だと同定し、少数の人々を専門家とみなしていた。正式なクラスを設けているグループもあった。私は、入念に階層化された秘密主義の魔術グループに入門する前に、監督者との9ヵ月間の自宅学習コースと毎月のエッセイが義務付けられた。

これらの授業では通常、特定の種類の知識（魔法の力とは何か、神々とは誰か、神々のシンボルとは何か）を学ぶことが要求され、その知識を個人化し、自分の生活に関連させ、生活に埋め込むことが求められた。それぞれのコースはまた、瞑想と視覚化という二つの注意力の習得を要求し、生徒が心を静め、何らかの内的体験（イメージ、言葉、あるいは一見空っぽの心そのもの）に集中することを学ぶよう求めていた。以下は私の初期のレッスンの一例で、私は9ヵ月間、毎日15分間、これを何らかの形で行っていた。

塀に囲まれた庭（最初は四角い庭で、その中心に何もない芝生が広がっているようにする）の内なるイメージを作り上げる瞑想を行うこと。…最初の集中を行い、意識の泡立ちがある程度静まり、和らいだら、意識の中心点に、ご希望なら五感を使って庭園の内なる絵を用いて種を蒔き始める。それから少し内側に引っ込み、これらのイメージをあなたの魂の内なる点に巻きつけ、必要であれば内なる絵に種を蒔き直す。形が自然に成長し、発展していくための余地を与えるのだ。

（アダム・マクリーン『ヘルメス・ジャーナル』McLean 1978–1992）

このレッスンの背景にあるのは、もしあなたが心のイメージを、境界線、持続時間、安定性と共に、はっきりと見ることを学ぶことができれば、それらのイメージは、超自然的な力が俗世間に入り込むための手段となりうるという考えだった。そのために、人々は意図的に、心の目、心の耳、心の鼻など、全ての内的感覚に従事した。私はこれを「内的感覚の修養」だと考えるようになった。

若い民族誌学者だった私を驚かせたのは、この訓練が功を奏したことだ。少なくとも、心のイメージを私が経験する方法は変化したように思われた。このような訓練を1年ほど続けた後、私の心のイメージは確かにはっきりしたように思えた。イメージの境界線がより鮮明になり、しっかりと感じられるようになり、持続時間も長くなった。集中状態がより深くなり、日常とより明確に区別されるようになったと感じた。私は儀式の間、集中するのが上手になった。そして、より多くの「異常体験」をするようになった。つまり、日常世界ではありえない出来事、ビジョン、声、臨場感、体外離脱体験などである。ある日の朝早くに、私は感覚を伴う幻覚を見た。この頃、私は、この種の魔術の実践者が書いたアーサー王時代のイギリスを描いた小説（マリオン・ジマー・ブラッドリーの『アヴァロンの霧』）を読み、登場人物が経験しているることを想像しようとしていた。するとある朝、ドルイド〔古代ケルトの祭司〕たちが窓際に立っているのを見て、目が覚めたのだ。私がベッドから飛び起きると、彼らは消えてしまった。しかし、一瞬ではあるが、本当に見えたのである。

私は、儀式で目を閉じ、瞑想状態に入り、グループリーダーの言うことをイメージする時に、以前とは違う感じがするようになった。心の目で見ようと懸命に努力し、完全にリラックスしながらも精神的に注意している時、世界を経験する方法に何か変化があるように思えたのだ。自分自身の感覚、時間の感覚、集中の感覚、そして想像の中で見たり、聞いたり、感じたりする心の感覚にも何か変化があった。想像したものがよりリアルに感じられ、まるで手を伸ばせば触れることができるかのようだった。全ての儀式的な集まりでこうしたことが起こるわけではなかったが、いくつかの儀礼において、この違いは際立っていた。もちろん私は社会的には現世にどっぷりと浸かったままで、自分の意識や経験を解釈する新しい方法を学んでいた。しかしただ知識や物語を習得しているだけとは、私には感じられなかった。新しいスキルを身につけ、そのスキルは教えられ、習得できるものだと私は感じていた。そして、そのスキルを身につけるにつれて、世界は意味に染まっていった。もう偶然に起こることは何もなかった。電話も、八百屋で売られていた果物の種類も、ショーウィンドウでちらりと見た本も、全てが自分の思考、視覚化、夢とつながっているように思えたのである。

これは私だけに起こったことではない。これらのグループに参加した他の人たちは、白昼夢がより激しくなり、イメージがより鮮明になったと話していた。彼らは、時間を忘れたり、象徴に満ちた夢を見たり、散歩に出かけて神々に出会ったと語った。また彼らは、目に見えない存在を見たり、聞いたり、感じたりした瞬間や、夢が現実の世界のように感じられた瞬間の話をした。ハリー・ポッターの映画で魔法使いが箒に乗るシーンを観るずっと前から、彼らは「幽体離脱の旅」をし、自分がロンドンの上空を飛んでいるような体験したと話すこともあった。

彼らは魔法に習熟したからこうした体験が起こったと考えていた。彼らは皆、訓練は重要だと思っていた。彼らは皆、それは骨の折れることだと考え、魔法は自分たちの世界の体験の仕方を変え、力を与えてくれるものだと考えていた。

一方、私自身は、異なる経緯でこうした体験をするようになった。私は、人がいかに考え、何が私たちの思考を制約するのかという心の問題に魅了され、大学院に進んだ。特に、一見合理的で実際的な人々が、懐疑的な観察者には受け入れがたいような信念をどのようにして受け入れることができるようになるのかという、非合理的な思考そのものに興味があった。私はこれを解釈、知識、言説の問題だと考えていた。ある人は、耕す田畑を肥沃にするため、牛の角に特別な石を結ぶ。懐疑的な観察者には、その石に効果があるとは思えないが、その人は毎年その行為を繰り返す。こうした人に対して人類学者は、「何を考えているのか？」、「どのような考えを抱いているのだろうか？」と問うてきた。だから私は当初、人々が使う言葉、彼らが紡ぐ物語、そしてその解釈が彼らの選択や行動にもたらす結果を探究していた。エヴァンズ＝プリチャードと同様に、私は魔術を研究することは、人々が知識を組織する方法を研究することだと考えていたのだ。これらの力の証拠をいかに特定するのか、儀式の「結果」をどのように時間をかけて比較するのか（あるいは比較しないのか）、魔術的な力について実験室での実験手順とは異なる考え方をさせるような比喩や物語をどのように比べるのかに関する知識である。私は、人々がどのようなカテゴリーを獲得し、それらのカテゴリーがどのように構造化され、どのような順序で学習されていったかを説明する、概念についての物語を語ろうと考えていた。つまりフィールドワークをする以前の私は、魔法を信じる人たちは現実について異なる考え、異なるメンタル・モデルを持っていて、そうした考えゆえに、原因と結果について異なる考え方をすると考えていたのである。

その代わりに〔フィールドワークから〕私が学んだのは、魔法を実践している人々は、異なる考えと同様に、異なる現象的な出来事を体験しているということだった。ここで言う「現象的」とは、彼らの直接的な体験が異なるものになったという意味である。それは人々が語った内容だけではない。人々は確かに一連のメンタル・モデルを獲得したが、そのモデルは、その人の世界が異なるものになったからこそ意味を持つようになったのである。人々は書物を通してデメテルやヘカテーについて学んだだけでなく、夢の中で神々に会い、儀式の中で神々を視覚化し、神々の臨在を求めた。そうしているうちに、神々に関連する奇妙な出来事を身体で感じるようになった。単に言葉の使い分けを学ぶよりも複雑な何かが起こっていたのだ。

とはいえ、訓練が全てというわけでもなかった。ロンドンに向かう列車に乗った時の私の体験は、あの作家の世界に入り込もうとする私の決意を考慮に入れても、訓練だけでは説明できない。事実、例えば目に見えないものの強烈な存在感など、説明不可能な突拍子もない出来事を経験したから、魔法に関する本を探しに行く人々がいた。同時に、異常な体験は実践者、つまり修行や儀式を何度も繰り返す人たちに多く見られることも明らかだった。私が見たのは、内的経験への志向のように思われた。それは気質的に持っているものかもしれず、実践によって発展させることもできるのである。

私は、ロンドンの現代魔法界では、次のようなことが常識であることを知った。

魔法を使いたければ、魔法の練習をしなければならない。自分の中に力が流れるのを感じたり、力をその根源に向けたりしたいのならば、何度も何度もそれをしなければならないし、できれば熟練した年長者の下で訓練しなければならない。

生まれつき他の人より上手な人がいる。魔術師たちは、生まれつき霊能力に長けた人や生まれつき儀式を行うのに長けた人がいるかのように話していた。霊能力者たちは（彼らが言うには）身体で物事を感じたりはしない。彼らは単に物事を知っていて、他の人にはない洞察力を持っているだけなのだ。魔法を使うのが得意な人たちは、力が存在するというはっきりした感覚を持つことができた。彼らは自分の中を力が動いているのを感じ、それを方向づけることができるように感じていたのである。

練習すれば上達する。人々は決まって、時間が経つにつれて力をより強く経験するようになると言っていた。修行を積んだ人たちは、心のイメージがより鋭くなり、非日常的な現象をより報告するようになった。つまり、力を感じたり、神々の声を聞いたり、霊を見たりと、珍しい現象を報告するようになった。

文献を集中的に読むにつれて私は、魔術師が訓練で行っていたことが、世界中の他のスピリチュアルな修練にも見られることに気づき始めた。仏教、イスラム教、キリスト教、ユダヤ教、シャーマニズム、さらには霊魂憑依にもそれはあった。視覚化する能力やトランス状態に陥る能力は、習得可能なスキルのように思えた。私は、これらのスキルを習得することは、強烈なスピリチュアル体験や、神々や霊をリアルに感じる感覚と関連していると考えるようになった。

神を練習する

それから何年も経ってから、私はカリスマ的福音派キリスト教の中に、多少なりとも同じようなプロセスを見出した（Luhrmann 2012）。確かにこれらの人々は、自分たちの経験について〔魔法を実践する人たちとは）異なる考えを持っていた。彼らは自分の体の中で動く力を感じると、それを聖霊によるものだと考えた。彼らは訓練については語らなかった。彼らは祈りについて語り、確かに祈りの練習が必要であることは語ったが、その実際の成果に見えるものに焦点を当て、その成果を神に帰した。しかし、キリスト教徒たちが祈る時に行っていたことは、魔術師たちが行っていたことと実によく似ていた。彼らの祈りは暗記ではなく、むしろ積極的な白昼夢のようだったのだ。ある本では、実際それを「神の夢」と呼んでいた。人々は祈る時、自分は神の膝の上に座り、神の玉座の広間に立ったと私に語った。彼らは心の中で神と言葉を交わしたとも言った。これらは、内的感覚を使って心の中に神を表象する行為である。

そして、彼らが経験したことは、多くの点で魔術師たちが経験したことと類似し、才能や訓練についても驚くほど似たようなことを言っていた。キリスト教徒たちは、積極的に祈るようになってから、神をより鮮明に体験するようになっただけでなく、内的世界がより鋭くなり、よりリアルに感じられるようになったと、まるでそれらの特徴が訓練の副次的効果であるかのように言うことがあった。彼らは訓練が重要だと考えていた。積極的に祈る人の人生では、力強い体験がより起こりやすいと彼らは考えていた。彼らはまた、素質が重要であることも知っていた。祈ってもなかなか神の声が聞こえない人がいることも、あるいは突然神の声を体験する人がいることも知っていた。

さらに、こうした観察はキリスト教の伝統に深く根ざしていた。パウロは『コリントの信徒への第一の手紙』の中で、「異言」として知られる発声で話すことができるのは一部の人だけだと指摘している。他の人々は別の賜物を持っている（『コリントの信徒への第一の手紙』12章8−11節）。パウロはまた、繰り返し人々に祈るように勧め、祈れば神を体験しやすくなることをほのめかしている。有名な一節（『テサロニケの信徒への手紙』5章16–20節）では以下のように言われている。「絶え間なく祈り、全てのことに感謝しなさい。これが、キリスト・イエスにあって、あなたがたに関する神のみこころだからです。預言を軽んじてはならない」。『ルカによる福音書』11章9節の言葉も参照しよう。「求めなさい。そうすれば、与えられる。探しなさい。そうすれば、見つかる。門をたたきなさい。そうすれば、開かれる」。

〔聖霊の〕賜物とは、実際のところ単なる嗜好なのではないかと想像する人もいるかもしれない。つまり聖歌隊で歌うこともできるが、教会の晩餐会でパンを焼く方が好きだ、というように。しかし、これらのキリスト教徒たちは、他のことよりも一つのことを好むというような仕方では話さなかった。何人かははっきりと、神が大声で語ってくださるのを聞きたいと深く願っているのに、それができないのだと何度も私に語った。「私が、神様が大きな声で語ってくださるのを聞くことができるように祈ってください」と、ある男性はハウスグループの集会で悲しそうに頼んでいた。また別の人は言った。「跪かされるような超強力な体験をしたことがないんです」。同時に彼らは、神を知りたければ祈るしかない、祈りは教えられなければならない技術であり、それは難しいものである、生まれつき上手な人とそうでない人がいる、生まれつき上手な人は訓練によってさらに上達する、と考えていた。彼らが描写した変化には、より鮮烈な心のイメージ、より鋭い精神集中、より珍しい現象的出来事などがあった。

以下は現役の祈り手たちが、彼らが学んだことを説明している内容である。

神の声はどのように聞こえるのでしょうか。それには練習が必要です。ただ座っているだけで、「よし、みんな、何も聞こえないぞ」ということもありました。…（それから）神からの声が聞こえるようになった気がしました。小さな声というのはとても漠然としているように聞こえますが、それはとても良い表現で、言葉がページ上で与える印象のようなものなのです。私は、ボールを投げる練習をするのと同じように、これをやっているのだと気づきました。というのも、他にどうしたらいいのかわからなかったからなんです。……〔今〕私はそれを、聞いているわけではないけれど、感じていて、それは物理的なものではないけれど、頭の中だけではないという感じなんです。

もう一人は以下のように説明している。

幼児が文章を組み立てる方法を学ぶのと同じで、誰かと会話をする時に、ただずっと話しているのでもなければ、ただずっと聞いているのでもなく、話して返事をして聞く、話して聞いて返事をする方法を学ぶのです。ただそこにいて、集中するんです。人々が、以前は祈る時にぼんやりしていたのに、祈り方を学ぶことで、ただ祈りに集中することができるようになったのを私は見てきました。私は同様のことを自分自身の人生でも見たのです。

それはテニスやフィギュアスケートなど、スポーツの話のように聞こえる。つまり生まれつき上手な人もいるが、もし上手になりたければ、トレーニングが必要なのだ。積極的に祈る人は、感覚的な世界がより豊かになり、より生き生きしてくるという。

祈ることを自分に課す…それは、自分の知覚を開き、別の方法でチューニングするようなもので、ただ通りを歩いて花を見るだけのことが新しい意味を持つようになったのです。

もう一つ例を挙げよう。

（神を）特に身近に感じている時、喜び、本当の喜びを感じている時、私の感覚は高まります。

彼らは精神的な体験の転換についても述べていた。心のイメージがより鮮明になったと彼らは言った。

（祈り続けているうちに）私のイメージはより複雑に、より明瞭になり続けています。

別の人の言葉は以下の通りである。

イメージが見えるんです。（このような教会に）来るまでは、そうではありませんでした。

彼らは、集中力を高め、「より深く」祈るようになり、祈るにつれて神の臨場感が増したように感じたと語った。彼らはまた、感覚的に感じられるが物質的原因がない知覚のような出来事を経験したと報告した。

Ａ：湖を歩いていて、もう家に帰ろうかと思っていました。すると、彼（神）は「座って聞いていなさい」と言っている感じでした。

ラーマン：それは頭の外で聞いたのですか、それとも頭の中で聞いたのですか？

Ａ：判断するのは難しいですが、この時は本当に頭の外のように感じました。

ラーマン：頭の外で彼の声を聞いたのは何回目だと思いますか？

Ａ：二回目か三回目ですね。

もう一人の例は以下の通りである。

ある仕事のために祈り、面接を受けたのですが、受かるかどうかわからなかったことを覚えています。部屋を掃除していたら、「あれではない」という声が聞こえました。それで、「何だろう？」と思って周りを見回して、外にいる人かもしれないと思いました。そして気づいたんです。神が「あれではない」と言うのをはっきりと聞いたんだと。それが神であったことは間違いありません。

私はこれを「感覚過剰（sensory override）」と呼ぶようになった。つまりそれは一人でいる時に、あたかも内面の世界が感覚的知覚に侵食してくるかのように声が聞こえたり、そこにないものが見えたり、物質的には存在しないものを感じたり、味や匂いを感じたりする幻覚のような瞬間である。このような瞬間はありふれたものではない。しかし、実際に起こったのだ。

祈りの専門家たちは、彼らが学習しようとしているのは、内なる感覚世界をより真剣に受け止めることであるかのように語る。つまり、思考、イメージ、感覚をより意味のあるものとして扱うのだ。そして、かつては内的な原因によると考えていたものと、今、外的な原因によると考えたいものとの境界線を意図的に曖昧にすることを学んでいるかのように話した。結局のところ、それこそが体験を重視する福音派のスピリチュアリティの要点なのだ。通常であれば内面で自分が作り出していると解釈するはずの現象を通して、外的な目に見えない存在である神が自分と相互作用していることを体験するのである。これらの信徒が愛情をもって内的感覚に注意を向けると、それらの感覚はそれ自身の生命感を得て、ますます鮮明になり、信徒は時折、それらの感覚が外的な物質世界にあるかのように経験する。その結果、彼らは、物質的なものに起因しない方法で見たり、聞いたり、嗅いだり、感触を感じたりするのである。

没入：才能の性質

では、魔術や祈りにおいて「他の人より優れている」人がいるのはなぜだろうか。それに対する一つの答えは、没入しやすい傾向があるからである。

「テレゲン没入尺度」(Tellegen and Atkinson 1974) には34の記述があり、スケールに記入する人は「正」か「誤」に印をつける（この尺度は宗教性そのものの測定ではなく、宗教的と解釈されうる文は一つしかない）。文章は、何かを見ていない時にそのイメージが「見える」かどうか、子どものように物事を経験することがあるかどうか、思考が別の場所に行っている間に仕事を終えていることに気づくことがあるかどうか、異なる匂いは異なる色を呼び起こすかどうか、人に会う前にその人の存在を感じることがよくあるかどうか、音楽を聴いている時に他の全てのことに気づかなくなることがあるかどうか、などを尋ねている。自然や色や質感や匂いをどのように体験するか、詩や声の魅力に関する記述もある。

オーケ・テレゲンと彼の学生たちが最初にこのアンケートを作成した時、彼らは催眠可能性（催眠に反応する可能性の高さを指す言葉）の書き込み式の測定法を開発しようとしていた。しかし、没入尺度の答え方は、催眠可能性の標準的な尺度である"Stanford C"[*1]の回答と（有意であったとしても）わずかな相関しかなかった。テレゲンと共著者のギルバート・アトキンソンは、「没入」は性格的特徴であり、完全な集中状態になる瞬間を持つ傾向だと結論づけた。それは知覚的、想像的、概念的、さらには体の持ち方や動かし方に至るまで、自分の注意力の全てで従事する瞬間である。「このような注意の働きによって、注意対象の実在感が高まり、気が散るような出来事に対して無頓着になり、共感的に変化した自己感覚を含め、現実全般に対する感覚が変化すると考えられている」（Tellegen and Atkinson 1974：268）。

言い換えるならば、何かに没頭すると、それがよりリアルに感じられ、自分も自分の世界も以前とは違って見えてくるということだ。この観点からすると、没入とはトランス状態、催眠状態、解離、そしておそらく想像力そのものに共通する心の能力である。その後、テレゲン（Tellegen 1981）は、この尺度が引き出した本当の違いは道具的なものと経験的なものの差異だと考えた。「道具的」とは、実際的かつ効果的でリアルなことに集中し、決断を下し、目標を追求する態度を意味する。「経験的」とは、オープンで

＊1　The Stanford Hypnotic Susceptibility Scale Form C のことである。

あること、受容的であること、その瞬間にいることを意味する。それこそが没入の核心であり、浜辺を散歩する人が夕日を眺めながら想像や感謝の念に捕らわれるようなモードだと彼は考えた。

これらのことから、没入とは、心の対象、つまり人間が想像したり、身の回りに見ているものに集中する能力であり、その集中力を高めながら、通常の生活管理に伴う無数の日常的な雑念への注意を薄めることであることがわかる。白昼夢を見たり、バードフィーダー〔=野鳥用餌台〕にいるムラサキシジミを眺めることに夢中になったりすると、To Doリストは色褪せていく。没入尺度は、楽しみの次元、つまり想像的な関与、物語や感覚に身を任せる喜び等をピックアップしているように見える。

私は一連の研究の中で、没入のスコアが高い人ほど、「神が語りかけてくる」、「五感で神を体験する」、「強烈な霊的体験をしたことがある」、「神や幽霊や霊魂を見たり、聞いたり、感じたりしたことがある」、「目に見えない者の世界は直観的にリアルであり、生きていると感じる」と答える傾向が強いことを発見した。

これらの一連の研究の最初の調査（Luhrmann, Nusbaum, and Thisted 2010）で、私は、数年前から訪れていたシカゴの教会で知り合った28人と一緒に座った。彼らは皆、教会のメンバーだった。ある人は新参者、ある人は古参の教会員である。彼らは皆、神との親密さを求めていた。まず私は、彼らに没入尺度に記入してもらい、それから話をした。私は全員に同じ質問をした（例えば、あなたは一日中、神と自由に話していますか？　神を親友と表現しますか？　それとも実在はしないけれど、空想上の友だちのような存在と表現しますか？）。私は彼らにも話をしてもらった。印象的だったのは、たとえ彼や彼女が神と話そうとしても、自分と話をしてくれる一人物として神を知ることは、誰にでもできるわけではないということだ。

私は、彼らが没入尺度に答えた回答と、彼らのスピリチュアルな経験について私が尋ねた質問への回答とを比較した。ある人の没入スコアは、日常的に祈っている時間の長さとは関係がなかった。しかし、没入の質問に対する答え方は、その人の祈りの経験の仕方と有意な関係があった。より多くの没入的な記述にマークした人ほど、祈る時には時間が変化するように見え、祈りの間にイメージや感覚を持ち、神を一人物として経験することができた。このように言うと、人々が私の質問によって、牧師や本や集会が神について述べていることをオウム返しに言っているだけだ、と思う読者もいるかもしれない。しかし、没入スコアの高い人たちは、神が本当に一人の人物であるかのように、つまり、気軽に話しかけ、言い返すことができ、笑い合える人、怒ることができる相手であるかのように体験できたと報告する傾向が、非常に強かった。没入スコアが低い人たちは、「できない」と答えた。没入スコアを一定に保つと、祈りに費やした時間が、その人にとって、神がどの程度一人の人物のようであったかに有意に関係していることがわかった。才能のようなものと訓練のようなもの、その両方が神を体験する仕方に関係しているようだった。

没入尺度が予測した興味深いことがもう一つある。没入尺度の少なくとも半分の項目に「はい」と答えた人が、神の声を聞いた、天使の翼を見た、超自然的なものの匂い、味、感触を感じたと報告する見込みは、半分以下の項目に「はい」と答えた人の6倍であった。参加者の3分の1強が、このような感覚過剰を報告していることがわかった。ここでも訓練の差が出た。分析で没入スコアを一定にした場合、毎日祈る時間の長さは、幻を見たり声を聞いたりしたと報告するかどうかに有意に関係していた。これも印象的だった。このような基本的な発見は、研究を重ねても揺るぎないものである。

没入は宗教を説明するものではないし、宗教を解明し尽くすものでもない。しかし、ある人々が他の人々よりもその才能を開花させている可能性があることを理解することは、なぜある人々は信仰の実践者としての才能に恵まれていて、他の人々はそのような意図と願望を持っているにもかかわらず、苦労しても、そうならないのかを理解するのには役立つのかもしれない。

内的感覚の修養：訓練の効果

内的感覚を意図的に養うことは、福音派の祈りや現代魔術の中核をなす実践であり、没入と多かれ少なかれ同じ効果を持つことがわかった。内的感覚の修養とは、内的な視覚的再現とその他の内的な感覚体験を意図的に繰り返し用いることである。チベット仏教や大乗仏教の具体的な視覚化の練習のように、そのような意図的な修養が強調されていることもある。ある大乗仏教のテキストによれば、「修練の主な主題は、ヨーギン（修行者）が現代のあらゆる仏陀と対面する、特別な種類の幻視瞑想である」（Obeyesekere 2012：83）。時には、シベリアのミイラに刺青された鹿や鳥のデザインから、あるいは神聖な鶴に変身するトナカイの背中に乗って太陽を目指す儀式の旅についての話（Vitebsky 2005）から、または儀式を行う方法を学ぶ方法になる鮮やかに想像された神話から、意図的な修養を推察する必要がある。シャーマンがトランス状態で世界と世界の間を旅する時、彼らは当然、心のイメージを駆使して内的感覚を養っている（Noll 1985）。イスラム教の偉大なスーフィーの伝統がしばしば内的感覚の訓練であることは明らかだが（Corbin 1969a,b；Doostdar 2018）、文章を暗記することの難しさもまた、同じような集中的な修養を必要としそうだ（Gade 2004）。ジョナサン・ガーブ（Garb 2011）は、現代のカバラの修練を「シャーマンのトランス状態」とまで表現している。

多くのキリスト教のテキストは、内的なイメージの修養と神の体験について、似たようなことを語っている。ブラザー・ローレンスは、『神の現存の体験』[*2]（Lawrence 1982：42）という広く愛読されているテキストの中で、次のように書いている。「私がこのように神に自分を捧げる時、神は私の魂をご自分の愛する御子の完全な姿へと彫刻し始めるのです」。十字架の聖ヨハネは、祈りとは内的感覚を積極的に使うことだと述べているだけでなく、祈りの修練は、外的感覚では知覚できないものを、祈る者に知覚させると述べている。

> 霊的な人々には、超自然的な対象が現前してくることがあるし、現前することが多い。視覚に関しては、来世に属する人物の姿や形、すなわち、ある種の聖人の姿、善と悪の天使の表象、ある種の異常な光や明るさを思い浮かべる傾向がある。また、聴覚については、ある非日常的な言葉を聞くが、それは、彼らが見ているこれらの〔来世に属する〕人物によって語られることもあれば、それを語る人物を見ることなく語られることもある。嗅覚については、甘い香りを五感で感じることがあるが、それがどこから来るのかはわからない。
>
> （St. John of the Cross 2010：120）

＊2　邦訳で著者名はラウレンシオ修士となっているが、これはブラザー・ローレンス（１６１４〜１６９１年）のラテン名である。フランスのカルメル会修道士。

内的感覚の修養には、多くの場合、「相互作用（interaction）」、「織り込み（interweaving）」、「感覚の強化（sensory enhancement）」という三つの特徴がある。「相互作用」とは、修練者が自分が想像するものと相互作用するという意味である。祈る人はイエスを想像し、彼と話す。シャーマンはジャガーの霊を想像し、それと対話する。「織り込み」というのは、これらの修練が一般的に、（「主の祈り」のような）台本として書かれた祈りとパーソナルな内省を織り交ぜているという意味である。聖書について考え、その聖書に関連する自分自身について考え、自分自身に関連する聖書について考えるのだ。「感覚の強化」とは、修練者が自分の内なる多くの感覚を使って、物語に関わることを意味する。キリスト教の伝統では、イグナチオ・デ・ロヨラの『霊操』にある地獄の観想は、最もわかりやすい例の一つだ。

私は地獄の長さ、広さ、深さをこの目で見ていると想像する。私は自分の望むものを神に懇願する。そうすれば、自分の過失によって永遠なる主の愛を忘れることがあっても、少なくともこれらの罰を恐れることによって、罪に陥ることがなくなるだろう。

第一のポイント：想像の中で、あの巨大な火と、火の体を持つような魂を見ること。

第二のポイント：私たちの主キリストと全ての聖人に対する悲鳴とうめき声と冒涜的な叫び声を想像して聞くこと。

第三のポイント：想像の中で、硫黄の煙、汚物と腐敗の悪臭を嗅ぐこと。

第四のポイント：涙と憂鬱と疼く良心の苦味を想像の中で味わうこと。

第五のポイント：魂を弄び燃やす炎の熱を想像の中で感じること。

（Loyola 1992：114–15）

ロヨラは、人々が心の感覚を使って聖書を見て、聞いて、感じ、触れ、味わうことを望んだ。ロヨラは霊操という修養の参加者に、聖書の登場人物を見て、彼らがどのように立っているか、どのように肩を支えているか、どこで腕を休めているかといった細部まで思い描かせたかったのである。

内的感覚を養う修練は、外的なものと内的なものの境界を曖昧にする。祈りの中で鍛えられる心の筋肉は、思考と知覚の境界線、つまり、内面的なもの、自己生成的なもの、私的なもの、視界から隠されているものと、世界に存在するものとの境界線に働きかける。この修練では、境界の一方にある言葉やイメージに注意を向け、それらの言葉やイメージをあたかも境界のもう片側にあるかのように扱う。この内的感覚の修養こそが「没入スケール」の特定する能力を訓練するようだ。

それは本当に没入なのだろうか。テレゲンと彼の共著者は、没入を再テストの信頼性が高い心理的特性として扱っている。私自身もこの尺度を用いた研究で、再テスト信頼性の高さを見出している。この観点から見ると、没入はスキルというよりむしろ特徴のようなものだ。とはいえ、この尺度が特定するものと、修練によって鍛えられる能力との間に関係があることは明らかなようである。こうしてみると、没入と内的感覚の修養は、催眠術の能力とトランス状態に似た関係にあるのかもしれない。多くの学者は催眠術のかかりやすさを特性として扱うが、実際に催眠術を使う臨床家はトランス状態を習得可能なスキルとして語っている。

2007年に、私は修練についてより多くを知るためにある実験を行った。私たちは100人以上のキリスト教徒を集め、そのほとんどはヴィンヤードのような教会の信者だった。参加者は、没入尺度を含む一連の記入式の尺度に回答した。その後、コンピュータの前に座り、心のイメージの使い方を確認する作業を行った。最後に、少なくとも1時間、多くの場合はそれ以上の時間をかけて、どのように神から話を聞いたか、どのように祈ったか、その他どのような霊的体験をしたかについてインタビューを行った。

インタビューが終わると、参加者たちはサイドテーブルに置かれたいくつかの同じ茶色の小包の中から一つを手に取った。それぞれの小包の中にはiPodが入っていた。iPodの中には、内的感覚を養うための教材が入っているものがあった。BGMに合わせて聖書の一節が朗読され、聞く者に五感を使ってその場面に参加するよう促しながら再読される（「羊飼いがあなたの目の前にいて…」）ものだ。他のiPodには、福音書に関する30分の講義が24回分入っていた（ピンクノイズの入ったiPodやセンタリング・プレイヤー[*3]についての解説が入ったiPodもあったが、それについては別の機会に論じる）。講義は、福音書の違いや、それらが物語としてどのように構成されているかに関する学者の説明だった。参加者は1日30分、週6日、1ヵ月間iPodを再生するよう求められた。

参加者が戻ってきた時、内的感覚を養う練習をした人は、講義を聞いた人よりも、心的イメージの鮮明さに関する主観的尺度のスコアが、最初のスコアと比べて有意に高いことがわかった（Luhrmann, Nusbaum, and Thisted 2013）。彼らのイメージはより詳細であった。彼らは、神を一人物のように体験し始めたと語る傾向が強かった。彼らはまた、より多くの感覚過剰も報告した。これらの体験は一般的に、それほど劇的なものではなく、数も多くはなかったが、意味深で、しばしば感動的なものであった。例えば、ある参加者は、神に手を握られるという力強い体験をした。またある女性は、亡くなった最愛の犬に会った。更にある人は、天使ガブリエルをイメージするために目を閉じたところ、天使の光があまりにも明るかったので、誰かが部屋のランプを点けたのかと思って目を開けたと述べた。まるで、この強烈な内的注意が心の世界をより鮮明にし、その鮮明さが世界に漏れ出しているかのようである。没入のスコアが高い人ほど、訓練を始める前からこのような出来事を数多く報告しており、内的感覚の修養は1ヵ月間の経験量に影響を及ぼしていた。

境界を曖昧にする

宗教的衝動の中心には、目の前にある世界を超えた世界を想像する能力がある。そのためには物語が必要だが、同時に、感覚できる世界が全てだという当たり前の予想を保留する能力も必要である。だからこそ、没入と内的感覚の修養は宗教の核心なのだ。没入の質問に「はい」と答える人、内なる感覚を使って物語を体験する練習をする人は、内なるものと外なるもの、心に抱くイメージと外的空間に自立する対象との境界を曖昧にすることに、より心地よさを感じる。目に見えない霊は、この感覚的な曖昧さによってよりリアルになり、単なる想像以上のものとして想像され、感じられるようになる。古いキリスト教の伝統では、感覚的には現前しない神を知るための感覚を「霊的感覚」として語っている（Dyrness 2004, 2008

＊3　センタリング・プレイヤー（祈り）とは、第二バチカン公会議（1962～1965年）後、トラピスト会の司祭、トーマス・キーティング、ベイジル・ペニントン、ウィルアム・メニンジャーの三人が、観想を深めるために考案した祈りの方法。

；Gavriyuk and Coakley 2011)。イスラム教では、この用語はal'aql al-batinである（Mittermaier 2010)。アウグスティヌスは彼の『告白』の中でこう述べている。

あなたは呼びかけ、叫び、私の聴覚障害を打ち砕いた。あなたは輝き、閃光を放ち、私の盲目を散らした。あなたは香水を吹きかけ、私は息を吸い込み、あなたのために喘いだ。私は味わい、私は飢え渇き、あなたは私に触れ、私はあなたの平安を求めて燃えた。

（Augustine 2001：229)

言葉はとても鮮明に感覚に届くので、見たもの、感じたもの、聞いたものは、単に感覚的に想像されるだけではなく、感覚を超えた何かについての気分を創造する。

没入と内的感覚の修養は、生態学者・哲学者のデイヴィッド・エイブラムが、私たちの感覚と私たちを取り巻く世界との絡み合いとして描いているものを理解しやすくする。エイブラムによれば、絡み合いとは、私たちが、世界を私たちに応答しているように経験することを意味する。「私が直接経験する風景は、確定的な物体とは言い難い。それは私の感情に反応し、私から感情を呼び起こす曖昧な領域である」（Abram 1996：33)。エイブラムによれば、私たちは近代化した世界のなかで、感覚的経験の原初的なやり方を失ってしまっている。つまりアルファベットやスーパーマーケットが登場する以前、私たちは、生きていて反応してくる世界に生きていることを理解していた。彼はこの魔法を「複数の知性で構成された世界に存在するという経験、つまり、頭上を急降下するツバメから草の葉にとまるハエ、さらには草の葉そのものに至るまで、人が知覚するあらゆる形象は**経験する**形象であり、それ自身の好みや感覚を持つ実体であるという直観」とみなしている（Abram 1996：10）。それは彼にとって、親密な相互関係である。「私たちが木の皮に触れる時、私たちは木が私たちに触れているのを感じる」のだ（Abram 1996：268）。

レヴィ＝ブリュルが「融即」という言葉で表現したもの、そして私が没入尺度で取り上げたのは、このような境界の曖昧さである。融即することの核心にあるのは反応する世界である。つまり世界は生きていて、意識し、知性があり、関心を持っているという感覚であり、要するに目に見えない他者たちを含んでいるという感覚なのだ。人々が霊的感覚について語る時、それが意味するのもまた、こうした感覚のことなのかもしれない。すなわち心の感覚によって感じられる、大地を通して脈打つ、生きているという意識の感覚である。

最近私たちは謎めいていて、魅力的で、パワフルな没入尺度の項目を拡張し始めている。私たちの研究グループは、スナック菓子を食べながらテーブルを囲み、尺度に追加できそうな項目の長いリストを作成した。好奇心もあり、また没入尺度には著作権があったため、私たちはもう一つ別の尺度を作りたかったのだ（ジュリア・カッサニティは特にこの作業が得意だった）。私たちは長いリストを作成し、それらの項目と没入尺度の項目に対して様々な人に回答してもらった。そして私たちは、没入尺度と最も強く関連する項目から「感覚的喜び尺度（Sensory Delight Scale）」を作成した。没入尺度と同様、感覚的喜び尺度も、通常とは異なる感覚的体験やスピリチュアルな体験を予測する。この尺度の得点が高い人は（「いいえ」は0点、「はい」は1点で、合計点を出す）、気質であれ選択によってであれ、神や霊を鮮明に体験できる人である可能性が高い。

感覚的喜び尺度は以下のようになっている。

音楽を聴いている時、その音が形をとって、自分の周りの空気の中を動いているのを想像するのが好きだ。

とてもパワフルな本を読み終えると、自分の周りの普通の世界が奇妙に見慣れないものに思える。

地面にしっかり足をつけていても、自分の体が無重力であるかのように感じることがある。

水面に反射する太陽の光の形や動きを見るのが好きだ。

世界が強烈に臨在するように見えることがある。

森の木々が互いに語り合っていると思うのが好きだ。

自分を見守っている存在をはっきりと感じたことがある。

コンサートに行くと、数秒前に音楽が終わり、皆が拍手をしているのに気づくことがある。

異なる言語の音は、私の心の中で異なる色につながっているようだ。

空気が小さな光の泡でいっぱいだと感じることもある。

時間の経過をほとんど手に取るように感じられる時がある。

岸辺に打ち寄せる波の音を聞くと、この波はどれほどのことを知っているのだろうかと考えることがある。

開いたばかりの花のような、小さなものに喜びを見出す。

絶妙な喜びが私の感覚を満たすことがある。

クモが糸を垂らしているのを夢中になって眺めることがある。

宇宙の腕に抱かれているように感じることがある。
ダンスをする時、自分の体が音楽に反応していると感じるのが好きだ。
思考は自分にとってさまざまな色調を帯びる。

没入と内的感覚の修養は、神々や霊の現実性《リアルネス》の感じを発火《キンドル》させる。内的感覚や外的感覚に捉えられることの喜び、そして目に見えないものに集中し、日常的な世界を薄れさせるような心や世界への志向性。このような注意（attention）を向ける行為は、神や霊を経験する方法を深遠な仕方で変化させる。つまり神々や霊の臨場感が増し、それらはよりリアルに感じられるようになるのだ。そして、信仰の枠組みは、より一層生活の中に定着するようになる。もしあなたが天使と共に歌うことができるなら、神々を見失うことは一層難しくなるだろう。

第4章　どのように心が問題なのか

この議論の過程で、ある種の基本的な心的パターンが人の心を様々に支配し、人が自分自身を認識する方法にその痕跡を残していることが明らかになるだろう。

——ブルーノ・スネル『精神の発見』

信仰とは心に関するものだ。それは、想像されなければならないものに対して人々がとる存在論的態度に関わる。それは神々や霊が、想像上のものだからではなく、感覚では知ることができないからである。信者は、目に見えない他者が生きていると感じる必要がある。あなたはすばらしい森を見て、単なる生態系ではなく、意図を見出すことができなければならない。夕日に感動すると同時に、光の構造だけでなく、〔この美しい夕日の〕創造主のことを考える必要がある。剥き出しの世界を超えて、世界には自分が見ている以上のものがあると信頼しなければならないのだ。それが信仰の枠組みの挑戦であり、「にもかかわらず（despite）〔信じる〕」、というコミットメントである。

私が今言ったことを、単なる信念の問題として捉えたい人もいるだろう。人々が創造主がいると信じるのは、世界に余分なものがあり、それがたまたま神だという認識命題を持っているからだと言えるかもしれない。しかし、現実性《リアルネス》とは気分であり、判断でもある。マシュー・ラトクリフは「存在の気分（feeling of being）」について書いており、これは実存的な感情であり、悲しみ、怒り、幸福と並べてリストアップすべきだと述べている。

［実存的気分は］二つの共通する特徴によって、一目でわかる一つのグループを形成している。まず第一に、それらは特定の対象や状況に向けられているのではなく、それによって経験全体が構造化される背景的な志向性である。第二に、自分の意識に影響を与える身体的状態という意味で、それらは全て気分（feelings）である。…それらは「そこに存在する」という基本的な構造を構成し、あらゆる知的・実践的活動の前提的な文脈として機能する「物事の抱え方」である。（Ratcliffe 2005：48）

この文章は何か深いことを捉えている。信念というより感情に近い「そこにある（thereness）」という感覚があるのだ。私が神々や霊は現実にされなければならないと言う時、この〔存在の〕感覚こそが現実性《リアルネス》の質を意味する。空のように存在することを抽象的に知るだけでなく、存在し、反応し、関わっていることを感じられるようにしなければならないのだ。

この章では、この現実性《リアルネス》の気分が、没入（内と外の感覚に対する経験的な方向づけ）だけでなく、人々が内と外の関係を想像するやり方によっても容易になることを示したい。心は自分自身のアイデンティティの中心ではあるが、世界とは根本的に切り離されているという、私が「城塞型」と呼ぶ心のモデルを持っている場合（おそらく西洋的な環境で人々が心について考える際の支配的な方法）、人は、神々や霊をはっきり臨在するものとして経験することが難しくなる。自分の心についての考え方が、神々や霊の存在が発火《キンドル》する仕方に影響を与えるのだ。

その仕組みを理解するためには、「間（in-between）」について説明する必要がある。

間

目に見えない他者の存在を示す現象的な証拠の多くは、私が「間」と呼ぶものから出てくる。それはその人自身の内なる意識にも、日常世界にもないように感じられる領域だ。人は、「神が耳元でささやくのを聞いた」とか、「死んだ配偶者が腹部から話しかけてきた」とか、「霊が言葉なしで話しかけてきた」とか、「その声は自分の心の中にもないが、世界の中にもない」などと言うだろう。また、人が何かを見たという話をする時、彼らは「心の目で見たが、心の中ではなかった」と言うこともある。同時に彼らは目の前の空間に向かってジェスチャーをするが、目で見たわけではないと言う。彼らは、日常の世界から切り離された場所で神を体験したと話す。次に紹介するように、シカゴの青年が週末のリトリートで床に横たわりながら彼の回心の瞬間に語ったように、彼らは語るのだ。

周りで祈っている人たちの声が聞こえましたが、自分が泡の中にいるようで、その泡の外には何も存在しないように感じました。この小さな小さなカプセルの中にいるのは僕と神だけで、それ以外の世界が時速何億マイルで通り過ぎても気になりません。時間は止まり、僕のいる場所は全く無重力に感じられました。

また北カリフォルニアに住むある女性は、自分の転機について以下のように語っている。ドラッグを摂取したかった時、どうせ誰にも知られないと彼女は思ったのだそうだ。

そしたら彼は言ったんです。「いや、私は知っている」って。それが全てでした。そう言われたら、天国が開いたんです。私は主が見えるようにいつも空を見上げていましたが、その時は主は見えなかったのです。でも〔その瞬間〕天国が開いて、彼が語りかけてきました。

サンディエゴのある女性は、サンテリアの祭司としてのトレーニングに入る直前の小さなアパートでのひと時を、このように語っている。

夜中に音楽が聴こえてきて目が覚めたんです。そして思いました。「ステレオだ。ステレオの音を小さくしてほしい」。するとドラムがブーンブーンと鳴っていて、リズムがあることに気づいたんです。歌声も聴こえ始めました。それがどんどん大きくなっていきました。目が覚めてきて、夢から覚めると、寝室の窓の外から聴こえてくるのがわかりました。寝室の窓の外でバンドが演奏しているようでした。

でも、窓の外には何もありません。窓の外はレンガの壁があるだけの裏手の空間なのです。霊がパーティーか何かをしているみたいでした。（そして）今朝、目が覚めると、右の耳から優しい声が聞こえてきたのです。「オリシャがあなたと共にいる」って。

次は医学生（彼もキリスト教徒）と付き合っていた若い女性の例である。二人は別れ、彼女は打ちのめされていた。そんな彼女に神が語りかけた。

私はただ、神から来る圧倒的な喜びを感じました。それは自分自身から来るものではないとわかりました。神が実際に私のところに来て、私に対する神の愛についてもっと説明してくれているような気がしました。それは両親が私にくれたのとは違う無条件の愛でした。…私がそのような経験を感じている時、その言葉はただ私の心の中に入ってきて、何も聞こえませんでしたが、考えている以上のことでした。それはまるで詩のようでした。とても美しかったんです。素晴らしいことだと思ったのを覚えています。

これらは擬似感覚の瞬間である。人は見たり、聞いたり、感じたりするというが、普通に見たり、聞いたり、感じたりしているわけではない。音が外の部屋からではなく、耳の中から聞こえてくるかのように聞こえるのだ。眠りかけている時に聞こえることもある。見ると言っても普通の見ることではない。人々はしばしば、それがどのような体験なのかを正確に説明するのに苦労する。その瞬間は自分から来たのではないように感じると言うこともあるが、確信が持てないのだ。あるアメリカ人キリスト教徒は、自分が神の声だと受け取ったものについて考え、以下のように語った。

ええ、それはとてもはっきりしているんです。でも、時々言わなければならなくなります。自分が作り出しているのかなって。わかるでしょ？　自分がこれを考えているだけなのかなって。これが神なのかなって。過去に誤解したこともあるので、実際懐疑的になることもあります。疑ってしまいますね。

このような瞬間は、完全に日常の中にあるわけでも、完全に心の中にあるわけでもない。

このような中間的な曖昧さは、精神病と呼ばれる体験にも当てはまる。私たちが「声」と呼んでいる侵入的な感覚体験と格闘している人々について話す時、彼らのほとんどは、実際には音に似ているというよりも思考に近い瞬間を報告している。非常に明瞭な人でさえ、自分の体験を言葉にするのに苦労している。統合失調症と診断されたある女性は、初期の体験についてこのように回想している。

本当の声、「幻聴の声」、自分の頭の中の考え、他人の考え、空中に漂っている考え、さらには思考以外のものが存在する程度を区別すること（違いを説明すること）が、本当に本当に難しくなるのです。全てが思考のように見え始めると、本当に難しくなりますね。声も思考ですが、見えるものも思考なので。

(Jones and Luhrmann 2015 : 195)

この女性はこれらの体験を全て「声」として説明しているが、彼女がこの言葉で意味するのは、普通の思考よりも外的で、より「自分ではない」ように見え、なおかつ普通の感覚とは異なる出来事である。私は神々を体験することが狂気の体験に似ていると言いたいわけではない。むしろ、狂気とスピリチュアリティは、同じ人間的な空間、つまり、日常から突出し、私たちにその意味を理解するよう要求する曖昧な瞬間に働くのだ。

こうした体験は曖昧なので、人が自分の心をどう理解しているかが、出来事の性質を判断する方法にとって重要になる。人は、その出来事の究極的原因について、つまり神や霊が実際に話したかどうかについて、不可知論者であることができる。私がここで言いたいのは、英語話者が「心」と呼ぶ内なる意識の領域についての考え方が、その出来事をどう判断するか、ひいてはどう経験するかに影響を与えうるということだ。判断は出来事を変えることができる。アメリカの福音派は他の文化の福音派に比べ、まるで彼らの神が他国の福音派の神よりリアルではなく感じられるかのように、神をより内的に、より感覚的でないものとして体験していることを私は発見した。私の考えでは、それは彼らの心の捉え方に由来する。

心

人間は心に関することと身体に関すること、内的意識と外的世界を区別する。その線引きの仕方は様々で、間違えることもあるかもしれないが、彼らはその違いに気づいている。気づいているとは、意識と世界の違いを知っているということだ。私はこの意識の領域を「心」、あるいは「心に関するもの（mind stuff）」と呼ぶことにする。「心」という言葉は、英語話者が人間という大地を地図化するために使う言葉だ。様々な異なる社会に住む人は、「心に関すること」と「身体に関すること」との関係について、社会的に特異な方法で考える（例えば、Heelas and Lock 1981；Lillard 1998を参照）。彼らは、感情が心よりも身体と結びついていると想像するかもしれない。また内面的な出来事は共有できるのか、また共有すべきではないのか、内面的な出来事が何を引き起こすのかについて、彼らは異なる期待をしているかもしれない。思考に関する問いを考えてみよう。思考は物なのだろうか？　ジョン・ロックが心について述べたように思考は所有物なのだろうか、それともジェダイのフォースのようなものなのだろうか？　他人が何を意図しているかを推測することは適切なのだろうか？　それともそれは失礼なことなのだろうか？　あるいは不可能なことなのだろうか？　情熱のこもった黙祷や激しい怒りは世界に直接影響を与えることができるのだろうか？　それとも単なる神経細胞のノイズなのだろうか？　こうした事柄についての判断は非常に私的なものであるため、人々はそれが実際、判断であることに気づかないかもしれない。しかしそれは判断で、社会が人々に判断を下すよう促す方法は、人々が現実とは何かを理解する方法にリアルな結果をもたらす。

私はこれらを「誘導」と呼んでいる。というのも、例えば野球の試合のルールのように明示的な仕方で、社会が明確な心のモデルを提供することはほとんどないからだ。その代わりに、人々は日常世界で目にすることから推論することで、心に関することを考えるようになるのではないかと私は思う。周囲の人々が魔術を恐れているのを見れば、人は、強力な感情（怒り、嫉妬、陰鬱な恨み）が他人を直接傷つける可能性があると推測するだろう。また周囲の人々が超能力者を奇妙な外れものとして扱っているのを見れば、人々は死者の声を聞いたり、未来を予知したりすることはできない、つまりそうした知識が外部から神秘的な方法で心に入り込むことはできないと推測する可能性が高い。

以上のようなことが重要なのは、人々が心に関することに対して抱く暗黙の期待が、「間」を経験する方法、ひいては神や霊を経験する方法に影響を与えるからだ。

リンゴと（ある種の）リンゴの比較

私はガーナのアクラとインドのチェンナイに行き、アメリカのカリスマ的福音派が、他の国のカリスマ的福音派に比べて、神の声を内面的現象として想像する傾向が強いかどうかを調査した。2004年以来、私は、シカゴとサンフランシスコ半島のヴィンヤード・クリスチャン・フェローシップでフィールドワークを行ってきた。これらの教会では、神は一人の人物のような存在で、神を崇拝する人々との対話を求める者として想像されている。信徒たちは、神が語るのを聞くと言う。これは心の中、つまり内面的で私的な体験の中で起こることになっている。信徒たちは、自分自身の考えだと思い込んでいたかもしれない特定の考えを選び出し、識別のプロセスを通してその考えを神の声だと見定めることを学ぶ。ある種の思考は他の思考よりも、神の声の候補として優れていると思われている。例えば自然に沸き起こった思考、神が言いそうなことを表現しているような思考などだ。私が知っているシカゴや北カリフォルニアの教会の人々は、神の語りかけを聞くことを**学習する**必要があるとはっきり言っていた。彼らはまた、自分が間違っている可能性があること、つまり神の声だと思っていたものがそうでなかったということがあることもわかっていた。ある男性は「霊が動いていると思っても、それが昼食のブリトーだった［つまり胃が動いていただけだった」ということもあります」と皮肉交じりに言った。私が衝撃を受けたのは、「神を聞く」というこのプロセスの多くが、思考や内的体験、つまりアメリカ人が「心」と呼ぶものへの注意に関わるというだけでなく、この「心」に対する理解自体が非常にアメリカ的だった点だ。

ヨーロッパ系アメリカ人は、その文化的伝統に導かれ、心を、世界から隔てられた私的な場所、つまり自分だけの思考に他の誰もそれにアクセスできないような城塞として想像する。心は人を人たらしめる源だ。私たち〔アメリカ人〕のアイデンティティは、(例えば)出自よりもむしろ、私たちが何を考え、何を感じるかに由来する(C. Taylor 2007 ; Makari 2015)。このことは、私たち〔アメリカ人〕が心理療法に費やす莫大な金額や、自尊心に対する強い関心を考えてみればわかるだろう。中流階級のアメリカ人は、自分が何を感じ、何を考えるかが本当に重要だとみなす傾向がある。また彼らは、思考や感情は物質的には実在しないと考えている。城塞は町を支配しているが、町の一部ではないのだ。教養のあるアメリカ人の多くは、あのどろどろしていて、しわくちゃな3ポンドの重さの脳は実在すると思い込んでいる。しかし、心については、副次的現象、副産物であり、非物質的で非実体的で目に見えないものだと彼らは言うだろう。また、心は世界に直接作用しない。もし思考が物質的なものだとしたら、このモデルで想像される思考は「不活性」と言えるだろう。つまり、このモデルを採用する人は、思考が世界に影響を与えるのは、それが思考している者、つまり実際に行動する人に影響を与えるからだと想像する。思考が心から漏れて他人の身体に影響を与え、その人を病気にすることはないのだ。

心の城塞モデルを持つ社会では、現実《リアル》であるものとは物質的に存在し、観察者から独立している。メリアム・ウェブスターの辞典で「real」の定義は「客観的で独立した存在を有する」となっている。そしてマクミランの辞典には「誰かの想像の中だけではなく、物理的世界の中に」とある。私たちはリアルな原因、リアルな証拠について語る。精神医療が医学としての地位を確立したのは、感情的な葛藤ではなく、脳の障害に焦点を当てるようになってからである。脳の障害は、心の障害とは違って現実的《リアル》だったからだ。脳の障害は、思考や感情とは違って、世界の中にあった。歴史家であり精神科医でもあるジョージ・マカリ（Makari 2015：475）は、啓蒙主義以後の時代を「心が消滅した」時代と表現している。もちろん、自由意志、倫理的行動、理性的反省の源である「心」は文化的な語彙の一部であり続けた。しかし、科学が社会的な力として台頭するにつれて、心はより限定的で誤りやすく、錯覚や誤り、偏見の源として想像されるようになったとマカリは書いている。G・E・R・ロイド（Lloyd 2018）は、西洋人が現実と非現実の区別に魅了されるのは、その区別に古代ギリシア世界も魅了されていたからだと述べた。

私はアメリカの教会で、先述のような〔心に関する〕前提や思想が作用しているのを見た。私の知っているカリスマ的福音派の信者たちは、神が彼らの心の中で語りかけることを知ると、当初は混乱していた。彼らは、その考えを理解するのに時間がかかった。というのも、教会で神が自分の考えを通して語りかけてくることを知ったものの、神が心と世界の境界を突破するのはおかしいと感じられたからだ。一方、彼らは自分の感情が重要だと思い込んでいるため、祈りの会話の中で自分の感情について神に語った。「セラピストに話すのと同じようなものです」と、ある女性は私に言った。「特に最初のうちは、心の奥底にあるもの、魂の奥底にあるもの、押し込められ否定されてきたものを明らかにするのです」。そして、神をリアルに体験することを学んでいる時、彼らは意図的に想像力を働かせた。彼らは神が目の前にいると想像したが、想像したもの（公園のベンチにもたれて座っている自分の肩を神の腕が抱いている）が「現実には（really）」神ではないかもしれないことをはっきりと自覚していた。

こうした考え方があからさまにアメリカ的であることに衝撃を受けた私は、二つの異なる環境（インドのチェンナイとガーナのアクラ）にある似たような教会を比較することにした。チェンナイの教会を調べることにしたのは、統合失調症の幻聴について地元の研究所と共同で研究するために、何年もチェンナイに出入りしていたからだ。民族誌の文献では、チェンナイには、考えることついて考えることに関して、アメリカとは異なる文化的な要請があることが示唆されていた。南インド人はアメリカ人よりも、自分自身の考えや感情を社会的にあまり重要視していない。つまり、アメリカの都市部の中流階級のように、内面の思考や感情を基盤に明確にアイデンティティを定義することもなければ、自分自身の感情を理解し処理する必要性を強く感じることもないのである（Mines 1994）。

チェンナイの民族誌を貫くテーマは、相互依存関係だ（Markus and Kitayama 1994）。人々は、自分が他者と密に複雑に絡み合っていると想像し、他者の感情に細心の注意を払うように社会化されている。学校教育、結婚、食事や服装など、若い世代が考えるべきだと年長者が考えていることは、その若い世代が実際に考えていたことよりも社会的に重要かもしれず、若い世代は年配世代が考えていることを知り、それに対して共感的に反応することが求められている（Marrow 2019）。一方、この地域の言語圏の偉大な文学は、想像するという行為を「現実以上のもの」として表現する（Shulman 2012）。それは熟練したヨギーの偉大な行動についての文学であり、集中力と激しさをもって想像するヨギーの能力がパワーを生み出すのである。シュルマンは、インド人が想像力の育成について、多くの他の社会以上に大胆に考えてきたと記している。18世紀半ばのティルパティの詩人は、短い詩の中で「神とは、あなたが心の中に持つものだ」と書いた（Shulman 2012：147）。

私がガーナをもう一つの比較対象として加えることにしたのは、カリスマ的キリスト教徒がごくわずかな割合しかいないインドとは異なり（ただし、彼らは北部よりチェンナイなど南インドに集中している）、ガーナのカリスマ的キリスト教徒は宗教情勢を支配しているからである。ガーナ人の約70％がキリストを信じ、そのほとんどがカリスマ的キリスト教徒だ。また、民族誌的文献では、ガーナ人は心やメンタル・プロセスに関し、北米人とは全く異なる考え方をする可能性があると言われている（Levine 1973；Reisman 1997；Horton 1993）。誤解のないように言うと、この文献はガーナ人と北米人が異なるメンタル・プロセスを持っていることを示唆しているわけではない。しかし、ガーナ人がアメリカ人よりも、心をより私的ではなく、より境界づけられておらず、超自然的な力を持つものとして想像していることを示している。思考や感情を表すガーナ語のほとんどは、身体的経験に根ざしている。心理学者のヴィヴィアン・ドゾコト（Chentsova-Dutton and Dzokoto 2010；2014）は、英語を話すガーナ人ですら、アメリカ人と比べて、内面世界よりも自分の身体に関心があり、注意を払っているように振る舞うことを示した。ガーナ南東部のアンロ・エウェ族について民族誌を書いた人類学者のキャサリン・ギアーツの観察によれば（Geurtz 2002）、彼らには西洋人にはないセセラメネ（＝内面で肉感的に感じること）という極めて顕著なカテゴリーがあり、心身二元論を強調する西洋的な考え方は端的に文化的に該当しない。一方、心理療法が米国の多くの人々にとって非常に重要であるように、魔術に関する考え方、特にある人間が思考の効力によって他の人間に危害を加える能力（Geschiere 2013）は、ガーナの文化ではかなり重要なものだ。魔術を信じていないガーナ人がいたとしても、彼は魔術を信じている人を必ず知っている。このことは、心的なものは、世の中のものと根本的に異なるというよりもむしろ連続的なものであり、物質世界に浸透している精神的な力と絡み合っており、思考はこの世の中での行為だという考えに、ガーナ人がアメリカ人以上に傾倒していることを示唆している（Verren 2001；Dzokoto 2020；Dulin 2020 and 2023）。内省される心ではなく、身体的で超自然的なものこそがしばしば重要なのだ。

したがって、これらの異なる環境では、異なる文化的な誘因があり、内的世界について推測する様々な方法がある。アメリカでは、心は私的で、境界づけられ、超自然的には不活性であるとされ、チェンナイでは、心は社会的なプロセスを伴うとされ、アクラでは、心は超自然に満たされたより身体的なプロセスであり、邪悪な思考は人に危害を加える可能性があるとされているのだ。私はこれらの違いを、自己志向型（アメリカ）、他者志向型（チェンナイ）、肉体・霊志向型（アクラ）と呼んでいる。

そこで私は比較に着手し、ヴィンヤードのような教会を探した。中流階級で、自意識過剰なまでに近代的で、英語による礼拝、技術的な洗練（アンプやパワーポイント）、神は超自然的な存在として親密に存在し、友であり、神と語ろうとする者に心の中で直接語りかけてくれるという明確な神学的期待を持った教会である。これらはしばしば「ネオ・ペンテコステ」教会〔現代に適応したペンテコステ教会〕と呼ばれる。

ペンテコステ派は時に「ハード」な文化形式、つまり、驚くほど安定した形で世界中に勢いよく広がっていく文化の中の一文化とも言われる（Robbins 2004b；Freston 2013；Eriksen 2018も参照）。アルジュン・アパデュライ（Appadurai 1996）は、意味と実践の間に断ち切りがたい繋がりがあるように見える実践を捉えるためにこの言葉を使った。それは、異なる環境で異なる形態を持つ友情のようなソフトな形式とは対照的だ。異言、霊的戦い、聖書直訳主義、神との出会いの直接的な即時性といったペンテコステ派の明白な特徴は、教会の実践をはっきりと見分けられるものにしている。アクラやチェンナイでこれらは植民地時代の輸入品で、旺盛に受容されてきた。

チェンナイ

インドの空気は、暑さと埃とスパイスが混ざり合った、他では味わえないような匂いがする。当時ボンベイと呼ばれていたこの街に、初めて飛行機から降り立って以来、私はこの空気が大好きになった。チェンナイは厳密には小さな都市で、私のホテルの前の道路は八車線もあったが、車やオートリキシャが車線を気にせず走っていった。チェンナイは約千万人の都市である。その中の8%がキリスト教徒だ。

チェンナイでどの教会を選ぶべきかは明らかだった。ニュー・ライフ・アッセンブリー・オブ・ゴッドは、米国にルーツを持ち、社会保守主義の歴史的伝統を持つペンテコステ派の一派である。アッセンブリー・オブ・ゴッド教会は、ペンテコステ派が突如として全米の表舞台に躍り出たロサンゼルスのアズサ・ストリート・リバイバル［1906年に大勢の学生が「聖霊を受け」異言を語った事件］の直後、アーカンソー州ホットスプリングスに設立された。当時、日曜の朝は男女が別々に座っていた。彼らは酒を飲むことも映画を観ることもなかった。それ以前には、堕落した世界に共謀することになるから投票してはならない、と言われることもあった。20世紀初頭から半ばにかけてのアメリカでは、アッセンブリーズ・オブ・ゴッドの教会はしばしば、近代性とその罪深い誘惑を拒絶していると描写された（Wacker 2003）。

ここ数十年、かつては伝統的だった信徒の一部が、米国内でも世界各地でもルーズになってきた。彼らはよりカジュアルになり、テクノロジーに精通し、現代世界に関わることが多くなった。信徒たちは投票し、ダンスをし、しばしば酒を飲み、もはや政治を汚れたものとみなさなくなった。アッセンブリーズ・オブ・ゴッドの教会の多くは、今や、競争相手として現れた新しいカリスマ福音派教会と見分けがつかない。チェンナイにあるニュー・ライフ・アッセンブリー・オブ・ゴッドの英語による礼拝もそうだった。

この教会には3万5千人の信徒がいる。英語による礼拝は広大な建物の最上階で行われ、牧師の息子が中心となっている。私が2014年にチェンナイにいたころは、日曜日に一日中開かれる様々な英語による礼拝に約4千人が集まっていて、そのほとんどが中流階級だった。

南アジアの中流階級の人たちは、身体と精神のコントロールを非常に重視する。彼らは、霊に取り憑かれて寺の境内で転げ回り、拳を土に打ちつけ、荒々しい眼差しをする若い農村女性の自暴自棄な姿を見下している。下位カーストのヒンズー教徒がキリスト教に改宗すると、女性たちは悪魔に憑依され、異言で話すことを身体的な修練として受け入れ、神に憑依されそうになる。テレグ語礼拝やタミル語礼拝を後にして、英語礼拝に向かって階段を上っていくことは、私にとってまるで身体を拘束されるはしごを上っていくようだった。英語の礼拝には、もがく身体は存在しなかった。人々は落ち着いて立っていた。彼らは静かに、私がカリフォルニアで聴いたのとよく似た歌を歌っていた。異言で話す時も、アクラで聴いたような音の洪水ではなく、穏やかなハミングだった。しかし、その教会には明らかに新しいカリスマ教会の特質があり、神は対話で語り返してくれる友人として理解されていた。

私は2014年の大晦日の礼拝に間に合うようにチェンナイに到着した。礼拝は4千人の信徒を収容できる部屋に移され、ほとんどの信徒が壁に沿うように埋めつくしていた。牧師がステージに上がると「私たちは一つの家族として神の御前に立っています」と言った。それがその夜のテーマだったのだ。私たちは喜びと愛と受容の歌を歌った。「あなたは良い方です、あなたの愛は永遠に続きます」というような歌詞だ。私たちは、神は私たちの友人だと主張する歌を歌った。「彼は私の友人の一人です」。

20分ほどして、牧師は正式に神を私たちの中に迎え入れた。アクラではあまり聞かなかったが、ヴィンヤードでは毎週日曜日に聞いていた招きだった。「主よ、私たちはこの場所にあなたをお迎えします。私たちはあなたの御名を信頼します。あなたの御名を信じます。両手を上げ、神に身を委ねましょう。神は私たちのただ中におられます。過去を忘れなさい。神は、あなたが委ねるなら、物事を新しくしてくださる神です。そのしるしとして手を上げてください」。

牧師は次に教会を紹介した。おそらく、この大祝典に来た人の中には初めての人もいたからだろう。彼は自分の大家族をステージに上げた。そして牧師は、20代から30代の男女を中心とした牧会チームをステージに上げた（後に私がインタビューすることになる人々だ）。彼は教会のハウスグループについて説明した（ハウスグループは84あり、教会の4分の1から3分の1が参加しているようだった）。また牧師は、日曜の朝には、どれだけの人が手伝いに来ているか（300人、複数の礼拝に参加）を説明した。これら全ての人々のおかげで、また信徒たちの行いのおかげで、イエスの香りが甘い香りのように町中に広がったと彼は語った。これに対して人々は手を挙げ、異言を語った。牧師は家族のために祈り、愛のために祈った。悪が主によって打ち破られ、私たちも絶対的に善である主のおかげで難局を突破することができますように、と祈った。そして彼は、GROWの頭字語であるGrace（恵み）、Relationship（関係）、Obedience（従順）、Worship（礼拝）について説教した。「大切なのは、家族との質の高い時間です」と彼は言った。神の言葉に従うこと、誘惑に抵抗すること、そして何よりも「何が起ころうとも、あなたは神にとって特別な存在だ」ということを忘れないように、と彼は語った。聖餐の時には、彼は私たちに、全ての人に配られるまでパンとジュースの入った小さなカップを持っているよう求めた。そして、他の人とジュースを交換し、相手が手に持っていたものを飲むように指示した。これは相互依存を神聖なものにする南アジア特有のジェスチャーだと思ったのを私は覚えている。

悪魔的な感覚はアクラでより強調されているが、私がアメリカで知っていた教会以上に、チェンナイでは悪がより現実的だった。何人もの人が、呪いのレモンや小さな銅板を敷地内に置いて攻撃してきた人々の話をした。こうした話は、キリスト教徒になると敵が増えるが、神が彼らのために戦ってくださるという彼らの考えと一体になっていた。牧師は、教会が何度も攻撃されていると語った。「私たちは、聖歌隊の近くにある、カメラがある場所の下にあるステージから（呪いの品を）持ち出したことがあります。ドアマットからも取り出しましたし、車からも取り出しました」。人々は、夜中に目が覚めると、部屋の中に悪魔のような力がいて身動きがとれないと語った。これは医学書ではしばしば金縛りと呼ばれる身体の状態である。私が知っているアメリカの教会では、人々は悪や悪魔の存在について話してはいたが、悪魔はそれほど重要な存在であるようには見えず、金縛りを邪悪だと表現する人はほとんどいなかった。

それでも、神が誰であり、神がどのように人と相互作用するかについての基本的な考え方は、チェンナイでもアメリカでもほとんど同じだった。神は一人の人物だった。あなたの親友だった。神はあなたを愛しているから、必要なものを与えてくださる。ある女性はこう説明した。「私は彼をパパと呼んでいます。私がお祈りする時には、『私がお祈りしているのはパパよ』と言うのが聞こえるでしょう。…パパが私を膝の上に乗せてくれるのが大好きなんです。子供の頃から忘れられないイメージです」。この神は深く愛し、深く応答する。ここでも神は人のように行き来した。アメリカのキリスト教徒と同じように、チェンナイのキリスト教徒たちは、神が自分たちを通して働き、自分たちと共にいて、自分たちの側にいてくれるのを感じていた。彼らは激しく祈り、神は彼らの祈りに応えてくれると彼らは言った。以下はチェンナイの信徒の言葉である。

私は真剣に祈っていました。神様、この人はICU（集中治療室）にいます。神様、この人を見守ってください。そしてすぐに彼らに「大丈夫、心配しないで。息子さんは大丈夫ですよ」と確信して伝えました。そして翌週、その息子さんはICUを出たのです。

アメリカの教会におけるのと同様にチェンナイの人々は、神が他の人に伝えるために心の中に思いを置き、また彼ら自身のために心に思いを置くと言った。彼らは、神が心の中で何を語ったかを同定し、その声を自分の考えと区別するために、同じ識別の手段を使った。神の声は自然に発せられるものだった。「突然言葉が浮かんでくるのです」と、ある女性は説明した。「(神の声は) 私の考えよりも大きく、よりはっきりしています」。神の声は「突然現れます」。ある青年に、神が心に語りかけたことがあるかと尋ねると、彼はこう答えた。「祈った後、『テサロニケ人への第二の手紙』3章10節を読むことが、はっきりと心に浮かびました。それが何を意味するのかは、全くわかりませんでしたが。ただそれが心に浮かんだのです。神の声は平安と安らぎをもたらしました」。「神の声はいつも慰めてくれます」と別の女性は語った。そしてある男性も「主が語られる時、心には完全な平安があります」と言った。アメリカの教会と同じように、自分の心の声が神だという推測を検証しなければならないという感覚も存在していた。「確証が欲しい」と、ある人は言った。アメリカの教会と同様に、人々は、時間をかけて、より効果的に、より確信をもって神を聞くことを学ぶのだと語った。

アクラ

アクラで過ごした最初の一週間、人類学の先達たちをうらやんだのを覚えている。私はケンブリッジ大学で博士課程を修了したのだが、当時、同じ学部所属の毛むくじゃらのライオンたちはアフリカで研究していた。専攻長のジャック・グッディと妻のエステルは、ガーナ北部のロダガー族に何年も滞在していた。マイヤー・フォルテスはタレンシ族とともに働いていた。オードリー・リチャーズとは、たまたま私たち二人が住んでいた町の端にあるモダンなアパートで、毎月お茶を一緒に飲んでいた。オードリーは、北ローデシア（現在のザンビア）のベンバ族での調査から、女性の入信儀礼の有名な記録を書いた。フィールドワークに関する学科での主な教訓として覚えているのは、蚊帳とテニスシューズを持参すること、そしてフィールドノートを預け荷物にしないことだった。アフリカの村といえば、藁葺き小屋の村々があり、家の敷地に入ると鶏が走り回り、靴を履くと黄土が舞うような、穏やかな世界だと私は思っていた。しかし、ガーナの主要都市アクラで私が実際に体験したのは、不協和音が響き、看板が立ち並ぶ交通渋滞だった。人類学の先達たちは、何も起こらない時間が延々続くという話をしていたが、アクラでそのような経験をすることはなかった。

アクラには、人々が新しいカリスマ教会だと認める教会がいくつかある。それらは粗野な新しい建物の中にある大きな教会で、インターネットによるライブストリーミングやウェブサイトがあり、説教を何度も聞けるようにCDが売られている。ガーナ人牧師たちは世界中を旅して、大規模なカンファレンスで講演している。彼らの顔は、アクラの往来を笑顔で見下ろす、カラフルで巨大な看板に描かれている。社会学者のポール・ギフォード（Gifford 2004：23–24）は彼らを描写して以下のように言っている。「カリスマ的な祈りのセンター、徹夜礼拝（「オールナイト」）、聖戦、大会、聖書学校、新しい建物（あるいは彼らが借りている学校、映画館、ホール）、車のバンパーステッカーやバナー、そして特にいたるところで近々行われる膨大な種類の活動を告知するポスターについては、誰もが知っている」。

これらの教会は、主流派キリスト教の退屈な単調さを楽しいものに変化させた小さな交わりから発展した。昔のペンテコステ教会では、牧師は説教を読み上げていた。人々は異言を語ったが、肉体の誘惑に負けないよう、別々に座り、慎ましい服装をしていた。新しいカリスマ教会では、人々はカジュアルな服装をし（少なくとも、ガーナの中流階級の人々の服装と同じくらいカジュアルだった）、一緒に座り、拍手し、踊り、歌い、歓声を上げた。彼らは、自分たちを裁く以上に自分たちを愛してくれる神、礼拝の中でそこに存在し、自分たちの体を通り抜け、自分たちを取り巻く悪を攻撃する超自然的な力を送ってくれる神を求めた。

これらの教会の思想は、1980年代にガーナで広く読まれていたケネス・ヘーゲン[*1]やオーラル・ロバーツ[*2]といったアメリカ人の教えによって育まれたが、教会自体はアフリカ人のものだった。アフリカ人によって建てられ、牧会され、財政的に支えられ、アフリカ人のリアリティに語りかける牧師たちによって形作られたのだ。ガーナを代表するこの種の教会の研究者であるクワベナ・アサモア・ギャドゥは、これらの教会を独立系ペンテコステ教会（現地人は単に「カリスマ教会」と呼ぶ）と呼んでいる。アサモア・ギャドゥ（Asamoah-Gyadu 2005）は、彼ら［カリスマ教会］は主流派の教会とは異なり、アフリカの伝統的宗教に見られる善意と悪意の力という目に見えない領域に明確に焦点を当てているからこそ、深く訴えかけるのだと主張する。「伝統的な宗教的文脈に基づく礼拝は、超自然的な存在と交信し、その存在を体感したいという熱烈な願望を中心に組み立てられている」と彼は書いている（Asamoah-Gyadu 2005：31）。アクラの新しいカリスマ教会は、神の即時的な臨在、超自然的な癒し、悪からの解放、自発的で情熱的な神への賛美に傾倒している。

アメリカの教会も同様の傾倒をしているが、アクラでの力の感覚に、私はより本能的で直観的な性質を感じた。8月、私はインターナショナル・セントラル・ゴスペル・チャーチ（ICGC）のグレーター・ワークス・カンファレンスに、その最終日の夜に行った。1万人以上の人々がそこにいた。見たこともないほど多くのプラスチックの椅子がメイン会場の周りにピクセルの畑のように広がっていた。両サイドに2千人、前方には数千人、駐車場まで溢れ、それぞれのエリアには大型スクリーンが設置されていた。案内係のチームはとても効率的で、誰かが席を立つと、傍らに立っていた別の人が席を埋めた。全ての音楽が礼拝音楽だったにもかかわらず、人々がこの壮大な光景とパーティーのために集まったのは間違いなかった。「今年一度も踊ったことがない人も、今夜は踊れるでしょう」と牧師が約束すると、群衆から雄たけびが上がった。

彼らはまた力を求めてやってきた。悪意をもった悪と闘い、自分たちの目標を達成する助けとなる超自然的な力だ。これが「油注ぎ」の礼拝だった。夜が更けて3時間以上経った頃、一人一人に小さなプラスチックの小瓶に入った油が配られた。その夜のクライマックスで、彼らは、家に持ち帰ってから強力なお守りとして使うため、祝福され、充たされるようにその小瓶を空中に掲げた。

神とは誰か、神はどのようにコミュニケーションをとるのかに関する基本的な考え方は、アクラでもチェンナイと同様に、私がアメリカで共に働いた教会と似ていた。アクラで私は、教会と関係のある大学で学ぶ牧師志望の学生たちを調査参加者として選んだ。牧師や教師、そしてこの教会や似たような教会に通う他の人々とともに、私は、彼らに詳細なインタビューを行った。彼らが神について語ったことは、アメリカやインドで人々が語った内容と非常に近いものだった。神は一人の人物だと彼らは言った。神は親友だった。自分は神とパーソナルな関係を持っており、神は自分のことを気にかけているのだから、神に何でも話すことができ、また話すべきなのだ。「ダディ・ゴッド」と呼ぶ学生もいた。別の学生は言った。「私にとって、神とは色々なものですが、まず何より親友のような存在だと思います」。学生たちは、アメリカ人の信徒がそうであったように、心の中で経験した白昼夢のような出会いの中で、自分たちが神と語

＊1　ケネス・ヘーゲン（1917〜2003年）はアメリカ合衆国テキサス出身のアッセンブリーズ・オブ・ゴッズの説教師であり、牧師。世俗的繁栄を説く繁栄の神学を広めたことでも知られる。

＊2　オーラル・ロバーツ（1918〜2009年）はアメリカ合衆国オクラホマ州出身のホーリネス教会、およびユナイテッド・メソジスト教会の牧師であり、テレビ伝道師。ヘーゲン同様、繁栄の神学を広めたことで知られる。

り合っていると表現した。

心の中で聞いた言葉を通して語っているのは神であって、熱心で利己的な自分自身の内なる声ではないことを、人はどうやって知ることができるのだろうか。アクラの信徒たちは、シカゴやサウスベイの信徒たちと同じ言葉を使った。彼らは識別を通して神の声を同定することを学ぶと言った。それは習得しなければならない技術であり、一度習得すれば、より効果的に聞く助けになると彼らは考えていた。彼らは、より霊的に「敏感」になることについて話し、どのように神の声を識別するかについて説明する時、私が他の場所で信徒から聞いたのと同じ原則を用いた。彼らが神の声に気づいたのは、神の言葉が自分の考えよりも強く、大きく、自然発生的に感じられたからだ。ある女性は、「それはとても強く響いてくる」と説明し、ある男性は、「何も考えていないのに、祈っている最中に突然、ある考えが心に浮かんだ」と言い直した。アメリカやインドの人々がそうであったように、彼らは神の言葉が聖句と一致しているかどうかを確認し、神が語る時には平安を感じていた。

しかしアクラのカリスマ教会では、私がアメリカのカリスマ教会で見たことのないような悪が、チェンナイ以上にリアルに実在していた。私が調査したアメリカの教会でも人々は確かに悪霊が存在すると言ってはいた。彼らは、福音派に共通する信条通りに、聖書が断言すること全てを真実としていたので、悪霊を真剣に受け入れないことはできないのだ。福音書では、イエスは多くの時間を悪霊退治に費やしている。『マルコによる福音書』で悪霊は、イエスが何者であるかを知る唯一の存在である。しかし、私が知っていたアメリカの教会では、ほとんどの人にとって悪霊は特に重要な存在ではなかった。日曜の朝に悪魔が話題に上ることはほとんどなかったし、悪霊の抑圧について祈ることもほとんどなかった。

アクラの新しいカリスマ教会ではそうではなかった。これらの教会で祈りは戦いである。人々は、自分たちの周りに群がり、自分たちの身体、家族、そして生計を立てる手段を攻撃する闇の力に引き裂かれた世界を想像した。祈りは神を愛するための手段でもあり、牧会志望の学生たちは、愛をもって神に祈り、喜びのあまり涙を流すことについて話してくれた。また、ほとんど全ての学生が、悪霊や霊的攻撃について話し、守り、盾となり、戦う手段である祈りについて語った。彼らは、自分たちを毒殺しようとした叔母のこと、父親を殺し葬儀でそれを告白した父親の妹のこと、自分たちの首を絞め、自分たちの上に座り、自分たちの血を飲んだ悪霊のことを話した。

アメリカの教会では、C・S・ルイスが描く力強いライオンのような神のイメージが愛されていた。飼いならされたライオンではなく、『ライオンと魔女と衣装だんす』でルーシーがアスランにしたように、抱きしめてそのたてがみに顔を埋めることができるライオンだ。対するガーナの研究所図書館にはC・S・ルイスの蔵書はなく、私のインタビューの中でライオンについて言及されたのは、以下の青年の譬えだけだった。「あなたの敵、悪魔、敵対者は、傷ついたライオンのようにあちこちを歩き回ってむさぼり食う相手を探しています」。

アクラで私が出席したどの新しいカリスマ教会の礼拝でも、悪への反撃に感情の高まりが向けられていた。ある暖かい金曜日の夕方、私はＩＣＧＣの教会支部で、ある牧会研究所に関係する男性が導く徹夜祈祷会に参加していた。徹夜祈祷会はこの街で大変な人気があり、アメリカの学生パーティー並みの深夜の喧噪で、これに反対する人たちを多少なりとも苦しめていた。しかし、このセッションに参加する人たちは、時間が長く、日曜日の朝のたった2時間の教会礼拝よりも熱心に祈ることができるので、この徹夜祈祷会が大好きだった。ある金曜日の夜、私たちの祈りの焦点は『使徒言行録』にある物語だった。使徒パウロは福音を伝える旅の途中、ある島に到着し、火を焚くために薪を拾った。するとその中にいた毒蛇が驚いて飛び出し、パウロの手にかみついた。彼の手から蛇がぶら下がっているのを見て、島民たちは彼が死ぬと思った。しかし、パウロは毒蛇を振り払い、生き延びたのである。牧師はこの聖句を私たちの人生に当てはめた。「口に出して言ってごらんなさい」と彼は叫んだ。「私の手に、私の結婚に、私のキャリアに、私の運命にとりついている毒蛇を、私は振り払います。私は振り払いますと」。すると私の周りにいた200人の人々は飛び上がり、激しく手を振り、目に見えない比喩的な毒蛇を空中に投げ捨てた。

ここで言う力とはあくまでもこの世の中のものであり、それゆえ結果は重要だった。教会とは現実的な目的を達成するためのものだった。物質的な成功は霊的権威の証明だったのである。アメリカの信徒が幸福をより多く感じるために教会に行き、チェンナイの信徒がつながりをより多く感じるために教会に行ったとすれば、アクラの信徒はこの世界でより多く力を発揮するために教会に通っていた。

神は場所によって異なる語り方をする：外部での臨在

私が驚いたのは、アクラでもチェンナイでも、神の語りがよりはっきりと聞こえたことだ。アメリカでは、高い次元の没入があったり、より積極的に祈ったりしている人ほど、自分の耳で実際に聞いているような神の語りかけを聞いたという擬似感覚的瞬間を報告する傾向が強いことを観察した。念のために言っておくが、こうした出来事は精神病患者が聞く声とは全く種類が異なる。神の語りは稀で、短く、驚かされるが、苦痛ではない。チェンナイでは、アメリカ以上に頻繁に、神が自分の内なる心の外から語りかけてくるような、より明白な語りかけを体験したと報告されている。アクラではさらに頻繁に報告されていた。

少なくとも私は、非公式な会話を元にそのように考えた。私はシカゴやサウスベイで、アメリカのカリスマ的キリスト教徒たちが神について語るのを聞くことに何年も費やしてきた。チェンナイとアクラに到着した時、神が語ったかどうかについて、人々がより疑念を抱いておらず、神がより心の中には位置づけられていないことに私は驚かされた（誤解のないように言うと、祈りや礼拝をしなければ、神の感覚は霧散してしまうということは彼らも確信していた）。

私はこのことを体系的に調べることにした。ヴィンヤードの34人に、どのように祈っているのか、神は語りかけているのか、語りかけているとしたらどのように語りかけているのか、どのようなスピリチュアルな出来事を経験しているのか、といった特定の質問をした。私はそのインタビュー・プロトコルを使って、チェンナイの教会の20人、アクラの教会の20人の熱心なキリスト教徒と1時間以上話をした。アメリカで行ったように、私は声に関する質問に時間をかけた。「神が大きな声で話すのを聞いたことがありますか？」。私はこのことを様々な方法で尋ねた。「神が耳に聞こえるように語るのを聞いたことがありますか？」、「その声は頭の外に聞こえたのですか？」、「誰が話しているのか確かめるために振り返りましたか？」。私はインタビューを録音し、彼らの回答をコード化し、何度も読み返した。その結果、没入尺度の回答や祈りに費やした時間では説明できない違いが見られた。

私のアメリカ人被験者のうち、約3分の1にあたる35％が、自分の耳で聞こえるように神が語るのを聞いたことがあると答えた。そのような瞬間は何気ないパーソナルなものだった、と彼らは説明した。

友人と車に乗っていた時、〔声は〕「あなたは火遊びをしている」と言いました。私は「どこにいるんだろう？」と振り返りました。…私は、完全に神様だと感じました。それが御霊であろうと、御使いであろうと、神はそれ〔問題〕をどうにかしたいんです。あれは間違いなく神様のものでした。

調査参加したアメリカ人は、このような体験を奇妙だとも思っているとコメントした。彼らは「わかりません、でも変ですよね」、「私は単に頭がおかしいのだと思います」、「うーん、そうですね、おかしな感じです」などと言った。これらの被験者は、「誰かが自分が狂っていると思う可能性がある」ことを自分はわかっていると示す必要性を感じ、「また、自分たちは狂ってはいない」ことを示す必要性も感じていたのだ。チェンナイでは、より多くの人々（45%）が、自分の耳で聞くことのできる方法で神が語られたと報告した。彼らは神の声を、パーソナルで、優しくなだめてくれるような親密なものだと表現した。

P：だから、祈るといつも泣きたくなるんです。神の前で泣き続けるんです。何かが私を揺さぶって問いかけているような気がして、泣いている時でさえ、「これはあなたではない」、「これはあなたのせいではない」というような言葉が聞こえてくるのですが、その時は神のもとに来たばかりなので、あまり理解できませんでした。

ラーマン：その言葉を聞いた時、つまりあなたが描写した「これはあなたのせいではない」ですが、それは耳に聞こえたのですか、それとも心の中でそう思ったのですか？

P：それは聞こえるものでした。

チェンナイの参加者は、神が歌って起こしてくれたとか、夜中になぐさめてくれたとか、そういうことを言う傾向が強かった。ある男性は、神が自分に従うようにと音楽を奏でてくれたと言っていた。

C：神が教えてくれたのか、神が演奏してくれたのか、よくわかりません。でも、知らない音楽がありました。私の部屋の中に介入してきた「天の音楽」と表現すべきかな。私はそれに合わせて演奏しました

ラーマン：それをある種、自分の外側で聞いたんですか？

C：ええ、外側で。耳で。それは聞こえていました。…そして私一人で演奏したんです。

チェンナイでは、信徒たちはアメリカ人よりもこうした体験に対して違和感がないように見えた。自分が狂っているという話はなかった。彼らはまた、心の中の出来事ではなく、また世の中で感覚的に体験しているのでもない出来事を明確に特定することができるようだった。つまりそれは、アメリカ人がこれらの体験について語った内容から「間（in-between）」だと私が推測したものだが、アメリカ人がこうした出来事についてより困惑した様子で話すのを私は聞いたのである。チェンナイでは、人々は「間」にある出来事により慣れていて、「間」の質についてより上手に描写できるように見えた。彼らは、ジーン・ブリッ

グス（Briggs 1998：9）が「非明示的カテゴリー（covert category）」と呼んだものを示唆するような話し方をした。それはたとえその概念に具体的な名前がなくても何かを描写する概念である。チェンナイの信徒たちは神の声について、「耳には聞こえないが、心の中に聞こえる」、「私の中で強く目覚めている」、「話している音は聞こえないが、心の中で歌っている」、「霊的な感覚で聞こえる」と表現した。私はこれらを本当に聞こえる出来事とみなしたわけではないが、衝撃を受けた。

アクラでは、さらに多くの人々（55%）が、耳で神の語りかけを聞いたと報告している。アメリカ人やチェンナイの調査参加者に比べて、アクラの調査参加者は行動への促しを記憶している傾向が強かった。若い女性は以下のように語っている。

L：その聞こえる声ですよね。私は、聖書学校に来る前に、来るべきかどうか、しばらく待つべきかどうか、考えていました。ある晩、私は横になっていましたが、その声はとてもはっきりしていたんです。「あなたならできる」と。
ラーマン：耳で聞いたのですか？
L：はい。「あなたならできる」と。

アクラの参加者たちは、目に見えない他者の声が聴覚的に聞こえることがあり得る、という考え方に快適さを感じているようで、実際、概して（目に見える人物がいない時に）聞こえる声について話すことに心地よさを感じていそうだった。彼らは、アメリカ人が考えるような内的経験と外的経験の間の鋭い境界線にはあまり興味がないように見えた。

誤解のないように言っておくと、アクラの調査参加者は、会話の中で、心の内側から生まれる思考と、外から聞こえる声の区別自体はよくできた。しかし、その区別は彼らにとってアメリカ人にとってほど重要ではなく、厄介なものでもなかったのだ。アクラの調査参加者は、内と外の区別をゆるめ、その「間」の体験に安住しているようだった。アクラの調査参加者たちは、その「間」にあるものに名前をつけることにはあまり興味がなさそうだった。むしろ彼らは、内と外を連続したものとして扱うことに抵抗がないように見えた。このことは、以下の説明で特に明確である。ここで私は、ある女性の手のジェスチャーと彼女の言葉を解釈している。

ラーマン：あなたの耳で聞こえるように神が語っているのを聞いたことがありますか。

R：あります。何度も神の言葉を確認しました。誰かがその言葉を言うのを私の耳で聞くのです。

ラーマン：わかりました、それは聞こえるのに近い感じですか？　それとも実際に聞こえるのですか？

つまり耳で聞くのですか？

R：意識している時にはすぐにです。

ラーマン：止まるんですか？

R：意識するとすぐにです。神の言葉を聞いているのだと意識すると、それが聞こえるんです。

ラーマン：そうすると、突然現れて、より聞こえるようになるんですか？

R：そうです。

この女性は、聞くことと考えることを区別しているようでしていない。彼女は私たちの議論の中で、その区別をはっきりと断言しては、すぐにそれをぼかす。彼女が私に伝えたいのは、まず祈る時にある種の現象的な体験があり、それが聞こえるようになるのは彼女が聖書を知っているからで、聖書の知識が耳に聞こえるように促すということだ。対照的に、アメリカ人はある出来事を聞こえると表現するのをためらうことが多かった。それは彼らを怖がらせたのだ。

思うに、こうしたアメリカ人とチェンナイやアクラの人たちの違いは、単純に神について語る方法の違いを反映しているわけではない。私の考えでは体験への注意の払い方が異なるから、神を発火《キンドル》させる方法も異なるのだ。人々と深い対話をしても、紙とペンを使って様々な尺度に記入してもらっても、同様のパターンが浮かび上がった。チェンナイの信徒たちは、アメリカにいる信徒たちよりも肉感的に神を体験しているように話し、アクラの信徒たちは、さらにはっきりと神を感じているようだった。私は人々と多くの時間を費やし、神体験の感じられる性質を注意深く探ったので、これらの違いが現象学的にリアルだとある程度確信している。これらの違いは、社会的環境の違いによって、神が人々に臨在するようになる方法が異なることを表している。「発火《キンドリング》」という概念で私が意味するのはこのことだ。つまり、人は自分の体験に注意を向ける方法が異なるために、異なる特定の仕方で神を感じるということである。

さらに他にもエビデンスがある。私たちは三つの環境でキリスト教徒の大学生に紙とペンでアンケートを行った。アメリカよりもはるかに大勢のアクラの学生たちが、そのような声を経験したと答えた。チェンナイはやや中間的なケースだった。「一人でいる時に声を聞いたことがありますか？」という質問に対して、アメリカでは44%が「はい」と答えたのに対し、チェンナイでは56%、アクラでは90%が「はい」と答えた。頭の外で神が話しているのを聞いたことがあるかという質問に対する答えも、同じようなパターンだった。少なくともガーナに関しては、このパターンを見たのは私だけではない。ジョン・デューリン（Dulin 2020）は、「多くの［アクラのある］ガーナ人は、西洋人に典型的な、心と心ではないものの区別に、習慣的に無頓着なのかもしれない」と書いている。彼もまた、ガーナのカリスマ的キリスト教徒は、米国のカリスマ的キリスト教徒よりも頻繁に、神を聴覚的な質で報告することが多く、また実際に経験しているようであることを発見した。

神は異なる場所で異なる語り方をする：乗り物

しかしながら、それは神の擬似聴覚的な声だけではなかった。異なる場所に住む人々は、神が異なる方法で自分たちと交信していると説明した。概して、アメリカ人は神が自分の心の中で語りかけることを強調し、チェンナイの人々は、神は人々を通して、アクラの人々は聖書や彼らがしばしば手にする本を通して語りかけると強調した。

サウスベイ、チェンナイ、アクラの三つの教会全てで、神は複数の方法で語り返していると理解されていたのである。

神は聖書を通して語った。信徒が聖句を読み、特定の箇所から強い感動や影響を受けたと感じた時、彼らは神がその箇所を通して彼らに語られたと推測するかもしれない。つまり、神は信徒にその聖句を読ませ、それに応答させるために、信徒をその聖句に導かれたということである。

神はまた、人や状況を通しても語ると理解されていた。信徒たちは、偶然の出来事のように思えるような出来事についても、神がその状況を通して何かを伝えようとして語りかけているのだと言う。例えば、神は彼らを愛しているとか、彼らに何かを決心させたい等である。

そして神は、彼らの心にイメージや思考を置くことによっても語り返した。それらのイメージや思考は、彼ら自身のものではなく神という外部の存在によって生み出されたものであるとみなされていた。

神がどのように語りかけるかに関する人々の話し方には実際に違いがあると私は思ったが、その違いはむしろ強調点にあり、ある種の話はより長く、より豊かで、より意味深いものだった。私はここで客観的な尺度を使うのではなく、民族学者の感性で解釈している。この判断に自信を持てるのは、若い神学者ポール・ブランケンシップにインタビューを読んでもらったからだ。彼もまた、こうした違いを独自に見抜いていた。神がより友人のように感じられるという、アメリカ人の説明の内面志向に、彼は衝撃を受けた。チェンナイでは、神はより父親のように感じられ、人々は父親や他の人々を通して神を経験する傾向が強いと彼は指摘した。アクラでのインタビューで彼は、権威と力、そして世の中で行動する神を見た。彼の2014年5月の要約メモによると、アメリカでは、神は人間に注目されないと感情的に傷つくと言われていた。チェンナイでは、神は引きこもり、人は敏感に反応しないと神を見つけることはできない。一方、アクラでは、神は神を無視する者を罰する。ブランケンシップは、同じような名前を持つ二人の男の話を思い出していた。一人目のアメリカ人は、恋人との破局後に教会に来た。彼はその場にいた誰からも愛されていないと感じていたが、神が「しかし、私はあなたを愛してる」と語るのを聞いた。つまり、その男性は人間関係が乱れていた時に、プライベートな体験を通し神がリアルになったのだ。もう一つのケースでは、困窮を自覚したチェンナイのある男性がキリスト教に改宗したが、彼は教会の人々が本当に自分を愛してくれていると感じたから改宗した。神は、人々を通して彼にとって現実のものとなったのだ。

私には、アメリカ人の方が内面的なやりとりを描写する傾向が強いように思われた。彼らは神が自分たちに言ったことをより遊び心を持って解釈し、準フィクションの枠の中に置く傾向が強かった。サウスベイの信徒から聞いた三つの例を紹介しよう。

ほら人々が玉ねぎについて言うのを聞きますよね。「あなたは玉ねぎのようなもので、神はその層を剝がしていくのです」って。私はその例えが嫌いなんです（笑）。これは私が今まで聞いた中で最も馬鹿馬鹿しい話だと思うんですよ。それである日、教会に向かう車の中で、私はこう言いました。「玉ねぎがどうしたって言うんだ。玉ねぎの話は好きじゃない。バカみたいだ」って。すると耳で聞こえる声は聞こえませんでしたが、神がこう言ったのを感じました。「あなたは私に自分の姿を現さない。私はあなたに自分自身を明らかにする」。「本当ですか？」「私は玉ねぎだ」と彼は言いました。「私は玉ねぎだ」。私は「うわー、それはちょっとクールだ。神が私の皮を剝くんじゃなくて、私が神を剝くんだから」となりました。

もう一つの例は以下の通りである。

それはずばり「君にはこの道しかないぜ」という感じでした。

私は30分くらいそこに座って、ただ行ったり来たりして、「神様、あれは本当にあなたですか？」って言ったと思うんですけど、神様は「ああ、もちろん私だよ」とかなんとか言っていました。

さらにもう一つは以下の通り。

「玉ねぎ」、「とかなんとか」と、この神はおしゃべりをする。これらのアメリカ人にとって、神は「立ちなさい」とか「信じなさい」とか命令するものでもある。しかし、より多くの場合、神はコメントし、説明し、考えている。ある女性はこう説明する。「彼〔＝神〕は『あの人のところに行って話すべきだ』とか『彼らは本当に困っているから、こういうアドバイスをしなさい』といった洞察を与えてくれます」。こうした体験自体は精神的なものであることが多い。「それは思考として体験されるもので、たいていは言葉になります」。別の例を挙げよう。

時どき頭の中で交わす会話のようなものです。それは私と神とがつながっている部分、私に必要な知恵を持っている部分で、そのような会話の中で私に知恵を明確に伝えることができるのです。

アメリカ人たちが神について語る時、彼らはしばしば神の体験を内面的なものとみなす。

同時に、これは印象的なことだが、このアメリカ人たちは、心の中に神の声が現れることを奇妙だと捉えることが非常に多かった。「クレイジーな話ですけど、私にはそのイメージが浮かんでくるんです」。「白衣〔の医療者〕を呼ぶ必要はないですよ」。「度肝を抜かれました」。「あの人たちはぶっ飛んでいます」。言い換えれば、米国の調査参加者は、神が心の中で語りかけたことと、この体験が彼らにとって不思議なものであったことの両方を強調していた。彼らは、（神はおしゃべりをする、神はパーソナルな存在である、神はくだらない話をする等）神が想像力を駆使した遊びを要求するような話し方をすると説明し、同時に、この心の中での体験が、健全な心のあり方（境界があり、私的であるべきだという感覚）を侵害するものだと明言した。彼らは、誰かがこの体験をクレイジーだと解釈する可能性があるとわかっているので、自分はクレイジーではないというシグナルを発しなければならないと感じていたのである。アクラやチェンナイでは、このような懸念を聞くことはなかった。

チェンナイでは、人々は人間関係を通して最も生き生きと神を体験しているように見え、人間関係は神の体験への入り口として扱われていた。ある青年がキリスト教に改宗した経緯を私に説明してくれた時、彼は論理的にキリスト教について語ることはなかったし、〔使徒パウロの〕ダマスカスへの道程のような霊的な目覚めについて語ることもなかった。彼はもっぱら人々について語ったのである。「私はゆっくりと、そうです、神がこの人たちを通して、実際にどのように私に愛を示しているのか理解しました。…それが実際に私を惹きつけた主なものです」。別の男性が、神が彼に語りかけたという話をした時、その話のポイントは、彼が他の人々の人生に触れることができるということだった。「神は『ギターを持って、一緒に弾きなさい』と言われました。それで二曲歌った後、私は間違いなく多くの人の人生に触れたと思います。自分はステージの上ではとても控えめなタイプなんですけれど、ステージを降りた後は、人々の間を通り抜けなければならなかったので」。牧師室にはこのようなポスターまで貼ってあった。「ルールよりも関係が大事」。

ある新婚の男性に、神が語っていることをどうやって知ったのかと尋ねたところ、彼が言った言葉は、チェンナイの多くの人々の解答に特徴的な方法によるものだった。

去年のクリスマスのことです。…そのクリスマスは、結婚して初めてのクリスマスでした。妻は携帯電話を欲しがっていました。僕は神に祈っていました。僕は神様に尋ねました。「これらのもの全てを手に入れることは賢明なことでしょうか?」するとすぐに、神様は僕にある考えを与えてくれたんです…。それで僕は妻に言いました。「僕たちはすでに十分なものを手にしているのに、なぜ同じもののためにお金を使うんだろう。むしろ、それを待つべきだろう」って。(それでも)僕たちは、彼女のクリスマスにプレゼントするために、良い携帯電話はないかと探していたんです。…すると友人の一人、その人は素晴らしい人なんですが、彼は一月末に新しい携帯を一台手に入れる予定でした。その時、ただ(彼が今持っているものを)待てば良いだけだったんです。きっと良いものだと思いますよ。だから、僕たちは僕は思いました。「OK、神様、アドバイスをくれてありがとうございます」って。というのも、神様は人々を通して僕たちに語りかけてくださるからです。

この男性は、米国の調査参加者がよくするように、神の言葉を直接引用するわけでもなく、神の実在性《リアルネス》を肯定して終わるわけでもない。彼が本当に強調したかったのは、神に従うことで、他の人間との関係がいかに強められているかということだった。「だから、携帯に使うことができた金額を、他の誰かのために使うことができたんです。友人の一人は、住宅ローンの返済期限が迫っていました。彼女が『助けてくれない?』って電話をかけてきたんです。彼女はお金が足りなくて、助けを求めていました。僕はちょうど携帯のために貯金していたので、彼女にお金を渡すことができました」。

チェンナイの信徒たちが自分たちの祈りについて語る時、彼らは(心の中ではなく)人を通して神から聞くことを繰り返し強調した。つまり、彼らは確かに心の中で神が語るのを聞いたとも言ったが、人を通して神を聞いたという彼らの話はしばしば長く、豊かで、より感情的だった。神は親子関係として表現され(ある女性は、神に腹を立てることは親に腹を立てるようなものだと説明した)、神は人間関係を通して経験されることが最も多かった。「人生は関係です」と牧師は説明をした。「全ては関係であって、この関係が神とは垂直的なもので、他の人間との水平的な関係を超越しているのです」。

アクラでは神はチェンナイの場合とも違っていた。人々はやりとりする交流を報告したが、ほとんどの場合、それは対話として提示されたものではなかった。人々は神が語っていることを説明したが、通常は神の言葉を引用することはなかった。しばしば彼らは、神が言葉なしにコミュニケーションをとっているかのように話した。彼らは体を通して神を感じていたのだ。例えばある男性はこう言った。「私は基本的に、まるで友人同士のように、神と会話することによって祈ります。私たちは親友同士なのです。自分の心にあることを神に伝えるんです」。しかし、その男性は、自分は話をしたと語ったが、神は彼にある身体的な気分を与えることでそれに応えたと説明した。「それは、特定のテーマについて私が心に抱く感覚や気分です」。多くの場合、このようなやりとりは聖書を通じて行われた。

それでベッドに横になって、それから主と話し始めたんです。最高ですよ。…あなたと話しているように、私は神と話すことができて、声が聞こえるわけではないけれど、応答すればわかるのです。…私が質問すれば、神は私が考えたこともない聖句を指し示すでしょう。

こうしたやりとりは遊びではなかった。私は別の男性に尋ねた。

神に祈ることについて話してくれた時、あなたは、深刻なことについて、とても真剣で重要なことについて祈ると話してくれましたね。友だちと一緒にいる時は、ただぶらぶらして楽しい時間を過ごしますよね。神に対してもそうするのですか?

彼は答えた。

いや、神とは仕事なんです。それは神とのビジネスです。今、私は神と真剣に向き合う必要がある。だから、具体的な話を持って神に会いに行くことはありません。

ある人は神との交流について、かなり憤慨して、神と「遊んだり」はしないと言った。

アクラでは、こうした神との交流は何よりも道徳的な警告として示される。それは正しい行いを達成するための闘いなのだ。

聖書を読むと、神はペトロの書簡のなかで、信仰、知識、徳を増し加えなさい、と言っていますよね。だから、「私にはこの徳がない、あの徳がない、この徳がない」と思うんです。…そして、私はいつもそのことについて主に話しています。私の課題についてです。「神よ、私が善良であるよう助けてください」。そして、もし私が主の掟を無視するなら、私は主のもとへ行って話をします。「許してください。私が善良であるように助けてください。どうすればいいか教えてください」と。それが私の祈りの大部分を占めています。

アクラでは、祈りは力についてでもある。「イエス・キリストを私の主、救い主として受け入れれば、自分は力を持つということを知りました。私には本来備わっていて、使うことのできる力があるのです」。アクラで、人々は、アメリカ人やチェンナイの人々にとってよりも、もっと外的に存在しているように見える神について、心の中で語りかけるふりをする友だちというよりも、体を通して感じる力のような神について語った。

この3ヵ国の信徒たちはみな、多かれ少なかれ似たような教会で、多かれ少なかれ同じ神学を共有する善良な信仰者だった。しかし、神の体験の仕方は異なっていた（表1にこれらの違いをまとめている）。自己志向的なアメリカ人は、自己理解の手段として、自分の内的経験を非常に重要なものとして想像する文

表1．サウスベイ、チェンナイ、アクラの神

米国 ヴィンヤード	自己志向	心に固定された 豊かなイメージの往復 しばしば遊び心に満ちた 奇妙なものとしてマークされた声（「私は狂っていない」）	神を聞く人 35% 擬似聴覚的
チェンナイ	他者志向	人々に固定された 関係的 神が親のように世話をする	神を聞く人 45% 擬似聴覚的
アクラ	肉体と 霊志向	聖書に根ざした 道徳的な警告 遊びやごっこは稀 神は外的な存在	神を聞く人 55% 擬似聴覚的

化を持ち、聖書や人々を通してよりも、心の中で語る神を重視していた。彼らは神の語りかける声を、想像上だが現実の同伴者、つまりこの世ではなく心の中で体験する誰かとして記憶する傾向が強かった。私がアメリカ人から聴いたのは、心は分離された隔絶された場所であるという鋭敏で明確な感覚だった。思考は私的なもので、想像することは良いことだった。しかし、心の中でさえ声がするのは自分が狂っている証拠であり、聴衆にそう思われるかもしれず、だからこそ自分がそうではないことを示す必要があった（「あれは奇妙だった」と言うように）。この宗教的環境においてさえ、人々は内的な声を私的な心の侵害ではないものとして経験することを学ばなければならず、神との対話においては、精神的な経験こそが重要であることは明らかだった。これはアクラやチェンナイの参加者には該当しなかった。

他者志向のチェンナイでは、社会が人々を、他者の考えや感情に注意を向けるよう誘うので、私の被験者

たちは、他者の行為の中で神を経験し、人間関係の文脈の中で神の声を思い出す傾向が強かった。彼らはアクラよりはその頻度は高かったが、アメリカ人のように、神の語りかけを対話的で遊び心があるようには表現しなかった。彼らは復讐に燃える思いが魔術によって世界に影響を与えるという感覚を持っていたが、それは彼らにとって非常に顕著なわけではなく、その思いは物（レモンや銅）を介して媒介されなければならなかった。

肉体と霊志向のアクラでは、社会が人々を、「否定的な思考が害をもたらすのではないか」という懸念に誘導し、精神的な出来事がアメリカほど重視されず、行動と身体が文化的に重視され、信徒たちは道徳的な行動を重視していた。彼らは、手の込んだ、遊び心のある内面的な対話を提示することはなかった。彼らは概して、神の語りを心の中のものとして説明することはなかった。彼らはその代わりに、霊的な権威と力に対する強い自覚を示し、他者（人間や超自然的なもの）の悪意ある思考が自分たちを直接傷つける可能性があるため、自分たちには神が必要だと鋭敏に意識していた。

基本的にチェンナイ、そして特にアクラの信徒たちにとって、神は、アメリカの信徒たちにとって以上に、この世に存在するものとして発火《キンドル》するようだった。神の臨在が認識され、感じられ、求められ、理解される方法は、個々に異なる理解と注意の仕方によって形作られている。しかし三つのグループの信徒全員が、神の実在感を維持するために努力しなければならなかった。全員が祈り、教会に行き、礼拝していた。そして、もしそれらをやめてしまったら、神の実在感は薄れてしまうということに全員が同意した。どの教会でも、神は聖書を通して、人々を通して、心の中で語っていた。どの教会でも、神は普通の人間に声を出して語りかけるように表象されていた。結局のところ、神はアブラハム、モーセ、エゼキエル、パトモスのヨハネに大きな声で語りかけたのであり、福音派の祈りの手引書には、神が耳に聞こえる言葉でコミュニケートしているという、鮮明で聴覚的な例が溢れている。しかし、信徒たちの心についての考え方が原因となり、神は、彼らにとって異なる方法でリアルに感じられる。チェンナイでは、神は人々を通してよりリアルに感じられた。アクラでは、神は肉体の経験、感じ取られる聖霊の力の中でよりリアルに感じられた。アメリカ人にとっては、神の体験は少々実在感が乏しいものだった。彼らにとって、神は、より外的でなく、より精神的なものに感じられたようだ。あるいはマクミランの辞書の定義を借りるならば、「ややリアルではなかった（a little less real)」。

第5章 神々と霊の反応に関する五つの証拠

個性は感情によって築かれる。そして、感情の奥深く、性質の暗い、ぼんやりとした地層は、作られつつある本当の事実をとらえることができるこの世で唯一の場所である。

——ウィリアム・ジェイムズ『宗教的経験の諸相』

私は平らな岩棚に腰を下ろし、合気道の深呼吸を始めました。緊張がほぐれることを予期して。どういうわけか、私はとても集中することができて、自分を自分から切り離すことができました。その時、この混沌と崩壊の全てを切り裂くような透き通った声が聞こえてきて、「降伏の時が来たのはわかっているはずだ」と言いました。白い閃光が走りました。そして物事の基礎となっている統一性について、かつてないほど短い啓示がありました。誰かが見事なコントロールと認識と洗練、そして完全な公平性をもって宇宙を動かしていることに突然気づき、私のシステムにとてつもない衝撃が走りました。私は浜辺を走り回る〔鳥の〕シギを眺めました。彼らをとても身近に感じたのを覚えています。その時、また声がしました。それは水晶のように透き通った声でした。それは再び私の心の中の混沌を切り裂き、「あなたが水の中を歩く時だ」と言いました。足の裏が水に触れたとたん、愛とエネルギーと輝きの感覚が全身を駆け巡りました。私の目には喜びの涙が浮かび、その瞬間、神が本当に存在することがはっきりとわかりました。

――40代男性、正統派ユダヤ教との出会いについて

本格的な神秘体験、つまり炎に包まれたり、圧倒的な感動やシギと一体化したりするような感覚を味わう人はほとんどいない。しかし私の経験では、信仰を持つほとんど全ての人は何らかの普通ではない体験をし、多くの人が際立って非日常な瞬間を経験している。このような出来事は、信仰の枠組みの世界が実在することを示す現世の証拠であるからこそ重要だ（誤解のないように言っておくと、私はここで、これらの出来事は信仰を持つ人々にとっては証拠になると言っている。懐疑論者は、これらの出来事を脳の傷害によるものだと解釈するだろう）。もしこういうものがないのならば、神や霊の実在を証明する最良の証拠は、他の人々が世界について語る証言である。ポール・ハリス（Harris 2012）は、子どもたちが自分の世界について学ぶことの多くの源泉は、証言だと説いている。実験や合理的な分析も役には立つが、証言ほどではない（Gopnik 2012）。しかし証言は強力だが、脆いものでもある。ハリスはこう書いている。

子どもたちはまた、人間がどこから来てどこへ行くのかについて、文化的に特有な様々な考えを抱くようになる。彼らはこれらの考えを、合理的な吟味に基づいてではなく、信頼に基づいて受け入れている。

実際、彼らは一貫性を求めるどころか、時には根本的に互いに相容れない考えを受け入れることもある。認知発達の終着点は、客観性や均衡ではなく、自然と超自然、真実と空想、信仰と不確実性の混成である。(Harris 2012：7)

ハリスと彼の共著者たちは、マサチューセッツ州ボストン(Harris et al. 2006)、スペイン中部のカトリック学校(Guerrero, Eenesco, and Harris 2010)、メキシコのツェルタル語を話すマヤ族のコミュニティ(Harris et al. 2007)など世界中どこでも、子どもたちは、ニワトリやリスや科学的に説明される目に見えない細菌や酸素よりも、神々や霊の実在性《リアルネス》についてあまり確信を持っていないことを発見した。こうした「大人と子どもの」違いは、大人が神や霊について話す話し方、また彼が「社会的コンセンサスに対する子どもの鋭いアンテナ」(Harris and Corriveau 2014：29)と呼ぶものによると彼は考えている。要するにハリスらによれば、子どもたちは神や霊がリアルだと完全に確信しているわけではないということだ。

だからこそ、スピリチュアルな体験は重要で、神や超自然的なものに関するパーソナルな体験こそが、発火《キンドリング》に最も効果的なのである。つまりある人が神の手の感触を感じたり、霊が語ったことを知ったり、超越的な喜びの瞬間を味わったりする。これらの瞬間は、目に見えない他者が存在し、それに応えていることの証明のように感じられる。信仰の枠組みという概念は、霊的なものと日常的なものとの実在感の違いをとらえるために必要で、発火《キンドリング》という概念は、霊的なものがよりリアルに感じられるようになる方法を説明するために必要なのだ。

この章で私は、スピリチュアルな体験が、それを持つ人々にとってどのように形づくられ、習慣化され、円滑になっていくかを見ることで、発火《キンドリング》がどのように作用するかをさらに詳しく探りたいと思う。人々が神々や霊について語る方法、神々や霊に関わることを実践する方法、神々や霊の証拠がしばしば現れる心と世界の間の領域について考える方法、信仰に向かう個人的な志向性、これら全てが、神々や霊が彼らにとって親密な仕方でリアルに感じられるかどうかに違いをもたらすと私は主張してきた。ここでは、このような注意の実践が、神々や霊の反応を得るという最も基本的な証拠をどのように形作っているのか、より正確に示したいと思う。専門的な議論になり、論点を明らかにするためにより専門的なエビデンスを使うことになるが、ご容赦願いたい。私が実証したいのは、霊的存在に関する出来事が特定のパターンで展開するということだ。

これはウィリアム・ジェイムズの主張と真逆である。ジェイムズは、彼の偉大な著書『宗教的経験の諸相』の中で、神秘体験をスピリチュアルな出来事の核心とみなすよう求めた。スピリチュアルな出来事とは言葉では言い表せないほど常識を超えたものでありながら、誰もが多かれ少なかれ同じような体験をするほど画一的でもある。神秘的な体験は、まるで宇宙が割れて、自分がそれら全てと一体であることを明らかにしたかのように感じさせる。ジェイムズは続けて、〔そのように感じる〕ことは正しいと説明した。宗教はこの一体性についての基本的な洞察に、神学的な世間話、つまり「過剰な信仰」(James [1902] 1999 : 511) をまとわせてきた。スピリチュアルな体験についてのこのような考え方は非常に説得力があり、人はこれを「永遠の哲学 (perennial philosophy)」と呼んできた。この言葉は、オルダス・ハクスリー (Huxley 1945) の同名の著書によって広まったものである。永遠の哲学とは、全ての宗教に共通する最高の要素があり、それが神の真の知識を私たちにもたらすという考えだ。

これは魅力的な考えだが、少なくとも大抵の場合、人々が神や霊を体験する方法を捉えていない（公正を期すために言えば、ジェイムズはこのことをよく知っていた）。神々や霊は、かなり特殊な方法でコミュニケーションをとり、自分自身を知らしめる。これらの方法は、時間の経過とともに、より特殊なものになっていく。人はその体験を反応として認識するようになり、またその反応を探すようになり、その反応をより頻繁に体験するようになる。友人や恋人が互いの話し方を学び、やがて互いのやり方に詳しくなっていくのと同じだ。

例えば、鳥肌が立つことを〔キリスト教の〕聖霊の到来と考える人は、鳥肌に特別な意味を見出さない人よりも、鳥肌に注意を向け、鳥肌を覚えている可能性が高い。彼らは鳥肌がよく立つような環境に身を置くようにするかもしれない。自分の鳥肌を、聖霊が近くにいるというサインだと受け止め、礼拝音楽を聴くと鳥肌が立つことを知っていて、聖霊をもっと深く知りたいと思っている人は、他の人よりも礼拝音楽を頻繁に求めて鳥肌をより頻繁に経験するかもしれないのだ。

さらに私は付け加えたい。こうして鳥肌は、特定の身体が特定の刺激に反応する方法になるだけでなく、神々や霊の臨在を示すものとして、期待される反応の一部となる。その結果、ある人は礼拝音楽だけでなく、聖霊（と彼らは理解している）が臨在する音楽なしの瞬間にも鳥肌を感じるようになる。私がここで言いたいのは、鳥肌（やその他の体験）は、特定の社会で神々や霊の臨在とみなされるものに対する学習された反応の一部として、特定の身体において燃え上《キンドル》がるということだ。その社会ではこのような出来事は個人にとってより円滑に、より頻繁に、より容易に起こるようになる。そして、注意と期待が霊的な出来事の性質を変えていく。私はこのプロセスを「霊的発火《スピリチュアル・キンドリング》」と呼ぶことにしている。それは、より一般的な触発・発火《キンドリング》プロセスの特定の例であり、この発火ではちょっとした注意を向ける行為によって神々や霊に関するその人独自の経験が形作られる。

霊的発火《スピリチュアル・キンドリング》

1960年代、神経科学者たちが、電気で繰り返し刺激されたラット（および他の動物）が敏感になるにつれ、時間の経過とともに発作を起こすのに必要な刺激が減少することを観察した時、キンドリングという概念が初めて医学文献に登場した。癲癇では、最初の刺激に対する身体の反応が、後の刺激に対する身体の反応を引き起こす。時間が経つにつれて、その反応は習慣化され、より小さな発火《キンドリング》が炎を燃え上がらせるようになる。それ以来、「キンドリング」という言葉は、薬物乱用、化学物質過敏症、長期記憶、生理的心理学、双極性障害、鬱病などの、目に見える身体学習を表す言葉として使われてきた。鬱病におけるキンドリングは、偉大な精神科医であるエミール・クレペリン（Kraepelin 1921）によって初めて認識された。彼は、やる気を失わせるような出来事――失業、別れ、悪い人間関係――が、鬱病の最初のエピソードでは役割を果たすが、その後のエピソードではそれほど重要な役割を果たさないことを観察した。母親を亡くして初めて鬱病になった人が、次に鬱病になったのは春に雨が降ったからかもしれない。しかし、発火した炎の性質は様々である。癲癇では、発作が発作を生み、発作の持続時間と強さは時間とともに増していく。二度目、三度目の鬱病は、必ずしも最初の鬱病より悪化するとは限らない。キンドリングの概念の要点は、身体反応は学習を伴うということだ。

私がスピリチュアルな臨在について語るためにキンドリングという概念を使っているのは、社会的・宗教的環境が異なると、人々は異なる種類の出来事を超自然的な原因に帰するだけでなく、帰するという行為自体によって、その出来事や将来の出来事の経験も変化することをエビデンスが示唆しているからだ。懐疑論者はこう言うかもしれない。あなたは単に、社会的環境の違いによって霊的存在の形が変わることを示唆しているだけではないのか。もちろんそうだが、それ以上のことを示唆してもいる。地域の文化や、個人の習慣や個人差が、霊や臨在の身体的経験を形成し、そのような経験が蓄積されることで、時間の経過とともに経験の性質が変化するのである。それは複雑なプロセスだ。なぜならこうした出来事は多様で、異なる身体は異なる傾向や脆弱性を持っているからである。さらに異なる信仰の文化に由来する期待は、異なる社会環境の文化に由来する期待と相互作用する。にもかかわらず、こうした異なる文化的期待の結果、その社会集団のメンバーにとって、ある種の経験パターンがより習慣化され、より円滑になると私は考える。

ここには、身体で起こる出来事と、社会がそれらに与えるラベルという二つの動く部分がある。宗教学の研究者アン・テイヴェス（Taves 2009b, 2016 ; Taves and Asprem 2016）は、これらを「構成要素」と「出来事の認知」と表現している。「構成要素」とは、特別な印象を人に与えるある種の身体的出来事があり、それらがしばしば神や霊の説明に組み込まれることを意味する。しばしば彼女は、構成要素とは何かについて、非常に広範な説明をしている。それは「知覚や感情から、記憶、分類、戦略化まで、（自然、建造物、社会的な）環境と人間の相互作用を導く認知的、心理的、生物学的プロセスの全て」（Taves and Asprem 2020 : 5）である。実際には彼女が特に注意しているのは、幻視、声、解離、催眠など、非日常的または異常な出来事やプロセスに対してである。非日常的な体験や異常な体験は、しばしば人に特別な印象を与えるため、特別な存在の証拠となる格好の候補になる。

もちろん、何が「異常な出来事」なのかを正確に特定するのは難しい。デヴィッド・ハフォード（Hufford 1995）は、変則的な出来事を「中核的経験」と呼んでいる。それは、人の信念や知識、意図とは一見無関係に起こりうる経験で、安定したパターンを持ち、明確な階層を形成するものである。一人でいる時に声を聞いた、他の人には見えないものを見た、他の人には見えない存在を感じたと報告する人は世界中どこにでもいる。それどころか、鳥肌が立ったり、妙に熱いとか冷たいとか、軽いとか重いとか、そういう体験をする人も世界中どこにでもいる。鳥肌が立つような、ごく一般的な体験もあれば、自分の魂が肉体を離れて宙に浮いたような感覚など、もっと珍しいものもある。人々が「異常な」という言葉を使う時は、通常はあまり一般的でないものを指している。ハフォード（Hufford 1982）の研究の主な事例は、金縛りだ。睡眠から目覚めると、文字通り身動きがとれなくなっていることに気づくもので、胸に重みを感じたり、部屋に別の（たいていは悪意のある）存在がいるように感じたりすることが多い。彼が指摘するように、睡眠科学はこのような体験をレム周期の機能障害、つまり起きている間に夢を見る特定のパターンとして理解している。ハフォードは当初、このような出来事を民族学的モチーフである「山姥（Old Hag）」[*1]として研究し始めた。彼の『夜に訪れる恐怖』が出版されると、人々は彼に手紙を書いたり、彼が講演をする時に引き留めて長話をしたりした。彼らは、ハフォードが説明した現象について他人から聞いたことはなく、自分自身の体験からそうだとわかったのだ。

テイヴェス（Taves 2016）が言う「出来事認知」とは、人々が出来事を識別するためのカテゴリーを意味する。彼女は、人間が経験をするためには、ある程度、自分が経験することに関する、既存の表象やモデルを持たなければならないと主張する。私たちが口語で「経験」と呼ぶものは、個人的に経験したことのなかで特に際立っていた出来事にすぎない（Taves and Asprem 2016：4）。彼女が言いたいのは、（金縛りのような）身体の出来事は、それが経験されるためのローカルな文化的名称を持たなければならないということではない。金縛りの体験は意外なことであることもあるし、自分に起こったことを説明する「山姥（Old Hag）」のような言葉を持っていない人にも現実に起こりうる。結局のところ、宗教的とみなされる体験は、予期せぬ形で際立つからこそ、宗教的とみなされることが多い。むしろテイヴェスは、人がこうした予想外の出来事を、以下の三つと同一視することを示唆している。第一に身体や環境からの「ボトムアップ」の入力、第二に共有された理解からの「トップダウン」の予測、そしてその出来事を自己や他者に対して語られる瞬間の継続的なフレーミングとリフレーミングである。

構成要素と出来事認知を念頭に置くならば、テイヴェス（Taves 2009 b）の言い回しで、人々がしばしばスピリチュアルとみなす出来事へのガイドブックとして、人は以下のようなものを想像するかもしれない（私は2014年にジュリア・カッサニティとの論文でこのことを綴った）。

第一に、名称はあるものの、具体的な物理的基盤を持たない現象がある。例えば、カリスマ的な福音派キリスト教徒にとって神が聖書を通して語る方法がそうだ。こうした教会で人々は、神が御言葉を通して

＊1　イギリスや北米の民間伝承にある人を金縛りにする老婆の姿をした悪夢の霊。民族学者のハフォードはこの伝承と実際の金縛り現象についての調査を行った。

語られる時にそれがわかるようになるが、神が自分に語ったということを示す具体的な兆候は、個々人で異なることが多い——鳥肌が立つのを感じる人、眠くなる人、覚醒したように感じる人もいるといった具合だ。人々は、神が語られた時にそれに気づくことを学び、彼らにとって何が神が語った証拠としてみなされるのかを決めなければならない。

第二に、「身体的アフォーダンス」と呼ぶべき出来事がある。ここでいう「アフォーダンス」(Gibson 1986) とは、宗教的な解釈が可能な身体の出来事（泣くこと、鳥肌が立つこと、温かさを感じること）があった場合、特定の宗教的伝統の中で意味をなす解釈が可能な場合にのみ、その社会的状況において宗教的出来事と同定されるという意味だ。例えば、誰もが泣く。しかし、強い感情が神性の経験として意味をなす場合にのみ、泣くことは宗教的とみなされ、超自然的な存在の証拠として扱われる。このような宗教的とみなされる身体的アフォーダンスには、名称（例えば「聖霊体験」）がある場合もない場合もある。

第三に、異常な出来事がある。これらは特定のパターンの出来事であり、ハフォードが言う中核的経験だが、日常的な体験の範囲外にあり、異世界的なものによって引き起こされていると特定されることが多い（しかし、常にというわけではない）。これらはしばしば、異なる環境においても似たような現象学的パターンを示す。例えば、幻覚、感覚過剰、デジャヴ、神秘体験、体外離脱、臨死体験、金縛りなどだ。これらの体験には、文化特有のラベルが貼られている場合もあれば、貼られていない場合もある。

もちろん、以上は経験則に基づく区別だ。純粋に身体的な出来事も、純粋に実体のない文化的観念も存在しない。周転円の上にさらに周転円があるような複雑さがある。ローカルな社会では、出来事に特定の名前がついていることがある（例えば誰かが膝をついた時、「霊に殺された」と言う「キリスト教教派がある」が、テイヴェスの構成要素言語で言えば、その人は筋肉の脱力発作を経験し、床に倒れているということになる)。しかし、ローカルな社会には一般的な方向づけも存在する。例えば運動感覚や解離に対する方向づけだ。このような一般的な方向づけは出来事のようなものではなく、人々は特定の経験に対して特定のラベルを持っていないかもしれない。たとえば、これまで見てきたように、ガーナ人はアメリカ人よりも身体的・運動感覚的なものに対する方向づけが強いようだ。ガーナの人々の中には、身体的体験の種類を表す具体的な用語を持っている人もいるが(エウェ族の「セセラメン」など)、身体に一層注意を向けるこうした意識の様式を表す一般的用語は持っていないかもしれない。

また特定の名称が、私たちが一般的に連想する現象よりも広い範囲や狭い範囲を指すこともある。例えば、近世のイギリスでは、「女の夢魔(succubus)」や「男の夢魔(incubus)」という言葉は、人間と性交する悪魔を表すために使われていた。多くの研究者は、これらの概念は金縛りを理解するために使われたと考えている。1692年のブリジット・ビショップのセイラム魔女裁判の例では、リチャード・コマンが、「ベッドの足元のカーテンが開き、そこで(彼は)彼女を見、(彼女は)すぐにやってきて、彼の胸や体の上に横たわり、彼を圧迫したので、彼は話すことも、起きることも、彼の妻を目覚めさせることもできなかった。彼はそうしようと大いに努力したが」と主張している(Adler 2011 : 49)。また、女の夢魔(succubus)や男の夢魔(incubus)という概念は、性的な夢や夜間射精のような、他の種類の現象を表すためにも使われた(Thomas 1971 : 477)。ピーター・グアルナッチャは、メキシコやラテンアメリカの他の地域で「ヒステリー発作(ataques de nervios)」という用語にこの種の混乱が見られると指摘している。この言葉には特定の意味(制御不能)があり、解離現象を捉えているように見える。しかし、グアルナッチャとその共著者たち（Guarnaccia, Glorisa, Marita and Milagros 1993, Guarnaccia, Melissa, Felipe and Charlie 1996, Guarnaccia, Roberto Igda, Patrick, Jing, Maria, Glorisa and Margrita 2010）は、この言葉が、うつ病、不安障害、精神病といった精神医学用語と同一視される、他の多くの形態の苦痛を表すためにも使われていることを発見した。

さらに、異常体験の性質については、まだわかっていないことが多い。アメリカでは通常、金縛りが幻覚と一緒に起こるが、ブラジルではそうでもないということもあり得る。

異常体験や、しばしばスピリチュアルとみなされる出来事を分類する際の問題は、精神医学的な体験を分類する際の問題と似ているかもしれない。１９７０年代、精神科医は精神疾患を明確なカテゴリーに分類し、そのカテゴリーが特定の疾患を区別し、特定の病変や遺伝的欠損を区別すると考えていた。双極性障害、統合失調症、全般性不安障害のようなカテゴリーの原型は、事実、互いに全く異なるように見える。しかし、数十年にわたる科学的研究の結果、カテゴリー間に信頼できる境界があると確信している科学者はほとんどいない。多くの精神医学者は、表面的なカテゴリーは、カテゴリーというよりは次元であり、病気というよりは症候群に近いと結論づけている。つまり、統合失調症は一つの事象というよりは、無数の異なる原因や経路が作用した結果のようなものであり、いわば「教師になること」のようなものであって、「右利きになること」のようなものではない。スピリチュアルとみなされることの多い中核的経験も、似たようなものかもしれない。要するに未だわからないことが沢山あるのだ。

このような複雑さを念頭に置くと、接合部がきれいに刻まれた「自然種」*2（Kripke 1980）を探し求めることは賢明ではないように思われる。その代わりに、それ自体がパターンとして形成されている特徴、つまり、メンバー全員が何らかの特徴を共有しているが、メンバー全員が共有する特徴は一つではない家族的類似性を探すのが良いだろう。そうすれば、そのパターンが出現する方法、「経路」と呼ぶべきもの、つまりその人が超自然的だと認識する出来事を経験した特定の方法を理解することができる。（医学的な「経路」の定義は、神経インパルスが移動する相互接続ニューロンのネットワーク、つまり体内の出来事のパターンである）。ここでは、カッサニティとの共同研究（Cassaniti and Luhrmann 2014）を発展させながら、そのプロセス、つまり霊的発火《スピリチュアル・キンドリング》の理論について説明しよう。

1. 社会が特定の感覚に意味を与えると、その感覚を識別するための閾値が下がる。もし鳥肌や冷たさが聖霊のしるしならば、それが重要な意味を持つ社会ではそうでない社会におけるよりも、人はそれらに気づくだろう。
2. その感覚が金縛りのような複雑な身体的出来事（あるいは鳥肌のような単純な出来事）である場合、その出来事の頻度は、個人のこれらの経験に対する脆弱性によって制約される。
3. ある体験が特定の現象学的な複雑なパターンと結びついていなければいないほど、それが起こる頻度はその体験に対する文化的関心をより直接的に反映する。
4. ある個人に経路が確立されると、その個人は将来その経験や関連する経験をする可能性が高くなる。

＊2 「自然種」については分析哲学分野に膨大な議論があるが、ひとまずこの箇所では人間の認識とは関係なく存在する分類的な種類として理解できる。つまり「自然種」は現実に存在し、固有の本質をもつという考え方である。

その反応はその人にとって習慣化され、簡単に起きるようになる。最も一般的には、どのようなスピリチュアルな体験も、（身体の遺伝的継承や身体の歴史からくる）身体的脆弱性と文化的予期の両方を反映している。これらの相互作用が、出来事の特定のパターンを作り出し、このパターンは時間が経つにつれ、より習慣化され容易に起こりやすくなる。発火《キンドリング》のプロセスが出来事を変えるのだ。

誤解のないように言うと、ここで働いている最も一般的なメカニズムは、事前の予期の効果である。予期は、認知に関する多くの基礎理論の中核をなしている。例えば、ベイズ推論では、新しい出来事に対する人の理解は、起こりうる様々な出来事の可能性に関する事前の信念にしっかりと根ざしているとされる。最近では、神経科学者は予期の役割を「予測コーディング」と表現している。脳は、感じ、経験すると予期していることを感じたり経験したりする可能性が高い（Friston 2010）。しかしながら、予期が全てというわけではない。私の研究の動機は、ある共同体が超自然的なものに対して比較的均質な考えを持ち、多かれ少なかれ予期を共有しているにもかかわらず、その共同体内の個人は超自然的なものに対して全く異なる経験をすることがあるという観察に基づいている。本書での私の目標は、予期、実践、身体的プロセスがどのように相互作用するかを探ることによっていくらかの特異性を付け加えることである。私が指摘したいのは、様々な種類の出来事が、異なった仕方で予期の影響を受けるということだ。ある現象が特定の身体的出来事を必要としないのであれば、予期が全てと言っていい。しかし、泣くことのような普通の身体的な出来事や、金縛りのような非日常的な出来事に対しては、予期はそれほど大きな影響を与えない。

この霊的発火《スピリチュアル・キンドリング》理論には特定の含意がある。聖句に対するあらゆる感情的、身体的反応を通して神の存在を認識するキリスト教の社会では、何を証拠とするかは非常に緩やかに定義されているため、誰もが聖書を通して神が語るのを聞いたと報告するはずである。私が研究した福音派教会では、聖書の一節が「心をとらえ」、「離さず」、「心に留まった」時に、神が聖書を通して語りかけていることを知ると言っていた。ある信徒が言ったように「ある聖句が私に飛び込んできた」時、神が語りかけていると理解された。平和、激しい喜び、突然の眠気など、人々はあらゆる種類の身体的または感情的な気分に注意を払い、それを神の言葉であることの原因として特定することができるようだった。ある信徒の言葉を紹介しよう。

突然、私は『イザヤ書』の中にいました。…御霊が私を導いているのを感じました。…私は、選ばれし断食とは何かについて読み、それは悪との絆を断ち切ることでした。そして何か自分の家族について考えさせられましたし、家族のために祈りたいと思ったんです。それが私にとっての答えのようでした。神が私をその聖句に連れてきてくださったのだ、そしてここが私にとって必要な場所なのだと本当に感じました。…それは実に驚くべきことでした。夜中の二時くらいだったのですが、目を覚ましながら聖書の箇所を読んでいて、それを読んだ途端にほっとして、それからすごく眠くなりました。心地よかったです。これが、神様が御言葉を通して私に語りかけてくださる方法の一例です。

霊的発火《スピリチュアル・キンドリング》の理論は、福音派の信徒のほとんど全員が、神は聖書を通して自分たちに語りかけてきたと言うこと、そして各人にとってエビデンスとみなされるものは異なり得ることを予期する。同時に、この理論から予測されるのは、福音派の信徒にとってほとんど意味を持たず、現象学的な核を持たない、別の伝統〔カトリック〕の中で名づけられた（「ロザリオの幻視」[*3]のような）出来事があったとしても、彼らはそれを経験しないだろうということだ。

霊的発火《スピリチュアル・キンドリング》の理論では、普通の身体的な出来事（泣く、暖かさを感じる、鳥肌が立つなど）に超自然的な意味を見出す人々は、しばしばこれらの出来事をスピリチュアルなものとして経験することも予期されている。全ての身体が等しく簡単にそのような現象を経験するわけではないので、コミュニティの全てのメンバーがそのような出来事を経験したと言うわけではないだろう。ある人は他の人よりも簡単に泣く。この理論によれば、泣いたり、暖かさを感じたり、鳥肌が立ったりする人、またそれらの出来事を霊的だと解釈する人には、そのような普通の身体的な出来事がより頻繁に起こることが予想される。その一方で、こうした普通の身体的な出来事を経験するが、それを超自然的な存在のしるしとして認識しない人は共同体の外にはいるだろう。全ての身体がそれを経験するわけではないので、このような普通の身体的出来事は、聖書を通して神の語りかけを聞くような、非常に広い範囲の身体的現象学を通して識別できる名づけられた出来事よりも、頻度が低くなるはずだ。

霊的発火《スピリチュアル・キンドリング》の理論では、金縛りのような特定の身体パターンを持つ稀な出来事は、より狭い範囲の特定の身体にしか起こらないため、たとえそのような出来事に意味がある環境であっても、宗教を信じる全ての被験者がそれを経験するわけではないと予想される。この理論はまた、このような出来事が、それを超自然的な証拠とみなす共同体ではより一般的になるかもしれないが、例えば、聖書を通して神を聞いたり、泣くような普通の身体的体験を通して神を経験したりするほど一般的ではないことを示唆している。

（これまで見てきたように）「没入」もまた、人々が異常な出来事を経験するかどうか、またその出来事が彼らの社会で超自然的な意味を持つかどうかに関わっていそうだ。内的感覚の修養も同様である。このような出来事を促進する唯一の性質は「没入」だけではないだろうし、そうするための唯一の実践が「内的感覚の修養」であるわけでもないだろう。私たちは、人々が超自然的だとみなす体験をし、それを記憶し、それを報告するようになる方法を理解し始めたばかりである。

言い換えれば、霊的発火《スピリチュアル・キンドリング》の理論が予測するのは、スピリチュアルとみなされる出来事の頻度は文化によって形成されるということだ。ある現象的な出来事（泣く、鳥肌が立つ、体外離脱、金縛りなど）が信仰共同体の中で評価されればされるほど、それはより頻繁に起こるようになる。しかし、その頻度の増加は、身体能力によって制約された基準値からの増加である。文化的な重要性が高くても、共同体の全構成員が金縛りを経験することは余りなく、同様に、この現象への文化的な嫌悪、共同体の全構成員が金縛りを経験することを妨げることもなさそうだ。〔テイヴェスが言う〕構成要素と出来事認知は互いに影響し合うが、どちらも最終的な決定権を持たないのである。

＊3　ロザリオとはカトリック教会の祈りに用いられる数珠。ロザリオの祈りの最中に主に聖母マリアの幻視を見るのが「ロザリオの幻視」である。

比較現象学

人間の経験の多くが地域特有の知識によって形作られているとき、研究すべき〔普遍的な〕対象があることをどうやって立証するのだろうか？　それには一つの方法が必要だ。

「現象学（phenomenology）」という言葉は、人が自分の世界を経験する方法についての哲学的研究を指す。（有名な例を挙げるならば）現象学者は、リンゴ一般に関する知識を前提とすることなく、リンゴを見たり、聞いたり、感じたりする方法を正確に記述することに集中する。大まかに二つの中心的学派が存在してきた。一つは、人間の経験全般を理解しようとする思想家たちによるヨーロッパの伝統に根ざす学派だ。この現象学運動は、エドムント・フッサールとその追随者たち、つまりマルティン・ハイデガー、モーリス・メルロ゠ポンティ、ジャン゠ポール・サルトル、そしてより最近の哲学者としてはエマニュエル・レヴィナスに基づいている。これらの学者たちは、日常的な理解の範疇から自らの分析を遠ざけようとして、不可解なほど濃密な記述言語を発明した。現在、トーマス・ソルダス、ロバート・デジャレ、ジェイソン・スループなど、この学派からインスピレーションを得ている人類学者は数多くいるが、彼らは必ずしもその複雑な言い回しを用いているわけではない。もう一つの学派は、先述の大陸系哲学者に起源を持ちつつも、主に精神医学や宗教などの非日常的な経験の研究に根ざし、また意識現象は多かれ少なかれ体系的に記述できるという仮定に基づいている。これはカール・ヤスパースとウィリアム・ジェイムズの領域であり、ジョセフ・パルナス、ルイス・サス、ウィリアム・アルストンらによって現代にも受け継がれている。この二つ目の伝統は、非日常的な体験を記述するために日常言語を使用する傾向があり、現象学的手法を用いて宗教的な出来事を非宗教的な出来事から分けたり、病気を健康からより分けようとするなど、比較の傾向が明らかに強い。私が比較現象学の方法と呼ぶものは、この二つ目の学派に根ざしている。

「比較現象学」と私が呼ぶのは、現象学的な詳細を引き出すために、他の体験との比較を通してその出来事を探求することで、その体験をより深く理解することを目指し、感じられた体験に焦点を当てたインタビューを行う方法である。この方法は、現象に焦点を当て、経験そのものに近づくアプローチをとる。つまり、個人がその瞬間に感じた出来事の具体的な詳細を理解することを目指す。同時にインタビュアーは、関連すると思われる他の出来事に関する知識に基づいて、より詳しい内容を尋ねていく。比較現象学的インタビューは臨床的インタビューに似ているが、病理学を前提とするものではない。ある人が腰痛を訴えに臨床医を訪ねたとする。この腰痛がどの原因でも説明できない可能性、つまり新奇なものである可能性とともに、考えられる多くの原因を念頭に置くことが臨床医の仕事である。そこで臨床医は、これらの原因に関する知識から導かれつつも、他の解釈も可能であるように、痛みについて追加の質問をする。どこが痛いのか、どのように痛いのか、向きを変えると痛いのかと質問するのだ。知識に基づきつつも、答えを定めないこうしたアプローチが、宗教体験を研究する上では特に重要である。なぜなら宗教体験の報告には神学的な要素が含まれることが多いからだ。ちょうど講演会に参加した人が、講演者の声色よりも講演の内容について友人に話すかもしれないように、神の存在を体験した人は、神が語っていると考えるに至った実際の体験よりも、神とは誰なのかという自分の見解について多くを語りたがることが多い。比較現象学では、人々がわざわざ説明しないような次元の体験があるかもしれないと想定されている。また、注意深いインタビューとアミラ・ミッターマイヤー（Mittermaier 2010：10）の言う「注意深い傾聴」が、人々がその時経験したことについてより多くを教えてくれると想定されてもいる。

以下がこの方法の内容だ。人々が神の霊の存在を感じたと言う時、比較現象学者は、その霊がどこにいたのか、そして霊がそこにいると考える原因となったものを正確に知りたい。比較現象学者は、終末について尋ねるよりも、神が右肩の後ろに立っていたのか、それとも左肩の後ろに立っていたのかを尋ねる。この方法は、そのような出来事に関する、参加者のその地域特有の語りには含まれていないかもしれない現象学的な詳細を、人類学、歴史学、民族学、心理学、精神医学の文献から探し出す。例えば、民族学の研究によれば、人は金縛りでしばしば部屋の中に別のものが存在することを経験するという。臨床研究によれば、幻聴のような出来事を経験する人の中には、その声がお互いに話しているのを聞く人もいるという。民族誌の報告によると、死体が硬直していても、死者は時々その場に〔霊となって〕いる。比較現象学者は、こうしたあらゆる細々したことについて尋ねることで、人々が経験したことについて、おそらく彼らが説明する必要があると感じた以上のことを発見することができるのだ。

例えば比較現象学の手法を用いて、文献で広く報告されている、声が聞こえるという出来事について尋ねる場合、人はできるだけ中立的に基本的な質問をするだろう。「一人でいる時に声を聞いたことがありますか?」参加者が「はい」と答えた場合、比較現象学者は、起こったこと(例えば、誰が話したのかといった質問も確かにあるが)をその人がどのように理解しているのかを知ることにはあまり興味を持たず、体験の詳細に興味を持つ。「誰が話しているのかを知るために振り向きましたか? それを耳で聞きましたか? 頭の中から、あるいは外から、あるいはその間から話しかけられたように感じましたか? その声はどのくらい遠くに聞こえましたか? その声には声色がありましたか?」私はこれを臨床医学のインタビューに似ていると述べたが、多くの臨床のインタビュー以上に現象学的に細かいことが多い。最近では、臨床医は患者と深く話す時間を十分に取ることができない。精神科医は、その人にとってその声がどのように感じられたかよりも、その人が声を聞いたかどうかに関心を持つことが多い。彼らは、彼らが兆候と呼ぶものが起こっているかどうかに注目するのだ。宗教学者は、話しかけてきたかもしれない神に関する、その人の見解に関心を持つことが多い。歴史学者や人類学者の多くは、主に意味と解釈に関心を持つ。比較現象学者は、何よりもまず、その人がその出来事をどのように体験したかに関心を持つ。他の関連し得る現象について知ることは、彼らの疑問をより厳密にするのに役立つ。

実際、比較現象学を用いたインタビューは、既存の科学文献でさえ解明できていない詳細を明らかにすることができる。例えば、科学的な文献では「声」を聞く精神病性障害（統合失調症など）の人の経験について簡単に語られているので、多くの読者は全ての声は聴覚的に聞こえるものだと思い込んでいる。しかし、精神病の人々に、声が聞こえた経験について現象学的に詳しく話を聞くと、彼らのほとんどが、声というよりも思考のような出来事を報告していることがわかる。三ヵ国で行われた、精神病の基準を満たした人々を対象とした周到な研究の中で、私は、標準的な科学的説明にもかかわらず、多くの精神病の「声」は、完全に内的な思考でも外的な声でもなく、心と世界の間で起こるものとして経験されることを発見した（Jones and Luhrmann 2015）。

もし被験者が、一人でいる時に声が聞こえるかどうかという最初の質問に「いいえ」と答えたとしても、優れた比較現象学者は別の方法でその質問に立ち戻る。私自身、インタビュー被験者に、「一人でいる時に声が聞こえる」ということを否定されたことがあるが、その後、彼らは「自分の耳で聞くことができる仕方で神が語るのを聞いた」と語った。彼らが最初に否定するのは、それを肯定するのは気が狂っているように聞こえるからである。人々が自分の経験について語る語りは、彼らが経験することと複雑な関係を持っている。「原初的な」経験を見つけようとする研究者もいる（Hurlburt 2011）が、どのようなインタビューや実験でも、現象学的な経験と解釈を完全に切り離すことはできない。そういうことはありつつも、現象学的インタビューは、対象の性質を前提とせず、しかもその質問は関連する対象に関する異なる学問分野の記述から引き出されるため、ほとんどの他の方法よりも優れている。比較現象学者は、深い読み手であると同時に、断固としてオープンマインドでなければならない。

比較現象学の方法は、体験者がそれを一つの出来事として認識するきっかけとなった出来事の特徴についても問う。もし参加者が「神の声を聞いた」と報告するなら、比較現象学者は「どうしてそれがわかったのですか？」と尋ねる。また比較現象学者はこう尋ねるかもしれない。「今日より前に交わした会話を思い返してみてください。その経験は、あなたがここで報告している経験とどのように似ていましたか、似ていませんでしたか？」。これらは認識行為について尋ねる質問であり、被験者がその出来事を認識するために使う明示的または暗黙的な目印である。時には以下のインドのチェンナイに住む牧師の例のように、被験者は基本的な質問には「はい」と答えるが、被験者が描写しているとインタビュアーが仮定していたかもしれない現象学的な目印を拒否することもある。

J牧師：第二段階は、神の声をはっきりと聞いたことです。この質問は私の耳にはっきりと響きました。神は…

ラーマン：耳で聞いたのですか？　それとも？
J牧師：はい。そうです。私の耳で。
ラーマン：ああ。聴覚的に。
J牧師：聴覚的に聞こえました。この質問が聞こえたんです。「あなたは職に就き、会社で働きたいのか？それとも、私の羊を養う私の僕となりたいか？　それとも教会で働く牧師になりたいのか？」
ラーマン：すごいですね。それで、あなたは誰が話しているのか、振り返って見ましたか？　それともそれが神だとわかっていましたか？
J牧師：いえいえ、私の言う「聞こえる」というのは、外から聞こえてくる音ではありません。私の霊的感覚で、この質問が私の心を通して聞こえてくるのがはっきりとわかったのです。私の心に浮かんでくる、明確に述べられた質問を聞いているのです。

このやりとりは、私たちに二つのことを教えてくれる。J牧師は聴覚体験を報告しているようには見えない（彼自身はそう主張しているが）。また彼の発言は、対象そのものに関する現象学についても教えてくれる。それは、彼の社会には、世界の中に存在せず（声は感覚的なものではない）、心にも存在しない領域、彼が「霊的感覚」と呼ぶ領域のカテゴリーがありそうだということだ。

比較現象学は、構成要素〔先述の人に特別な印象を与えるある種の身体的出来事〕に関する幾つかの問題に、人類学者が建設的な貢献をするための手段である。科学的な文献では特定されているが、その体験にまつわるその地域特有の文化的説明では語られていないような詳細も含めて、異常な体験について注意深く聞き取り、調査を行った結果、異なる文化において異なる現象学的パターンが見つかった場合、これらの体験は単一の特定の要因によって引き起こされたというよりも、むしろ多様な要因の集合によって引き起こされたという有力な仮説を持てるかもしれない。

比較現象学の方法を説明したところで、今度は理論に話を戻したい。私の目標は、〔ある出来事を神や霊に〕帰属させることが出来事の経験を変えること、つまり個人の習慣や個人差だけでなく、地域特有の文化が霊の身体的経験を形成すること、更にそうした経験の蓄積が、時間とともに出来事の性質を変えることを示すことである。このような異なる文化的予期の結果、その社会集団のメンバーにとって、ある種の経験パターンがより習慣化され、より生じやすくなる。以下では二つの研究を紹介しよう（前章の神の声を聞くことに関する研究は三つ目の研究である）。数字は注で示す。言葉と数値とが一体となって示されることで「発火《キンドリング》」という考え方には意味があることに読者が納得してくれることを私は望んでいる。

研究1：地域特有の教会文化も一般的な文化も共有されていない場合

2011年、ジュリア・カッサニティと私は、チェンマイに住む約20人のタイ人仏教徒と、サンフランシスコ半島に住む30人強の米国人福音派の霊的体験に関する質問への回答を比較検討した。その結果、アメリカ人キリスト教徒とタイ人仏教徒は同じ割合で声を聞くような出来事を報告したが、アメリカ人の方がタイ人仏教徒よりも、突然の筋力低下（「霊に殺される」）、アドレナリン上昇（「聖霊体験」）、圧倒される

表2. タイの仏教徒と米国のカリスマ的福音派における霊的存在に関する出来事

	仏教徒	米国福音派
悪魔（悪霊）との邂逅	20%	70%
突然の筋肉の弱体化	25%	39%
電気が走るようなパワー	15%	52%
圧倒的な感情	10%	62%
金縛り	58%	33%

ような感情を霊的体験として報告する傾向が強く、悪霊との日常的な遭遇を報告する傾向が強いことがわかった。対してタイの仏教徒は金縛りを報告する傾向が強かった（Cassaniti and Luhrmann 2014）。要するに、アメリカのカリスマ的キリスト教は、タイでは経験しなかったある種の日常体験を発火《キンドル》させ、タイの仏教は、アメリカでは起こらなかった金縛りを体験させているようだった。表2は、インタビュアーがそのような体験をしていると考えた人の割合を示している。

これらの違いには、本章の前半のポイントに続くような、幾つかの大まかな理由があると私たちは考えた。第一に、もしその体験が、その地域の宗教の中で特定の名称を持っているならば、その体験は報告される可能性が高い。突然の筋力低下（「霊に殺された」）、アドレナリン上昇（「聖霊体験」）、「悪霊」などは、多くの福音派キリスト教徒にとって具体的な名前のついた出来事であり、アメリカの福音派はタイの仏教徒よりも頻繁にこれらを報告している。

第二に、異なる宗教はそれぞれ異なる種類の体験を大切にする。タイの仏教徒にとっての目標は、苦しみのサイクルから解き放たれたと感じることだ。解脱を求めるのである。カッサニティは、タイ人の被験者が精神的な経験について話す時、「重さ」という慣用句を使う傾向があることを発見した。肯定的な霊的達成の瞬間には軽さ、ほとんど浮遊感のようなものが起こると報告されているが、皮膚へのわずかな圧力は、ネガティヴで、時には幽霊のようなエネルギーを表象すると理解されている。対照的に、カリスマ的な福音派のスピリチュアリティは全て、考え、反応する一人物のような神とつながることに関わっている。神は主体であり、行為者であり、人間の支配下にはない。興奮し、突き動かされ、制御不能な体験が、そうした神の臨在のサインとなるのは、そのような体験をした人が、誰かにコントロールされているように感じるからである。

第三に、この二つの文化圏では、人々が一般的に体験を重視するやり方に大きな違いがある。しかしこれらの場所では、文化圏自体がそれぞれの宗教によって形成されてしまっているため、その土地特有の文化と宗教を区別するのが難しい。アメリカのキリスト教徒が神の体験として、激しく、たくましく、記憶に残るような生理的興奮の瞬間を重視する一方で、一般的にアメリカ人が高ぶり、興奮した感情を重視するのも事実である。魅力的な例として、台湾のベストセラー絵本とアメリカのベストセラー絵本を比較した研究において、ジャンヌ・ツァイは、アジアの絵本に描かれた笑顔は、興奮度が著しく低いことを発見した（Tsai et al. 2007 ; Tsai 2007）。

金縛りに関する我々の発見は、最も興味をそそるものだった。金縛りは、明らかに睡眠サイクルに関連した生物学的な出来事として説明できるので、どこでも同じ割合で報告されているはずだと人は考えるかもしれない。実際、一般的にアジア人はアメリカ人よりもはるかに頻繁に金縛りを報告している（アドラー［Adler 2011］が指摘している通り）。タイ人参加者のほぼ3分の2がこれを報告した。ほとんどの人が、金縛りを引き起こす霊の名前である「フィ・アム」という言葉で説明し、それについてある程度の長さで語った。私たちが尋ねた他の出来事についてはそうではなかったことから、この出来事が彼らにとって重要であったことは明らかである。しかし、それでもタイ人全員が金縛りを報告したわけではない。一方、アメリカのカリスマ的〔キリスト教〕文化では、金縛りは特に意味がないにもかかわらず、アメリカ人参加者の約3分の1がそれを報告している。一般的に、彼らはそれに名前をつけず、超自然的な存在と関連づけず、あまり重要視していなかった。

以下は二つのアメリカ人の事例である。

そうですね。ただ、疲れすぎていたんだと思います。かなり最近のことでした。いや、違うんです。ある日、ジムから帰ってきたら、もう動けなくなっちゃったって感じだったんです（笑）。だから、スピリチュアルなものではなかったんですよ。でも、ちょっとトリップのような感じでした。なにしろ動くことができなかったので。

もう一人は以下の通りである。

ええ。本当に、本当に重かったですね。まあ、人生で一度か二度ですね。（スピリチュアルな体験なのかどうかは）単純にわかりませんでした。「これは面白い」と思って、そのことについて祈ったんです、そうしたら動くことができました。

タイの例を二つ挙げよう。

私はうたた寝をしていて…えっと…たぶん夜中だったと思うんですけど、なんとなく目が覚めているような、でも体が動かないような感じで…そしてなんとなく声が聞こえてきて、その声は笑っていて、女の人でした。あまりはっきりした笑い声とかではなかったんですけど、女の人で、私の肩の上に座って、ただ笑っていて、私はその女の人にすごく腹が立ったんです。そして仏陀と神（ガネーシャ）に祈ったら、彼女はいなくなりました。そしてまた自分の体を感じたんです。たぶん、何かの霊が私をからかおうとしたか、何かしたんだと思います。…これは仏教的なことなんですよ、ほら、ある特定の方法で霊的なエネルギーを経験する時には…彼らは私に、今こそ功徳を積んでお寺に行って、彼らのために何かをする時だと言ってくるかもしれません。

もう一人は以下の通り。

私には時々そういうことがあります、それを夢と呼ぶなら…夢とは違うけれど、フィ・アムのようでした。動けないんです。でも見たんです。でも話すことはできないし、誰かに電話することもできない。ある時、学校で亡くなった人がいました。その人が家に来たんです。自分のものはあちらにあるし、あれはこちらにある、と言いに来たんですよ。私が寝ている時、寝ているのに寝ていないわけです。そこで「ああ…あの人はもう死んでしまったのに、どうして私に会いに来たんだろう？」そんな風に考えました。なぜ彼が私のところに来たのかを考えました。起き上がって彼に話しかけようとしたけれど、行けませんでした。しゃべれないし、動けないけれど、私の目には見えているのです…彼が私のところに来るのを見たから。彼があそこに立っていて、あそこに何があるのか、ここに何があるのかを教えてくれました。何か言いたかったんですけど、本当にできませんでした。

これらの異なる国々での異常体験は、同じように発火《キンドル》するわけではない。金縛りはそれぞれの環境で異なる解釈がなされ、タイではより一般的なようだ。

研究2：人々が同じ教会、同じ場所にいる時

2007年、私は米国のカリスマ的キリスト教徒に、彼らが神を体験する方法について系統的な質問をすることにした。神が彼らに語りかけたかどうか、どのように語りかけたか（聖書を通して、状況を通して、あるいは心の中で）、どのように神を体で感じたか、そして「霊的目録」とでも言うべき声、幻視、神や悪霊の臨在、金縛り、体外離脱、神秘体験などについて、他の質問と一緒にインタビューした内容を書き出した。次に、研究助手のクリスティーナ・ドライモンに約130人と面接してもらった。そして、彼らを無作為に様々なスピリチュアルな修行に割り振った。彼らを様々な実践に割り振ってわかったことは、別の場所ですでに発表している（Luhrmann 2012）。ここでは、そのインタビューそのものから、スピリチュ

アルな体験という発火《キンドリング》について私たちが知ったことを、五つのポイントに分けて説明しよう（これも専門的な詳細については注を参照して欲しい）。

第一に、名前はついているが、特定の身体的目印を持たない出来事が最も一般的である。次に多いのは、身体的アフォーダンスに依存する出来事だ。異常な出来事は最も一般的ではなく、それが起こった時にもスピリチュアルな出来事として認識されるとは限らない。

これらの被験者のほぼ全員が、何らかの形で神から語りかけられたことに同意した。ほとんど全ての信徒が、聖句がページから飛び出して読者を捉えるように思われた時、それがどのように感じられるかは別として、聖句を通して神が語りかけてきたのだと答えた。ほとんど全ての信徒が、確かに神は状況を通して語ると答えた。例えば誰かが散歩に出かけた時、思いがけず友人に出会い、その友人がその人が祈ってきた問題にとりわけ関連したことを言うような場合である。

しかし、泣いてしまうほどの圧倒的な感情を霊的体験として報告した人、電光石火のような感覚を聖霊と関連づけたり、突然の筋力低下を「霊に殺される」ことと関連づけた人は相当少なかった。金縛り、神秘体験、体外離脱のような出来事は、私たちが寛大な基準で記録していた時でさえ、さらに少なかった。また、これらの異常な出来事を報告した人がいたとしても、その出来事が常に霊的なものだと描写されるわけではなかった。

第二に、生まれながらの傾向が重要だった。

没入のスコアが高い被験者ほど、神が自分の考えや心象、感情や感覚を通してはっきりと語りかけてきた、また、耳で聞くことができる方法で語りかけられ、目で見ることができるビジョンを与えられたと報告する傾向が強かった。また、神秘的な体験、体外離脱、金縛りなど、様々なスピリチュアルな出来事を報告する可能性が高かった。

第三に、これらの出来事はその集団にとって習慣化されたものである。地域特有の社会的予期は、人々が体験する様々な出来事を形作る。

スピリチュアルな事柄リストの中で私たちが尋ねた項目のうち、キリスト教徒にとって重要なのは一部だけだ。声や幻（サムエル『サムエル記上』3章）や夜の野原にいた羊飼いたち『ルカ福音書』2章）を思い浮かべてほしい）、神秘体験（サウル『使徒言行録』9章））、そして神の臨在である。これらは、霊的臨在を非常に重視する（カリスマ教会のような）教会にいるキリスト教徒にとって最も重要なことだと思われる。私たちが被験者の疫学的データを持っている特定の霊的臨在現象（声、幻視、神秘体験、体外離脱、金縛り）に関しては、キリスト教徒にとって重要な現象は、米国人一般がこうした現実を体験する割合の全国平均をはるかに上回る割合で起こっている。神秘体験に関する質問に答えた126人の参加者のうち17人は、その記述から、ウィリアム・ジェイムズが提示した基準（受動性（passivity）：神秘体験を完全に自分の意志の外部にあると感じる、ノエシス（noesis）：体験者は何か新しいことを知ったという強烈な感覚を持つ、儚さ（transience）：出来事は短時間で終わる、語りえなさ（ineffability）：人々は多くの文章を書くが、その出来事を決して言葉にできないという強い感覚を持つ）を多かれ少なかれ満たすと判断されるような出来事を報告している。一般の人々がこうした出来事を報告する割合は、通常もっと低い。以下で被験者が挙げた二つの例を紹介しよう。

私たちはサンマテオ25番地にある長老派教会で礼拝をしたのですが、私たちの友人が音楽監督だったか副牧師だったか、確か音楽監督だったと思うんですけど、教会として、ポリフィルム素材みたいなもので小さな星を作ったんです。プラスチックのような素材だったんですが、キラキラしていました。それを切り取って、高いところに上がる機械を借りて、釣り糸を張って、聖堂のあちこちに星を取り付けたんです。聖歌隊が歌い、旗を用いた特別なダンスをしたんですが、今までの人生で経験したことのないような、深い感動に包まれた礼拝でした。全てが違っていたのです。星々が動きました。強烈な臨場感がありました。部屋にはある種の圧力があって、言ってみれば全身がゾクゾクするような重みがありました。愛と光が作用するような、本当に深淵で素晴らしいものだったんです。それは間違いなく神の臨在であり、聖霊の動きでした。私は聖霊がそのように動くのを見たことがありませんでした。

もう一つの例は以下の通りである。

神と完全に一体化する瞬間がありました。自分自身にまったく気づかず、私はもうそこにおらず、そこでは私たちは皆、ただ一つの霊でした。私たちは皆、部屋の中で礼拝していたけれど、皆一つで、私たちの間には何の違いもありませんでした。全ては一つで、全てを飲み込み、魅了し、満たされ、至福に

表3. 米国一般人口とヴィンヤードでの 霊的臨在の出来事

	米国一般人口（様々な調査に基づく）	米国カリスマ的キリスト教徒（スピリチュアル・ディシプリン・プロジェクト）
声・ヴィジョン	10–15%	60%
神秘体験	1%あるいはそれ以下	17%
体外離脱	10%	13%
金縛り	25–30%	27%

浸り、喜びを感じ、涙もなく、ただこの世で知るどんなものよりも美しいものでした。そしてそれは…私には説明できません。この体験をしたのは、どれくらい長い間だったかわかりません。長いようで、おそらくほんの2、3秒でした。その瞬間は「わあ、すごい」という感じでした。でも、それは自分ではなかったのです。私はそこにはいませんでした。

私たちの被験者の約半数が何らかの幻覚を見たことがあり、約半数が何らかの声を聞いたことがあると答えた。繰り返しになるが、この割合は、同様の方法で「アメリカの」一般人口から収集した幻覚のような出来事の割合（幻覚に関する全件調査や後のＮＩＨ疫学的通院区域調査における）よりも高い。またキリスト教信者が望ましいとはみなさない体外離脱の出来事を報告した人々もいたが、その大部分についてアメリカのキリスト教徒は霊的なものと解釈せず、その報告の割合自体は全国的な割合に近かった。同じことが金縛りにも当てはまり、アメリカ人キリスト教徒は、やはりこれを望ましいものとはみなさず、一般的に霊的な意味を持つものとして体験してはいなかった。念のために言うと、これらの数字同士を比較するのは少々無理がある。しかし、一貫したパターンを示唆しているのは確かだ。つまり、霊的な存在の出来事が社会の中で重視されれば、より多くの人々がそれを経験するということである（表3参照）。

第四に、このような出来事は個人にとって習慣となり、しばしば最初の体験は、その後に起こる体験よりも強力なものである。

福音派の決まり文句では、神が初めて語る時は、神はあなたの注意を引くために努力する必要があるが、それ以降の出来事は圧倒的だが、驚くべきものではなくなると言われる。スピリチュアル・ディシプリン・プロジェクトは、このようなパターンを統計で捉えるために開発されたわけではないが、私の民族誌ノートには、それを裏付けるようなコメントが記録されている。地元の大学生だったある男性は、私にこう説明した。「最初の日にホールケーキをもらったようなもので、それからまた時々少しずつ食べられるようになるのですが、それが大きい時もあれば小さい時もあるのです」。大学の医学研修医だった別の男性は、神が彼の心をつかみ、彼を愛し、いつも共にいると告げた鮮烈な瞬間のことを話してくれた。「その後の出来事では、これは神からのものだと信じるか、それとも自分自身からのものだと考えるか、どちらかを選ぶことができるという感覚に捉われましたし、現実にはどちらでもあり得ることをわかってはいるのです。でも、このこと〔神が話しているということ〕に関しては、何の疑いも抱きませんでした。他のことには疑問があるのに、これだけは違います」。

また、ランダムに異なるスピリチュアルな修練に割り当てられる前に、重要なスピリチュアルな出来事を体験した人は、その修練中に同じような出来事があったと報告する可能性が高いという証拠もある。このような環境での発火《キンドリング》は、より一般的で、さほど意外ではないスピリチュアルな体験につながるかもしれない。

第五に、異常な出来事は互いに関連している。ある人がある体験をした場合、その人は別の体験もする可能性が高い。

個々の霊的体験が明らかに互いに異なっているという証拠は、私には見当たらなかった。つまり、神の語りかけを耳で聞く人と、神の臨在を体験する人、あるいは体外離脱のような出来事を体験する人が、根本的に違うというエビデンスは見出されなかった。それどころか、これらの異常な出来事のいずれかを経験した人は、別の出来事を報告する可能性が高いことがわかった。体外離脱を報告した人は、声や幻視、神秘体験をしたと報告する傾向が強く、金縛りを報告する傾向も強かった。さらに、臨死体験や、聖霊のような他の力が自分の体を支配していると感じる出来事を報告する傾向も強かった。これは、単に「はい」と答える回数が多かったというだけの結果ではないようだ。というのも、彼らは多くの事細かな事柄についても語っていたからだ。

ある種の出来事は、他の出来事からより離れているように見える。金縛りは、他の出来事とのつながりが少し薄いように思えた。声を聞く人は、幻視や臨場感、その他の感覚的、あるいはやや感覚的な出来事を体験する可能性が高いが、金縛りは、身体的能力の異なる組み合わせとより密接に結びついているように私は感じた。異言を話す習慣は、ある人には自然に起こり、他の人にはあまり起こらない出来事というよりは、教会内の文化的な習慣であることが一層際立っていた。非日常的な霊的臨在の出来事を何度も体験している人は、異言を話しやすいが、自発的に異言を話し、その意味をどう理解すればいいのか戸惑う人に私は出会ったことがない。私の経験では、人々が異言を話すのは、そうするように文化的に導かれた場合だけだ（異なる種類の人々、異なる種類の傾向を持つ人々は、おそらく異なるやり方で異言を話すのかもしれないが）。

個々人の反応の度合いには一般的なパターンがあり、特定の出来事が意味を持つ社会状況や環境では、反応の度合いの高い人ほど、そのような出来事を経験しやすく、記憶しやすく、将来同じような出来事を経験するという予期を抱きやすく、以上全てがこうした出来事をより起こりやすくする、と私は考えるようになった。この身体は幻覚を見やすい、あの身体は臨在感を感じやすい、その身体は目覚めると動けなくなりやすいなど、人によって反応の度合いが違うのは間違いないが、スピリチュアルな体験の蓄積から起きる出来事は明確に分類できるものにはなっていないように感じられた。それぞれの〔非日常的な〕出来事は通りすがりの他人ではなく、まるで親戚やいとこのようなものなのだ。前にも言ったように、それらは最近の科学者が精神医学的経験について考えるやり方に似ているように思える。現代の精神医学者たちは、鬱病や統合失調症、拒食症などを、動物の種類というよりはむしろ色彩のようにイメージしている。確かに青は緑とは異なるが、自然界は私たちに連続した色合いを与えることがほとんどだ。

新しいやり方で注意を向けることを学ぶ

信仰を持つ人々はしばしば、神や霊が臨在しているという直接的な証拠を手に入れるが、その証拠自体は彼らの信仰のあり方に固有かつ特殊だ。その証拠は、人々が日常的な感覚の経験や、間（In-between）、つまり心と世界の間の領域に注意を向けることを学ぶやり方に依存している。人々が自分の内なる世界に捉われるか（没入するか）、あいまいな出来事を外的感覚によるもの（つまり自分の外側に由来するもの）と判断するか、内的感覚によるもの（つまり自分の心に由来するもの）と判断するかにかかっているのだ。２０１２年、私はこれを宗教の「注意学習（attentional learning）」理論と呼んだ（Luhrmann and Morgain 2012）。つまり、現実感とは部分的には学習によるもので、この学習には注意の修練が含まれ、その修練によって人々の体験が変化するということである。私たちが注意を向けることを学ぶ方法は、私たちが何に気づくかを変えるだけでなく、気づいたことをどのように体験するかも変える。つまり人々の注意の向け方が変わるだけではない。注意のパターンは知覚経験という基本的なものまで変えてしまうのだ。

「発火《キンドリング》」とは、注意の学習が人々にとってどのように展開するかの具体的な説明である。

人々がスピリチュアルとみなす出来事は発火《キンドル》する。身体はこれらの出来事を体験することを学び、その体験が出来事を変化させ、時間の経過とともに、より円滑で習慣的なものになる。これらの出来事が重要なのは、信仰の枠組みに基づく主張は妥当だという直接的なエビデンスを提供するからだ。目に見えない他者についての話が単なる「お話」ではないことを示す、物理的な証拠のようなもの、つまり私たちが世界について持っている最も基本的な証拠を提供する。その過程で、出来事は身体の経験を変える。霊が話すのを聞いた人は、その息吹を感じ、その力に震え、その愛に感動して涙する可能性が高くなる。証拠が証拠を生む。信仰を持つ人は、神をリアルにするために努力するだけでなく、その証拠を特定の方法で、より容易に感じられる身体になる。こうして世俗的な人と信仰篤い人は、自分たちの世界に関する最も基本的な体験が、互いにかけ離れていくことに気づくことになるのかもしれない。

第6章　祈りが効く理由

祈りとは、単に純粋な形式における注意である。
——シモーヌ・ヴェイユ『重力と恩寵』

これら全ての現実制作《リアル・メイキング》は、それを行う人をどのように変えるのだろうか。これまでの三つの章では、神々や霊がリアルだという感覚を促進するのに役立つ傾向性、修練、心についての理解、鮮明な体験などを例に発火《キンドリング》の説明をしてきた。しかし、実在《リアルネス》するという感覚は、信仰と完全に同じわけではない。マシュー・ラトクリフ（Ratcliffe 2005）が雄弁に指摘するように、実在感とは感情や感覚に近いが、信念は観念である。私は本書の冒頭で、人間は目に見えない他者や日常的な物体について異なる考え方をするようであり、それらは異なる現実性《リアルネス》を持っているように感じられること、そして重要な存在としての神々や霊へのコミットメントを維持するためには、人々は神々や霊が存在し、関係し、応答するという思考様式を身につける必要があること、これを**信仰の枠組み**（faith frame）と呼んでいることを論じた。私は信仰の枠組みを真剣な遊びに例えた。人は、神々や霊が重要であるかのように振る舞うことを選択する。現実の世界がそうした存在と矛盾しているように見えるにもかかわらずだ。

つまり、二つの異なる分析対象がある。神々や霊との関係で人が考える方法（信仰の枠組みと説明される）と、神々や霊の現実感（発火《キンドリング》によって生み出される）だ。両者は同じものではないが、互いに独立しているわけでもない。一方は何かを心に留め、それをリアルなものとして注意を払う方法である。ある時点で私はこれを「存在論的態度」と呼んだ。もう一方は、人が実際に体験する何かである。どちらも一種の現実制作《リアル・メイキング》だ。どちらも努力を必要とする。以下では、この努力がどのように人々を変えていくのかについて考えてみたい。本章では、信仰の枠組みを維持することが効果をもたらす最も明白な場である祈り、つまり神や霊に意図的に注意を向け、それに語りかける行為について見ていく。祈りは、祈る人をどのように変えるのだろうか。

人はなぜ祈るのか

祈りはしばしば、健康、公正な世界、赤い自転車を求める願いを含んでいる。世俗的な観察者たちは、その願いこそが祈りであり、その願いが可能であるのは、崇拝される側と崇拝する側との間にある互恵関係のおかげだと思い込んでいる。私たちは神々に祈りを捧げ、神々は私たちに命を与える。これはロバートソン・スミス（Smith［1889］1956：27）の主張だ。生贄とは「古代宗教の中心的問題」であり、人間と神が義務という結びつきを生み出す共同体の食事なのだ。『詩編』は祈りと礼拝が互酬性の一形態であることを何度も教えている。私たちが語れば、神はそれに答え、私たちが礼拝し、犠牲を捧げれば、神は私たちに報いを与えてくれるのだ。「命のある限り恵みと慈しみはいつもわたしを追う。主の家にわたしは帰り、生涯、そこにとどまるであろう」(『詩編』23編6節)。

しかし、卵を求めて祈った人がサソリを手に入れることもある。駐車スペースを願っても得られないこともあれば、大学入試の結果を知らせるEメールに「残念なお知らせです」と書かれていることもある。ゴルフボールはホールに入らず、腫瘍が大きくなることもある。従って世俗的な人にとっては、祈りを、事実を前にした途方もない愚行、要するに過ちとみなすのは難しいことではない。しかし、祈る人はたいてい、祈りが失敗しそうな時でも祈り続ける。『ヨブ記』30章20節は言う。「神よ　わたしはあなたに向かって叫んでいるのに　あなたはお答えにならない　御前に立っているのに　あなたは御覧にならない」。不成功は水のように『詩編』の中を流れている。「主よ、なぜわたしの魂を突き放し　なぜ御顔をわたしに隠しておられるのですか」(『詩編』88編15節)。また多くの『詩編』は神を賛美し、褒め称えている。「主の慈しみをとこしえにわたしは歌います」(『詩編』89編1節)。同時に、大勢の人は絶望している。『詩編』の作者は叫ぶ。「わたしの神よ、わたしの神よ　なぜわたしをお見捨てになるのか」(『詩編』22編1節)。(イエスは十字架上でこの言葉を発した。『マタイによる福音書』27章46節)。イスラエルの民が、彼らの祈りは必ずしも叶えられないということに気づいていなかった、と主張するのは難しいだろう。〔気づいていただろうが〕それでも彼らは祈ったのである。

祈りは誤認の上に成り立っていて、人々が祈るのは、神が祈りの結果をもたらしてくれると考えるからだが彼らは間違っている、と主張するのであれば、私たちは祈りを本当には理解することはできない。デュルケームが宗教について述べたように、どんな人間の制度も、ありえないような嘘の上に成り立っているのだとしたら、存続することはできない。人間を、祈りのやり取りが非対称であることや願いが叶わないことに、根本的に気づかない愚か者として扱うことは無意味だ。もちろん確証バイアス〔自分に都合の良い情報ばかりに注目する人間の認知的傾向〕は存在する。人は答えられたように見える祈りを覚えていて、答えられなかった時には、神を失望させるようなことをしたのだろうかと考える。しかし、確証バイアスだけでは、祈りという人間の習慣の驚くべき持続力を説明することはできない。

人がなぜ祈るのかを理解したいのであれば、代わりに、祈りがしばしば豊かな気分に満ちているという観察から始めるべきだ。(ここで、そしてこの章を通して、私は暗記型の祈りではなく、神と関わる祈りに焦点を当てるが、私が言うことの一部は暗記型の祈りにも当てはまる)。これは人類学の古い観察である。ブロニスワフ・マリノフスキーは、「我々」には科学があり、「彼ら」(文字が読めない、原始的で後進的な人々)には魔法があるという前提を不快に思い、『呪術、科学、神話』を書いた。「しかし、メラネシア人は特別に魔法を使うことで知られているので、彼らは、磨製石器時代に生きる未開人の間に経験的で理性的な知識が存在するかどうかの厳密な試金石となるだろう」(Malinowski 1954 : 27)。彼はメラネシア人は経験的で理性的だと考えた。田畑で彼らは柵を固定し、種を蒔き、虫に対処し、かなりの勤勉さと創意工夫をもって農場での仕事に取り組んでいた。彼らの航海技術は、数十年後には認知科学者がその仕組みを解説する研究を行うことになったほど、非常に洗練されていた。魔法と宗教は、(経験と理性で対処できるもの以外の)その他全てのもの、つまり制御できない、習得できない、管理できないものを扱うとマリノフスキーは主張した。そして制御できないものを見つける時、人は強烈な感情を覚えると論じた。「一連の実践的な活動に関わることで、人はあるギャップに直面する。狩人は獲物に失望し、船乗りは好都合な風を逃し、カヌーを作る人は、耐久性を確信できない材料を扱わなければならない。また、健康な人が突然、自分の力が衰えていくのを感じることもある」(Malinowski 1954：79)。祈りと儀式はその強烈な感情を表現するものであり、その感情の表現、そして変容こそが核心なのだ。メアリー・ダグラスはこう言っている。

もちろんディンカ族は、自分たちの儀式が出来事の自然な流れを一時停止させることを望んでいる。雨乞いの儀式が雨を降らせ、癒しの儀式が死を避け、収穫の儀式が作物を実らせることを望んでいる。しかし、象徴的行為から得られる効力は、道具としての効力だけではない。他の種類の効能は、行為それ自体やその主張、そしてその刷り込みがもたらす経験の中で達成される。(Douglas［1966］2002：84)

〔宗教的〕実践はそれ自体が結果になる。なぜなら、物事がどうあるべきかという感覚を表現することは、世界をありのままに生きることに役立つからだ。キルケゴールがはっきりと理解していたように、祈りは神を変えないかもしれないが、祈る人を変える(Kierkegaard［1847］1948：44–45)。しかし、それはどのように作用するのだろうか。

私は祈りをメタ認知的な実践だと考えるようになった。つまり、祈りとは、考えることについて考える実践である。祈る人は信仰の枠組みに訴え、そうすることで彼らの日常の考えから退き、自分の考えをあたかも神や霊の視点から見るように吟味する。まるで外から見ているかのように自分の思考を振り返り、その思考が、神や霊が重要である世界と一致しているかどうかを問うのである。人々を変え、人生の失望や困難に対処する助けとなるのは、祈りの実践のメタ認知的な側面である。祈りが実際に祈る人に何を要求するかに焦点を当てるならば、祈る人が感情管理を目標としているかどうかにかかわらず、この感情管理こそが、日々の日常的な宗教的実践のメタ認知的特徴の結果であることがわかる。祈りが人を変えるのは、祈りによって人が自分自身の精神的プロセスへの注意の向け方が変わるからだ。

メタ認知としての祈り

祈りの中心的な行為は、内的な経験、すなわち思考、イメージ、自分の身体への意識に注意を向けることである。またそれは、生きるという現実的な仕事から気を逸らすことではなく、内的な経験から得られた感覚をそれ自体として重要なものとして扱うことである。これが祈りをメタ認知的な活動にしている。つまり、それは（広義で捉えるならば）行為者の認知に焦点を当てる認知行為なのだ。メタ認知とは、考えることについて考えることであり、起こっている思考という行為に注意を向けることである。人は祈る時、注意を向けていることに注意を向ける。自分が何を考えているかについて考え、感情に反応する。そしてしばしば、自分の考え方、感じ方、注意の向け方を、あるべき世界と一致するように変えようとする。つまり神々や霊が重要であるかのような、信仰の枠組みで理解される世界に一致するようにだ。祈りは感謝の気持ちを表現することで、その日の記憶に変化をもたらす。うっとおしいコメントではなく、温かい微笑みを記憶し、寒い朝ではなく、素敵な午後を記憶し、職場の喧嘩ではなく、木漏れ日を記憶するように。つまり、祈りとは記憶の実践なのだ。祈りの実践は祈る人が心に思い浮かべるものを作り直すのである。また、祈りは未来を予期する訓練でもある。人々が神に変化を求める時、彼らは、自分たちが今いる世界よりもより良い来るべき世界に手を伸ばし、そのより良い世界の中で自分がどうあるべきかを想像するように自らに求める。もちろん、その地域特有の文化的な考え方は、祈る人が求める内容を形成している。穏やかな微笑み、あるいは興奮した笑み、涙の谷からの脱却、あるいは苦悩する神との同一化などだ。しかし、祈りの実践が、反省に対する反省であることに変わりはない。つまり、それは思考や感情を彫刻し、形を整え、リフレーミングし、言い換え、リマスターすることで、思考や感情が以前とは異なり、以前よりも良くなるようにする試みなのである。

祈りによるメタ認知的効果の全てに、神や耳を傾ける霊が必要なわけではない。これらの効果のいくつかは、マインドフルネスと関連している。マインドフルネスとは、判断することなく立ち止まり、ある瞬間に注意を払う実践のことだ。マインドフルネスは、実際に心の外部にいる者の視点を作り出すが、外側の観察者の役割には神ではなく、自己を置く。マインドフルネスの目標は、現在に存在すること、気づくことであり、今この瞬間から自分を引き離すような思考を取り外すことである。多くのマインドフルネスの実践は、呼吸から始まる。息を吸い込み、吐き出す、穏やかでリズミカルな呼吸は、実践者の意識全体を満たすためのものだ。時に人は身体全体に注意を向け、まず額、頭皮、首、肩の感覚を意識し、特に緊張に気づくことで、それを手放す。思考が侵入してくるたびに、実践者は敵意や興奮や反応を起こさずに、思考を漂わせるようにする。もちろん、これは思考についての思考であり、その目的は浮かび上がる思考から考える人を切り離すことである。基本的な実践のバージョンの一つを紹介しよう。

1. **ある程度の時間を確保する。**マインドフルネスのスキルにアクセスするのに、瞑想用のクッションやベンチ、特別な道具は必要ない。しかし、時間と場所を確保する必要はある。

2. **今この瞬間をありのままに観察する。**マインドフルネスの目的は、心を静めることでも、永遠に平穏な状態を達成しようとすることでもない。目標はシンプルで、判断することなく、今この瞬間に注意を払うことだ。これが「言うは易く行うは難し」なのはご存知の通りだ。

3. **判断に身を任せる。**実践中に判断が生じたことに気づいたら、そのことを心に留めておき、その判断を受け流す。

4. **今この瞬間をありのままに観察することに戻る。**私たちの心はしばしば思考に流されてしまう。だからこそ、マインドフルネスは、何度も何度も今この瞬間に立ち戻る練習である。

5. **さまよう心に優しくする。**どんな考えが湧いてきても、自分を裁いてはならない。心が迷子になったときに、それに気づき、そっと戻す練習をしていればいい。

以上がマインドフルネスの実践だ。とてもシンプルだとよく言われるが、必ずしも簡単なことではない。課題はそれを続けることである。結果はついてくる。(1)

マインドフルネスに関する広範な科学的研究によれば、マインドフルネスの実践はストレスを軽減し、ウェルビーイング〔幸福な状態〕を促進する。マインドフルネスの価値の少なくとも一部は、思考に注意を払わないようにするメタ認知の訓練から生まれる。そうすることで、思考が押しつけがましくなくなり、邪魔に感じられなくなる。怒りは過剰に、絶望は過度に、憧れは大げさに感じられる。マインドフルネスの練習を積んだ人は、自分の内なる衝動についてあまり深刻に捉えないようになるのだ。

ほとんどの祈りは、表面的にはマインドフルネスとはまったく違って見える。祈りには言葉や概念があり、たいていはそれを聞いてくれる誰かに向けて語られる願いとして構成されている。しかし祈りとは、減速する行為でもあり、思考を他の思考者〔神や霊〕にゆだねることでもあり、その結果、祈る者は直接的な反応はせず、速度を落として観察する。

ニロファル・ハエリ（Haeri 2020）は、テヘランの女性たちの祈りに関する豊かな解説の中で、この減速〔の行為〕について例証している。アラーに命じられた祈りはナマズと言い、これは毎日5回、決められた動作で行う義務的な儀式的祈祷である。ナマズの文言は、コーランの詩句と織り交ぜられた意図を持ち台本化された定型文である。ドゥアーは、神との直接的な対話として行われる非公式な祈りである。ドゥアーで人々は、山に雪が降ったことを神に感謝し、シリアやイエメンでの戦争を終わらせるよう神に嘆願する。彼らは死や困難な決断、孤独の瞬間について語り、毎朝窓の外で特定の鳥が鳴くのはなぜかといった些細な事柄について神に語りかける。彼らは時間をかけて一日の流れを振り返る。

そうした祈りの中で、特に祈りのセッションが長くなり、祈る人が内なる言葉の洪水が遅くなったことに気づく時、突然、予期せぬ喜びの瞬間が訪れる。以下はハエリのインタビューでもうじき70歳のマリ

（1）"Getting Started with Mindfulness," *Mindful*, accessed June 23, 2019, https://www.mindful.org/meditation/mindfulness-getting-started/.

アムの言葉である。

ドゥアーをしていると、時々こんな喜びを感じることがあります。自分の全存在が愛に支配され、自分もこの愛を与えることができることに気づくのです。これは素晴らしい気分です。宇宙全体を思い、世界全体について考え、神しかいないと思うのです。この瞬間はとても重要です。神に何かを求める瞬間ではありません。この愛は、実際には沈黙の中に生まれるのであって、話すことによって生まれるのではありません。

この時、あなたはその愛、優しさ、慈悲の雨、愛の雨を感じ、心が膨らみ、〔神以外〕誰もおらず、現実にも〔神以外〕存在しないと思うのです。

福音派の人々とのインタビューの中で気づいたのは、突然、神が自分たちを愛してくれていることを、新たな意味とともに理解した特別な瞬間について人々が語ることだ。しばしば彼らは涙を流した。これは痛切な瞬間であり、圧倒的に感じられ、強烈な喜びの瞬間であった。そして、その瞬間は過ぎ去った。それでも、その喜びの記憶は彼らにとって非常に大切なものだった。

そのような瞬間は、傷つき不安になっている気持ちを転換させる。人が祈ると、何かが変わる。ここで再びマリアムが登場する。

最近ナマズをしていたら、突然このハーラト〔状態〕が訪れ、それは素晴らしいものでした。私は〔心の目では）神の家に向かって立っていました。すると、まるで私の周りの空間が水色になったようでした。それはとても心地よく、私は優しさに包まれ、優しさの柔らかい雲の中にいるような気がしました。もちろん、これらのビジョンは私の想像に過ぎません。実在感はなく、何もなかったのに、あの感覚が起こりました。あの良い気分が生まれたのです。

このような劇的な瞬間はめったにない。それでも、多くの祈りでは、こうしたささやかだが重要な瞬間がある。マリアムは以下のように説明している。

このような思いは、ドゥアーをする時にやってきます。それはドゥアーなのでしょうか？　現実にはそうではないでしょうが、それらは手を取り合ってやって来るのです。それらはこのように自分に言い聞かせるように私を導きます。文句を言ってはいけません。これが現実で、これがあなたの生きている瞬間なのです。この瞬間、この日を台無しにしてはなりません。自分が何も必要のない状態であることを受け入れること、それこそが自分ができるようになるべきことなのです。私は感謝しなければならないし、それが「私にできる」最善のことです。

マリアムは、祈りという行為の中で自分の不安を口にした後、これまでとは違った感じを抱いた。彼女はまた、私の被験者の福音派も知っていたように、祈りの中で浮かび上がる考えやイメージには複雑な現実感があることを知っている。つまり、そのような考えやイメージが神から来たものなのか、それとも世界を反映したものなのかは、祈る人にとっては必ずしも明らかではないのだ。しかし、それらは祈る人の感情を変化させる。

祈りはどのように作用するのだろうか。その答えの一つは、重大なものであれ些細なものであれ、傷ついたり悩んだりすることが、速度を緩めること自体によって和らぐということだ。しかし、祈りの実践はそれ以上のことを実現する。まず、祈りの「あからさまな」特徴を考えてみよう。アン・ラモット（Lamott 2012）は、この特徴を「助けて、ありがとう、わあ（help, thanks, wow）」と魅力的に名づけている。一般的な福音派の頭字語は「ＡＣＴＳ」（崇拝（adoration）、告白（confession）、感謝（thanks）、嘆願（supplication））に「ごめんなさい（sorry）」を加えている。これはキリスト教以外の信仰にも見られる実践である。感謝すること、願うこと、告白することは、それを聞き、崇められる誰かがいるかどうかを考える以前に、それ自体がメタ認知的な効果を持つ。私たちは次にこれらに目を向ける。

感謝

一神教の最も明確な特徴は、唯一の神は善だということである。この主張は、その日何が起ころうとも、悲しみや喪失感があろうとも、世界は善であり、祈る人はその善に感謝するものだという表明だと理解することもできる。「主は与え、主は奪う。主の御名はほめたたえられよ」（『ヨブ記』１章21節）。ユダヤ教では、愛する人を失った人は、人前で「喪主のカディシュ」を唱えなければならない。「主の偉大な御名が、主の御心のままに創造された世界において、崇められ、聖別されますように」。父親を亡くした人は、まず、自分の苦しみを根本的な意味で引き起こした神が善であることを、日々、人前で声に出して言わなければならない。それは祈りの最も顕著な特徴である。祈る人は、自分の小さな悲しみや当初の大きな葛藤を描写し、それから自分の世界がそれにもかかわらず善である方向に注意を向けるのである。あるキリスト教徒は、真冬のシカゴの凍てつくような寒さの中を歩きながら、私に説明した。「氷雨のようで、灰色で、寒くて、みぞれが降っていたんです」。そして彼女がどうやって祈ったかを思い出した。「神よ、雪が降っていないこと、積もっていないこと、道路が凍っていないことを賛美します」。感謝すること、感謝の気持ちを表すこと、世界を造られた方は善良だと主張すること。これらの行為は、悩みを見つめ、その中に祝福が含まれていると自分自身に断言することを必要とする。

多くの仏教のお経のテーマも同じようなものだ。人類学者のフェリシティ・アウリーノが私信の中で述べていた、タイの寺院で耳にする仏教のお経をいくつか紹介しよう。人々は寺院や個人的な宗教的実践の中でこれらを暗唱する。

苦しみを受ける全ての存在
生老病死
彼らが幸せで、敵意から解放されますように
互いに搾取しあうことをやめ、幸福でありますように
肉体的、精神的な苦しみから解放され、幸福でありますように
あらゆる苦しみや危険から解放され、幸福に暮らせますように

それらは願いという枠組みで表現されているが、人間の条件にもかかわらず、人は苦しみから解放され、幸せになれるということを認めている。確かに、仏教の多くの形態は、世界が善であるとか、神が善であるとは主張していない。その代わりに世界は苦しみとして表現される。しかし、認知活動は同じだ。苦悩しているものから注意をそらし、苦悩していないものへと注意を向けるのである。一見過酷に見える修練（自分の死についての瞑想）でさえも、現在の人生を再構築するよう促す効果があるかもしれない。すなわちその中で生きること、それを受け入れることである。

感謝の祈りの基本的なメカニズムである認知の再構築は、認知行動療法の目標でもある。アーロン・ベック（Beck 1976）は、間違いなくこの治療法の発展に最も貢献した人物であるが、鬱病の最も代償の大きな特徴は、悲しみそのものではなく、自分自身の無価値や失敗についてゆっくりと繰り返し反芻することだと判定した。フロイト（Freud［1917］1976：247）が自己嫌悪や自己反省、「道徳的な理由による自我への不満」と呼んだものである。これはまさに人間がやることだ。私たちの心はさまよい、自然発生するしつこい思考が芝生のホリネズミのように出てくる。人が憂鬱になると、そのような思考は、惨めな合唱を繰り返し奏で、思考という地位から遠ざかり、世界に関する事実のように感じられるようになる。認知行動療法士はクライアントに、子ども時代を思い出したり、怒りを爆発させたりするのではなく、繰り返し起こる特定の否定的な思考を正確に示すよう求める。この療法で療法士は、自分の思考に注意を払い、湾内のボートからイルカを観察する博物学者のように、どの動物が、どれくらいの頻度で、誰と一緒に泳いでいるかを記録するように観察するよう求める。クライアントは、観察された思考の文字通りのリストであるデータを療法士に提出し、クライアントと療法士は一緒に、繰り返し起こる思考（「今夜眠らなくても本当に死ぬことはないだろう」）の何がおかしいのかを考え、その思考が再び現れた時に置き換えることのできる文章（「朝には少し疲れているだろう」）を考え出す。このアプローチでは、思考とはあなたが変えられる行動なのだ。

認知行動療法は効果的だ。全てのセラピーには限界があり、祈りにも限界がある（ヨブは神に農作物や家畜を滅ぼされた後に神の御名を祝福することはできたが、腫れ物に覆われた後に神の御名を祝福することはできなかった。ヨブは家の灰の中に座り、ただれを掻きながら泣いていた）。しかし、限界があるにもかかわらず、認知行動療法は他のどの心理療法よりも経験的に支持されている（例えば、Butler et al. 2006 ; Hoffman et al. 2012; Tolin 2010）。

認知行動療法の核心にある実践は祈りにも見出せると言える。なぜなら祈りは、何よりも人の思考を変える行動だからだ。これは特に感謝の実践において顕著だ。人々が自分の悩みについて祈り、神は良い方だと述べる時、彼らは自分の悲しみを描写し、それを〔神からの〕贈り物として再想像している。彼らは平安のうちに座り、美について考え、喜びを目指す。「どうか無事に過ごせますように」とナバホ語話者は言う。「私はあなたの子どもになりました」（Reichard 1944 : 59）。

マインドフルネスと仏教の目標である無執着は、このプロセスの関連バージョンだ。これらは、ある種の思考を別の思考に置き換えるのではなく、意識をそらすことを学ぶことで機能する。仏陀の修練についての物語は、5世紀の有名な仏典と修練の注釈者であるブッダゴーサからの抜粋のように、何より思考についての物語になっている。

ブッダは、律（ヴィナヤ）に則した説明に到達した時、〔問題を起こす僧侶に〕「あなたの感覚的接触は何か、あなたの気分は何か、あなたの知覚は何か、あなたの意図は何か」とは尋ねなかった。そうではなく、彼は主に彼の思考（チッタ）について、「僧侶よ、あなたは何を考えていましたか」と尋ねた。そして、「バガヴァンよ、私は盗もうと思いました」という答えが返ってきた時、ブッダは「盗みの罪は感覚的接触等にある」と言うのではなく、「僧侶よ、盗もうと思ったことに罪がある」と言う。ヴィナヤの教えについてだけでなく、他の世俗の教えにおいても、ブッダは主に思考について教えている。

(Heim 2013：134)

仏教の伝統の偉大なテキストに記された修練は、細心の注意を払って自己を吟味することにつながるもので、その努力は自己利益的な行為から注意をそらすことにある。ジュリア・カッサニティのタイ人調査参加者が彼女に説明した「jai yen（穏やか）」、つまり冷静な心を目指すことである。カッサニティ（Cassaniti 2015）が初めてタイに行った時、多くの観察的手法をとる研究者は、アニカ（諸行無常）のような用語を理解しているのは僧侶だけだと感じていること、また一般の仏教徒は怒りや悲しみを抑圧していると考える観察的手法をとる研究者もいることに気づいていた。彼女はむしろ一般信徒が、悲嘆に暮れたり怒ったりするはずの瞬間でも、本当にあまりそのように感じていないようであることを観察し、その理由をマインドフルネスに似た実践に認めた。マインドフルネスは、観察するという方法で、否定的な感情に注意を向けることを実践者に教え、否定的な感情の力を弱めるようだ。つまり感情を感じるのではなく、観察するのである。

告白

告白はもう一つの認知的再構築を可能にする。つまり経験を組織化し、小さな目標を設定する能力である。告白するということは、過去を思い出し、自分のしたことを考え尽くすことだ。告白は経験を言語化する。それは過去を整理し、意味を与え、それだけで人の気分を良くする。心理学者のジェームス・ペネベイカー（Pennebaker 1989）は、動揺した出来事の詳細を書き留めるだけで、書き手の気分が高揚することを発見した。過去の詳細を言語化すること、特に物語化することは、言葉を使う者に支配権を与える。その結果濁りが少なくなり、ハリケーンの強風は弱まってスコールになる。

人が祈る時に行っているのはこういうことだ。前日のことを考え、ここ一週間のことを考え、人から言われたこと、それにどう応えたか、それによってどう感じたかを振り返るのである。彼らは具体的かつ個人的に祈るが、それは彼らが祈る行為が具体的かつ個人的な行為だからだ。たとえ具体的な祈りが台本通りであったとしても、それに付随する口語的な解説は台本通りではありえない。「誘惑に陥らないように、悪から救い出してください」と祈る時、その言葉が自分にとって本当に空虚なものでない限り、また、あまりに早く暗唱してしまい、その言葉が本当に聞こえていないのでない限り、自分の人生についての事細かなことが頭に浮かんでくるはずだ。

16世紀に聡明なイグナチオ・デ・ロヨラによって考案されたイエズス会の日課、「良心の究明(Examen)」で祈る者は「是正と改善のために決定された特定の事柄に関して、自己を正確に説明」しなければならない。「彼は、起床の瞬間から現在の自己吟味に至るまで、時間ごとに、あるいは期間ごとに、時を走り抜けるべきである」(Loyola1992：25)。これは内面的な吟味の実践である。この実践で人は思考に注意を向け、その思考がより意図的に強制されたものでなく、重要ではないと感じられるようになることを目指す。また想像力を使って自分を困難な状況に置き、その光景が展開するのを冷静に眺め、１日のちょっとした瞬間を吟味する。自分の人生を外から眺めるかのように見るのだ。

人は過去を注意深く観察することで、将来の自分の行動をよりコントロールできるようになるのだろうか。アウグスティヌスは、自分自身をはっきりと見ることができて初めて、人は変わることができると考えた。彼は回心の直前にこう叫んでいる。

> ところが主よ、あなたは、彼が話しているあいだじゅう、自分を直視するのがいやさに身をかくしていた自分の背面から私をひきはがして、自分自身にむけなおし、自分が何と醜く、何とねじくれて不潔であり、汚らわしくできものだらけであるかを見るように、私を自分の眼前に立たせました。私はそれを見てぞっとしましたが、自分から逃げてどこへゆくところもありません。(Augustine 2001：163–164)

これは読んでいて楽しいテキストではない。またこれは(客観的に見て)特に正確なわけでもないだろう。しかし、アウグスティヌスは、このように鮮明に精密に自分を見ることが、自分の人生を大きく変えるために必要だとはっきり理解していた。自分をそのように見ることが、自分に自分の物語を支配させてくれるからだ。フロイトはさらに踏み込んで、患者にできるだけ自由に話すよう求め、私たちが自分の記憶に課している検閲の目をすり抜けるように、回想させた。もし患者が過去を正確に語ることができれば、もはや無意識的な反復の挟み撃ちにあうことはなくなると彼は考えたのである。

アウグスティヌス、ロヨラ、フロイト、仏陀。彼らは皆、神に対する完全で深いコミットメントのために、また痙攣したヒステリー患者を解放するために、包括的な変化を目指していた。しかし、このように具体的で特殊なものに焦点を当てることによって、その過程で達成可能な目標を作り出す点に注意してほしい。自分がどのように失敗してきたか、些細なことを思い出すことで、小さな成功がより確かなものになるのだ。「良心の究明」で、人は小さな罪を碁盤の目に刻んでいくが、完璧になりたいと祈るのではない。人は、激しく口ごたえしたくなるのを我慢したり、食後のスナック菓子や2杯目のワインに溺れたりしないことを決意する。近い過去の失敗について考えることが、近い未来に向かう注意を訓練し、そうすることで近い未来は山頂に到達したいという野心よりもずっと管理しやすくなるのだ。これは私が書くことから学ぶ教訓でもある。本を書くと決心するのはある意味ではとんでもない間違いだ。とにかく私にとってはそうだった。私の本は一段落一段落、下書きしては書き直すといった具合に、まるで道に沿って敷石を一つひとつ置いていくように書かれた。

求めること

祈るとは求めることである。人々はオリーブ油と蜂蜜で報われるように祈り、日々の糧と債務免除を祈り、守護と配慮を祈る。癒しについて祈り、仕事について祈り、面接や就職、妊娠について祈り、駐車場やフットボールの試合について祈る。彼らは助けを求めている。これは私たちが「深き淵より（De Profundis）」と呼ぶ『詩編』だ。「深い淵の底から、主よ、あなたを呼びます」（『詩編』130編1-2節）。求めることは必ずしも得ることではない。私は、感謝は否定的な思考から肯定的な思考へと注意をシフトさせ、告白は経験を整理し、小さな目標を設定すると述べた。求めることは、第三の認知的再構築を生み出す――それが希望の主張だ。

求めることは行為であるから強力だ。ディンカ族の男（ディンカ族はスーダン南部でヌエル族と隣接する民族である）は、家からまだ遠く離れているのに太陽が地平線に沈みつつあるという状況で、日が沈むのを防ぐために身をかがめて草を束ねることがある。人類学者のゴッドフリー・リエンハルトは、この男は魔法を使っているのではないと説明する。彼は草が太陽を食い止めるとは思っていない。彼はまた、その行為が無意味だとも思っていない。この男は草を結び合わせることで、自分の希望を公共空間に実在させたのだ。「この『神秘的』な行為は、実際的な行為や技術的な行為の代用品ではなく、それを補完し、準備するものである。このような結び方をする人は、きちんと形作られた心の意図を、外部に物理的に表現したことになる。彼は自分の願望と希望の模範を作り出し、それに基づいて新たな実践的努力をするのだ」（Lienhardt 1961：283）。大聖堂の典礼で語られるものであれ、クンの舞踊で演じられるものであれ、リエンハルトにとっては、これが祈りの核心である。祈りとは、注意を引きつけ、心を希望に集中させる行為なのだ。論文を書く前に机を片付けることで、自分は有能だと感じることができ、その有能だという感覚そのものが執筆に拍車をかけるように、行為そのものが効果的だと人に感じさせるのである。

より具体的に言えば、「求める」ことは、その行動自体において、行為できることを主張する精神的行為である。希望を抱く行為自体はメタ認知的行為ではないが、意図的に希望を抱くことを選択することは、特定の方法で思考に注意を向ける訓練となる行為なのだ。つまり祈ることは希望を外在化させることであり、そうするだけで、パニックを静めることができるのである。それは、期待される達成感を与えることができる。つまりあなたはまだ目標を達成していないが、目標を達成するために何かをしたことになるのだ。このことがテッド・カプチュック（Kaptchuk et al. 2010）の優れた証明の背後にあるのかもしれない。カプチュックの報告によれば、彼が被験者に腹痛を治すための不活性な物質を与え、その物質がプラセボであること、つまり医学的効能はないが、他の人がそれを摂取した後に気分が良くなったと報告したことを告げると、その被験者自身も気分が良くなった。プラセボの背後にある主なメカニズムは、期待だと考えられる。治療者が治すと信じれば、実際に彼は治すのだ。しかし、カプチュックの実験は、ここに実は期待以上のものがあることを示唆している。「深き淵より」は、求めること自体が行為である可能性を示唆する。つまり、絶望に直面して祈ることは、希望がリアルであることを主張することなのだ。

求めることは、目標も変える。なぜなら、祈りの適切な目標にまつわる道徳的な期待、つまり、何を祈るのが正しいのかという感覚は、祈り方を変えるからである。癒しを求める祈りには、祈りの表向きの目的である治癒から、病気を受け入れることへと焦点を移すことがしばしば含まれる。多くの場合、祈る人は寛解を求めるだけでなく、神のみこころが行われることを求める。例えば、人類学者のアンナ・コーウィン（Corwin 2012）はフランシスコ会の修道院でフィールドワークを行ったが、その修道女たちは定年退職して修道院に戻る前に、しばしば海外で宣教師として働いていた。その修道女の一人、シスター・テレサはオセアニアに派遣されていた。そこで彼女はアメーバ症に感染し、治療を求めた時には不治の病になっていた。30年もの間、彼女は歩くのも困難で、感染した体の一部は定期的に手術で取り除かれていた。コーウィンは、シスター・テレサが何年もの間、自分の痛みを神の裁きと解釈し、慈悲を求めて神に祈っていたと記している。しかし、彼女の人生は、カトリック教会が神をより身近な存在にしようと試みた第二バチカン公会議という大転換期にまたがっていた。シスター・テレサは、第二バチカン公会議以前、神は自分のはるか上にいて、偉大で聖なる権威であるかのように祈るように教えられていたとコーウェンに説明した。公会議後、彼女は神が全てのものの中に存在すると教えられた。その中には彼女のアメーバも含まれていると彼女は考えた。彼女は体内の全てのアメーバを集めて会議を開き、自分がアメーバを愛していることを告げた。最近では、彼女は毎朝鏡の前に立ち、「自分の中にある全ての神と向き合う」。彼女はまだ痛みを経験しているが、その痛みはそれほど重大なものではないように思える。それはもはや神の罰のようには感じられない。コーウィンは、熱帯病に冒された修道女たちが、無宗教の人々よりも優れたウェルビーイングを経験している証拠を発見したのだ。

人類学者のグレゴリー・サイモンは、スマトラ島西部で行ったイスラム教の日常的な礼拝の研究の中で、別種の事例を示している。サイモンによれば、スマトラ島の人々は定められた動作を行う時、自分自身が世界で生き抜く大胆な個人であると同時に、神の意志を受け入れる従順な臣民だと感じている。つまり彼らは自発的かつ意図的に、服従することを選んでいるのだ。彼らはなすべきこと以上のことはしていないが、そうすることを選ぶことで、生きていることを実感する。「魂が心配事から解放される」と調査参加者の一人は説明している（Simon 2009：260）。私たちは、ベールをかぶることを選択するイスラム女性の急増（Brenner 1996；Mahmood 2005；Bowen 2007）や、断食、早起き、習慣化した衣類の着用など、他の禁欲的な実践においても、このような意識的な自制の選択による道徳的満足を目の当たりにしている。ヴィクトール・フランクルは『夜と霧』の中で、看守が全ての行動を規制する強制収容所においても、人は意図的に行動を選択しなければならないと主張した。彼にとっては、たとえ小さな規模であっても、行動を選択する能力こそが人生に意味を与えるものだったのだ。

祈る相手

祈りの効果は、神、つまり語りかけられる誰かに全て依存するわけではないが、もちろん多くの祈りは聞き手に向けられたものだ。それは目に見えない、あるいは少なくとも人間ではない存在に語りかける行為である。それがもたらす結果とは何だろうか？

仏教は、このテーマを始めるのに便利な場である。仏教の祈りの多くは、神学的には神など存在しないにもかかわらず、実際には誰かに向けられているからだ。例えば、タイのお経は願いである。「幸せでありますように」と、あたかも耳を傾け、聞いてくれる人がいるかのような言い回しになっている。

仏教学者であるリタ・グロスは、仏教とキリスト教の祈りを比較した思慮深いエッセイの中で、祈りの宛先について重要なのは、それが存在するかどうかではなく、「聞かれている」という機会をどのように作り出すかだと書いている。グロスによれば、仏教徒が「聞いてくれる相手がいる」と感じるかどうかという問題で行き詰まるのは北米人だけだ。なぜなら、仏教は北米の文脈の中で、とても特異な形で作り直されてきたからである。「究極の非神論について最も厳格で妥協のない仏教の形態でさえ、普通の人間の視覚には見えない超人間的な存在が確かに『存在する』ことを常に認めてきた」(Gross 2002：79–80)。多くの仏教徒にとって、実質的で永続的、永久的な自我は存在しないし、究極的には目に見えない存在者もいない。しかし、このような人間たちは、自分には自我があると感じる一方で、耳を傾ける霊が存在するとも感じている。それは重要なことだとグロスは主張する。なぜなら、聞き手がいることで、祈る者にとって祈りはより効果的なものになるからだ。

ここでの深い洞察は、独り言は他人と話すほど強力ではないということだ。これは懺悔、断酒、対面謝罪の核心にある秘密であり、全ての教師が知っている秘密でもある。目に見えない他者が存在することで、公共の場が生まれる。誰かと話す時、自分の言うことが聞かれているとわかると、人は自分の言葉をより深く所有するようになる。言葉はより意味を持つようになる。あなたは自分が言ったことにもっと深く耳を傾けるようになる。

また、目に見えない他者に語りかけることで、その存在がよりリアルに感じられるのも事実だろう。人類学者のエイミー・コックス・ホールが言うように、「祈り(とは)潜在的な神である」(Hall 2018：1105)。自分はあたかも聞き手がいるかのように語りかけたと知ることで、その聞き手に対する感覚はより重厚なものになる。

ニロファル・ハエリがテヘランの女性たちの中に見たものはこれだと私は思う。彼らは、神に対して、より形式ばらない会話のような祈りを捧げる。それはある意味で人に話しかけるようなものだ。ハエリが指摘するように、イスラム教の正式な祈りには、神が生まれもしなければ産みもしないと記されたスーラが含まれている。ハエリが言うように、神は「存在論的な断絶を越えて」存在する。他方で、形式ばらず話しかけてくる神はそれほど遠くにいない。その神はより実在する人物のように感じられる。実際、形式ばらず祈る人は、神があまりにもリアルに感じられるので、その神がすることに腹を立てることもある。ハエリの調査参加者の一人で、彼女がミナと呼んでいる引退した高校教師がいた。ミナは神を非難し、それをミナの娘は聞いていた。

ある時、娘に深刻な問題が持ち上がりました。私はとても動揺しました。その日の夜、ナマズを終えた後、私は自分の部屋に行き、電気を消してドゥアーを始めました。私は泣きながら、娘がこのような苦しみを味わうようなことをしたのか知りたいと思いました。まだ幼い娘に、こんなひどいことが起こるなんて…。どうやら娘が通りかかり、私の声を聞いたようでした。娘は部屋に入って電気をつけ、とても苦しそうに言いました。「ママ、こんなことを神様に言ったら、ママのナマズは効果ないよ」。私が「なぜ？」と言うと、彼女は「アッラーフ・アクバルと言わないの？　それは神は寛大で、あなたの面倒を見てくださるという意味でしょ。それを信じるか信じないか、どちらかだよ」。

ミナの娘は熱心にドゥアーを実践していなかったので、神を怒りをぶつける相手として捉えることができなかったのだ。もう一人のドゥアー実践者は、望んでいない男性との結婚を強要され、その腹立たしい結婚生活のなかで神に怒りを覚え、何年も祈らなかった。

私の父の赴任（夫と住んでいた都市での勤務）が終わり、家族がテヘランに戻ることになったので、私はテヘランに家族と戻りたかったのです。そこで私は、小さな息子と私の家族と一緒に引っ越すよう夫を説得しようとしました。でも夫は拒否したんです。夫が自分の父親に「もし一緒に行けば、新郎は義父の手先だと言われるのがオチだ、お前には仕事もなければ知り合いもいないんだから」と言われたからでした。だから彼は私たちと一緒に行くことを拒否したのです。私の父は、「息子を連れて私たちと一緒に来なさい」と言ったのですが、私は「自分の子どもを父親なしで生活させるつもりはない」と伝えました。夫の父親がこういうことを夫に言っていたので、私が持っていたものを全て売り払った後、最後の最後に夫がテヘランには一緒に行かないと言った時、私はとても動揺しました。それ以来、私は神に対する社会的逃避（qahr）を行いました。私は「この人生はあまりにも困難で、私には無理です」と言いました。そして何年も祈りませんでした。

神に異議を唱えること、あるいは神に腹を立てることができるという考えは、抽象的に捉えると異端的だと感じられるかもしれない。しかし多くの信仰において、この怒りは、一人物のように感じられ、理解される目に見えない他者との親密さから生じる。私は、神に怒りを感じていると話す福音派のキリスト教徒に大勢会ったが、その怒りの感覚は、神との親密さを感じるのに役立っているように見えた。ある女性は、残念そうな笑みを浮かべながら、数日間、神と互いにすねるために外出したと話してくれた。ユダヤ教では、この実践に「神との口論」という名前さえある。

私は、祈る人たちにとって神がよりリアルに感じられるようになるこのことを、発火《キンドリング》と呼んでいる。それはささやかな行為である。毎日、「ありがとう」と言うこと。周りの世界を見て喜びを感じること。一日を振り返って、自分が賢明に行ったこと、そして賢明でなく行ったことについて考えてみること。次にどのようなステップを踏むべきか、具体的に尋ねること。神が祈りに答えてくれなかった時に、ムッとすること。こうしてゆっくりと小さな行為によって、臨場感が築かれていくのである。

発火《キンドリング》が功を奏し、神をよりリアルに感じられるようになると、祈りはその人に別の理由からも影響を与えるかもしれない。こうして最終的に人は崇拝に到達することになる。

崇拝：自分が愛される関係をつくる

「心を尽くし、精神を尽くし、力を尽くして、あなたの神である主を愛しなさい」（『申命記』6章5節）。感謝や願いや告白とは異なり、多くの信仰者が「崇拝」と呼ぶものは、認知的なリフレーミングのことではない。それは愛着のことであり、社会人類学の言葉で言えば、社会的関係のことである。神が人々にとってリアルな存在になる時、神は社会的な関係を持つ。心理学者のウフェ・ショエットとその共著者(Schjoedt et al. 2009)が、キリスト教徒にｆＭＲＩスキャナーの中で形式ばらずに神に祈るよう求めたところ、彼らの脳はまるで友人と話しているかのように動いた（これは、単に「主の祈り」を唱えた時には起こらなかった)。この社会的関係はウェルビーイングに直接インパクトを与える。私たちは、神を信じていると孤独を感じなくなることを知っている(孤独は喫煙とほぼ同じくらい致命的なものである[Holt-Lunstad, Smith, and Layton 2010])。私自身の研究では(Luhrmann 2013)、標準的な調査で「神の愛を直接感じる」と肯定した人ほど、孤独感が少なく、ストレスを感じず、精神的脆弱性を示さなかった。

目に見えない他者がいるという感覚を持続させることができれば、その他者は人間の友人と同じようなことを、ある程度は提供してくれる。心理学者のシェーン・シャープ(Sharp 2010)は、全米のドメスティック・バイオレンス体験者の女性60人以上に話を聞くことで、祈りが、悲しみや恐怖や怒りに苦しむ人たちをどのように助けるか探ろうとした。彼は、できる限り中立的な立場で、虐待を受けている間に神と話をしたかどうか、それがどのように役に立ったかを尋ねた。女性たちのほぼ全員がキリスト教徒だった。福音派もいれば、カトリック、モルモン教徒、スピリチュアルだが無宗教の人もいた。彼は、祈りが女性たちの苦悩を和らげるのに役立った五つの方法を発見した。神との対話は、彼女たちが否定的な感情、とりわけ恐れ、怒り、羞恥心を表現することができる一人の人物のような他者を提供した。神との対話は、肯定的な再評価の手段を提供した。女性たちは、神がパートナーよりも自分たちを高く評価していると感じた。神との対話は、彼女たちに安全だと感じさせ、祈る前よりも危険にさらされていないと感じさせた。虐待を受けている最中でも、神との対話は、気晴らしであり、ぼんやりする手段だった。そして最後に、神との対話は、彼女たちをより寛大にした。これらの戦略の全てが、最終的に虐待を受けている女性たちの助けになるかどうか、シャープにはわからなかった。彼は、女性たちが危険を最小限に抑え、加害者を許すことが常に賢明だとは考えてはいなかったからだ。しかし彼は、女性たちが祈ることによって自分には助けてくれる人がいると感じることができたことは認めた。

少なくともある程度は神をリアルに体験しない限り、人は、祈りによって愛に満ちた社会的関係の感情的報酬を得ることはできない。彼らは、注意を払い、応えてくれる特定の神が、霧のような未来ではなく、この世界で、今、ここに存在することを感じなければならない。結局のところ、祈る人の人生において神が社会的な関係を持つというこの特徴こそが、祈りの最も強力で、かつ結果として生じる特徴なのかもしれない。神、いや、神に対する人間の理解は、現実を改善する方法となりうる。しかし、目に見えない他者がそのようにリアルであるためには、想像上の神の表象、つまり心の中の白昼夢が、白昼夢以上のものに感じられなければならない。それは関係にならなければならないのだ。

この章では、祈りのメタ認知的効果に焦点を当ててきた。このメタ認知的効果は、信仰の枠組みの中で考えること、つまり神々や霊が耳を傾ける公共の空間で、外部の視点から自分の思考について考えることから生じる。次には、こうした神々や霊がリアルだという感覚が発火《キンドリング》することの効果に目を向けてみることにしよう。

第7章 応答する神

暑い朝の8時、蝉が最初の言葉を発し、世の中について言う。熱。同じ日の11時、彼は音は変えず、主題を拡張した。朝について彼は言う。愛。蒸し暑い午後の最中に、愛と熱の悲しみが彼を揺り動かした時、彼の交響楽的な魂が大楽章に入り、彼は言う。死。しかし、事はまだ終わっていない。夕食後、彼は熱、愛、死を織り交ぜながら、これまでより繊細で派手さのない最後のスタンザを作る。彼は最後の英雄的な単音節を駆使している。彼は言う。生。回想しながら。生。

——E・B・ホワイト「生」

人は信じているから礼拝するのではなく、礼拝するから信じているのだろうか？　本書はこのように問うことで何がわかるのかという問いから始まった。私は、信仰を持つ人々がしばしば（皿洗い、犬の餌やり、コートを着る時など）神や霊が重要であるかのように振る舞っていないことを指摘し、信仰の課題とは神や霊を意識の前面に押し出すこと、つまり神や霊が重要である信仰の枠組みで考えることだと述べた。そして、神々や霊がリアルに感じられるならば、そうしたことは容易になると主張した。「リアルに感じる」ということは、「信じる」こととは違う。リアルに感じるということは、（マシュー・ラトクリフ［Ratcliffe 2005］が語るように）感情に近い。母親が書斎に座っていると信じるよりも、母親があなたを愛していると知るようなものだ。次に私は、現実制作《リアル・メイキング》の構造、つまり物語、没入（absorption）、内的感覚の修養、心のモデル、そしてこれらの方向づけと実践が呼び起こす出来事について説明することに着手した。その上で、私たちは以下の問いを立てた。現実制作《リアル・メイキング》はどのような仕方で人々を変えるのだろうか？ 答えの一つは祈りである。祈りとは、信仰の枠組みを使って神に集中しようとする断固とした試みだ。この最終章では、もう一つの答えに焦点を当てる。信仰の実践が神や霊をリアルに感じられるようにすると、何が起こるのだろうか？

その答えは、神や霊が反応するということだ。つまり、神や霊をリアルに感じるということは、それらが反応し、生き生きしていると感じることで、このことが人々を彼ら自身を変化させる関係に巻き込む。この関係性の感覚は、全ての人に起こるわけではないし、宗教によっても起こり方は異なる。神や霊が常にコミュニケーションをとっているという信仰の観点から始めたとしても、信仰を持つ全ての人が、神や霊が伝えようとしている内容を聞き、知り、感じるわけではないことは明らかだ。人は、神や霊が自分たちと交流しているとは必ずしも感じない。だからこそ、神や霊はリアルになる必要があり、日常世界の現実性《リアルネス》と霊の現実性《リアルネス》の違いについて真面目に考えることが重要である。神や霊は目に見えず、非物質的で、通常の感覚ではアクセスできない存在だ。人間がこれらの存在を感じようとするならば、どのように見て、どのように聞いて、どのようにその出来事を経験するかを知らなければならない。霊が反応することを知る方法を学ばなければならない。

誤解のないように言うと、この判断はしばしば流動的であり、疑わしいものだ。私は、雨と風の強い週末に、ドーバー海峡の白い崖近くのホテルで、死者と対話する女性と会った。彼女は霊媒師だった。彼女は、死者とのコンタクトを見分ける方法と、相談に来た人に死者の言葉を伝える方法を知っていると言う。彼女は、死者とのコンタクトを見分ける方法と、相談に来た人に死者の言葉を伝える方法を知っていると言う。彼女方法を学べば誰にでもできることだが、そのためには教えてもらわなければならないし、簡単に信じてはいけないと彼女は語った。ある休日に彼女が滞在していたホテルで、テーブルからグラスが落ちたのだそうだ。彼女は風のせいだと思った。しかし、グラスは2回落ちた。彼女が「何かあったのですか」とホテルのオーナーに聞くと、彼は、ある女性が浜辺で夫を亡くしたところだと言った。その時、彼女は、霊が自分の注意を引こうとしているのがわかったと言う。そして、「良い霊媒師であれば、第一の直観は疑わなければならない」とも言った。これは人が自分は頭がおかしいわけではないことを主張するために言うことである。人類学者のコートニー・ハンドマンは、人間が神を確信するようになる過程を、扉を打ち破るようなものだと表現した。ドアの向こう側に神がいるという感覚があるのに、人々は、その扉は正しいのか、自分たちは神を正しく見分けているのかどうかを疑う。そのような人々は、神が、イコンの中や木の十字架、もしかしたら（マシュー・エンゲルケ［Engelke 2007］が、あるキリスト教徒のグループについて述べたように）聖書そのものの中にもおそらく存在しないと決めてかかっている。なぜなら全ての扉は偽物である可能性があるからだ。信仰が変化するのは、人が霊とつながりたいと願うからだが、実際にそうなったかどうかを確認するのは難しい。

しかし、多くの人が、自分たちは確かに反応を認識すると言う。その反応が関係を作るのだ。懐疑的な観察者には異様に聞こえるかもしれないが、これは人々が自分の経験について言っていることで、率直に言って、あなたが神や霊の反応を認識する人たちの顔の中に実際に見ていることでもある。私がこれまで行ってきた研究の中で、最も力強く、最も不可解な観察結果は、信仰を持つ人々が神や霊の応答を認識することを学び、この応答を関係のように感じられるようになり、この関係が人々を変えるということだった。このことを理解することによって、人類学者の宗教に対する考え方は変わるはずだ。私たちは、信仰や人々が抱く思想のみに注目するのではなく、神々や霊が人間の生活の中で社会的な関係になっていく様子を含めて考えなければならない。この最終章では、この主張の意味を明らかにし、その含意について考えてみたいと思う。

第一点目は、特異性についてである。

私は政治が進歩的な時代に、ユニテリアン[*1]の教会で育った。ユニテリアンとして、私たちは、六人の盲人が象を囲み、その手で感じたことを表現するというたとえ話を通して、神というものをよく理解できると信じていた。つまり六人の盲人が象の周りを取り囲み、胴体にいる人は縄を、足にいる人は木を、脇にいる人は壁を感じるように、それぞれ両手で感じたことを表現するが、取り囲んでいる象は全て同じものという譬えだ。この譬えにおいて、人々が言い争うのは、それぞれが他の人たちを嘘つきだと思い込んでいるからである。ユニテリアンにとってこの物語のポイントは、喧嘩している人たちが、異なる証拠を持ちつつ、同じ現実を共有しているということだ。神は異なる文化の中で異なる方法で理解されているが、これらの違いは表面的な信念の上にあるものであり、本当のものではないと私たちは信じていた。キリスト教徒、ヒンズー教徒、ユダヤ教徒、そしてイスラム教徒は同じ神を知っている。私たちはただ、象の異なる部分に向かって立っているだけなのだ。

私たちの教会だけではなかった。1960年代のアメリカは、ゲイリー・ウィルス（Wills 2019）が「1950年代の新しい敬虔さ」と呼ぶものを受け継いでいた。1947年の世論調査では、最も尊敬されている指導者は、牧師、神父、ラビであることが明らかになった。ビリー・グラハムは大統領たちの牧師となり、有名人になった。アメリカ人は自分たちの精神的伝統を「ユダヤ・キリスト教」と表現するようになった。オルダス・ハクスリーは『永遠の哲学』を書き、全ての宗教は同じ源と経験、すなわち「一なるもの」との神秘的な結合から生まれると説明した。1960年代までに、異なる信仰に共通する生き方について、人々は大いに盛り上がっていたのである。トラピスト修道士のトーマス・マートンは、自分の天職を選ぶことに関する本を60万部以上売り上げ、その後、禅宗、道教、儒教について賞賛する本を書き、その実践を賞賛し、読者に推奨した。1965年、第二バチカン公会議が「カトリックは他の宗教の人々と関係を深めるべきだ」と決定した。1970年には、日本の京都では第一回世界宗教者平和会議が開かれ、「共通の宗教的原則に照らした平和にとっての障害」（WCRP Proceedings 1969参照）について話し合われた。あたかも全ての宗教が地球規模のクンバヤ〔有名なスピリチュアル・ゴスペルソング〕を奏でているかのようだった。

＊1　三位一体やイエス・キリストの贖罪を否定し、単一人格の神と聖霊による神の現存を説く教派、アメリカではラルフ・ワルド・エマソンらの超絶主義（Transcendetalism）を生んだ。

私たちはもはや、そのような理想的な瞬間を生きてはいない。歴史は、文化的差異が見せかけであることを教えてはくれない。この数十年の間、世界中の社会は「文化戦争」と呼ばれるものに明け暮れたが、これは宗教間の対立と言った方がよい。米国、イスラエル、中東、ヨーロッパ、アフリカなどでは、より保守ではない教派とより保守的な教派、リベラル派と福音派、非正統派と正統派、寛容派と厳格派など、様々な宗教が対立している。これらは、認識命題や抽象的な価値観をめぐる議論というよりも、道徳的な生活を送ることが私たちに何を要求しているかを巡る激しい感情的な戦いである。私たちは何を信じるかよりもむしろ自分が何者であるかについて議論しているのだ。

人は信念だけでなく、関係も持つと理解すれば、その激しさをより一層理解できる。結局のところ、信念というものは、1セント銅貨のように拾ったり手放したりできるもののようだ。あなたは自分が信じていることについては、考えを変えることができる。人は、神や霊について考えること、考えないことにまつわる様々な信念を持っている。その信念の中には、言葉にできないものや、実際にやっていることとうまく結びつかないものもある。しかしながら、関係は、あなたが何者であるかを変えてしまう。

ある人が行為をすると、相手は反応する。相手は最初に行為した人と同じ人物ではないので、思いがけない反応をする。私たちは、このような他者に驚かされる。たとえ自分という人間にぴったりな望みどおりの配偶者を選んだとしても、私たちは結婚を通して異なる人間になる。私たちは、相手の自分との違い、相手の馴染めない部分の頑なさ、そして自分がやりそうな反応とは全く異なる相手の反応の仕方によって自分自身を形成する。こうした相手とのやり取りによって私たちは変化し、その変化に驚く。私たちは、必ずしも自分がそのように変わるとは想像していないからだ。

読者は、このようなことは神との関係には当てはまらないと思うかもしれない。確かに神々は人間ではない。目に見えず、非物質的で、普通のやり方では存在しないものだ。人間は所詮人間だから、単に目に見えない他者を勝手に作り上げるのだと考える人もいるかもしれない。あるいは人間は、すでに自分たちであるものを反映させただけの神を発明すると考える人もいるかもしれない。そうしたキャラクター化が完全には間違っていないのは、人々の神に対する感覚は、彼らの内面的風景の隠された力学に負うところが大きいからだ。

しかし、あなたを驚かすことができない神を、人々はリアルに感じることはできない（Bialecki［2017］を参照のこと）。反応として感じられるということはこういうことだ。つまりあなたとは異なる何かが起きて、それに驚かされることで、その何かは、驚きの原因が自分の内面的世界を超えたところに由来することを教えてくれるのである。なぜなら反応する存在者がいなければ、本当の関係は存在することができず、鏡に映る自分の顔をただ見るだけで良いことになってしまうからだ。これはマルティン・ブーバー（Buber 1937）も指摘していることだ。あなたは「それ」に関係することはできない。あなたは「汝（あなた）」に関係するのである。我–それ（I-It）の関係では、他者は完全に受動的である。我–汝（あなた）（I-THOU）は相互性、互酬性の関係である。ブーバーによれば、「あなた」と言う人間は、自分ではない応答する他者と関係を結んでいる。

人々は関係の様々な側面によって変化する。彼らは基本的な「つながりの感覚」によって変化するのだ。つながりを介して、人は社会的な他者を通じて神を知ることができる。また、神そのものが社会的他者になることによっても変化する。多くの点で、信仰を持つ人々は、神がまるで一人の人物であるかのように神と関係を持つが、通常の物事の流れの中で他の人々との関係は私たちを変化させる。そして多くの人間関係以上に、人は神との結びつきを深めるため、意図的に自分自身に働きかける結果、自分自身に変化をもたらすことになる。私はここで肯定的な変化を強調するが、それは、信仰への関与という仕方で、現実《リアル》・制作《メイキング》が人を変化させるという主張を組み立てるためだ。これらの関係は、感情と出会いによる特別な歴史であり、神の特異性から生じる道徳的な難問に私たちを導く。というのも慈悲深い神との関係はしばしば個人にとっては非常に良いものだが、これが社会全体にとって良いということには全くならないからである。私自身が様々な信仰の体験から得た観察とともに、これらの異なる諸次元を通り抜けることとしよう。

つながり

ユダヤ教の新正統派のためのシュル〔＝シナゴーグ〕で、人々になぜここに来るのかと尋ねると、最も多く使われた言葉は「つながり（connection）」だった。彼らは、生きている全てのユダヤ人だけでなく、神がアブラハムに約束したように、「空の星よりも多い」（『創世記』22章17節）世代まで至る全てのユダヤ人を含んだ想像上の共同体につながっていると感じていたのである。彼らは、この伝統的な正統派のシュルでは、「本物」が手に入るのだと言った。それは、彼らの祖先が何世代にもわたって祈ってきた方法である。信徒のほとんどはヘブライ語を理解せず、音読さえできないにもかかわらずだ。

ミツワー〔戒律〕はその「つながり」を体験する方法となった。人々は、戒律に従わなければならないという新しい内なる衝動を感じると、興奮する。例えば、正統派の女性は、膝下まであるスカートを履き、肘まである袖のシャツを身につける。家の外では髪を帽子で覆い、より適切な仕方ではかつらをかぶる。このシュルに初めて来た女性たちは、いろいろな服装でやってきた。私は一度、短パンにタンクトップ姿の若い女性の隣に立ったことがある。信徒たちが説明するには、（もしシュルに戻ってきた場合には）遵守への欲望が湧いてきて、今までしてきたようにするのが正しいとは思えなくなるとのことだった。こうしたことは、徐々に段階的に起こり、しかも感情的に捉えられることが予想された。それは、葛藤であり喜びでもあった。ある心理療法士の中年女性はこのように振り返る。

今はずっと帽子をかぶっています。以前はシュルに行く時だけ（帽子を）かぶっていたんです。それから、礼拝であろうとなかろうと、シュルに行く時はいつも帽子をかぶるようになりました。そして、9月の大祭日の直前からは、外出する時はいつも帽子をかぶることにしました。時々、家の中でもかぶっています。

［でも、］家族は私が一貫して遵守することに賛成してくれません。帽子をかぶること自体には賛成してくれますが、例えば、カツラをかぶることにはまだ賛成してくれません。まだ、彼らにはその準備が整っていないのです。

ある中年男性は言った。あることをしたら、別のことをする。すると簡単なことはやりつくし、コーシャを守るような難しいことが、すぐそこにあることに気づく。そしてその小さな一歩を踏み出すことで、すでに真剣に参与していることに気づくのだと。彼は続けた。「そこで逆戻りするのでしょうか？いいえ、そうではなく次の一歩を踏み出すのです」。

確かに、このシュルでは、スピリチュアルな臨在という出来事を通して、神が応答するのをある程度体験することができた。ラビは、このような瞬間について議論することを人々に勧めなかった。神秘主義は、神の戒めに従って人生を送るという真の目的から目をそらすことになりかねないと彼は言った。(このような正統派は、神秘的な意味を求めるハシディズムというよりも、行いが全てというリトアニアの伝統から生まれていることは注目に値する)。それでも、人々は驚くべき瞬間を報告した。ここで、先述の男性が思い出すのは以下のようなことだった。


ある日、私たちは(礼拝のために)シュルにいたのですが、ラビは土曜日の朝の礼拝の後半、トーラーを片付けた直後にムサフ(祈りの奉仕)をしていました。彼はそれを見事にやり遂げました。彼のおかげで、人々は背筋がゾクゾクすると言いながらシュルから出て行くことになりましたよ。…すごかったんです。私がそのような体験をしたのは、ヨム・キプール祭の時だけです。シュルの中に自分一人しかいないような、誰もいないような気がしました。地面から離れた高いところにいるような気がしたんです。文字通りの意味で。それは異常なことでした。…本当に驚くようなことだったんです。


この人にとって、神はその特別な瞬間に臨在するようになった。

しかし、多くの人々にとっての神に関する主要な体験は、ミツワー〔戒律〕に従うという体験だった。

そして、いつ、何に従うかというドラマが、神との関係になっていた。例えばある青年は、妻と喧嘩した後、安息日に電気を使わないという戒律を破ることで怒りを爆発させたという。「先週の土曜日、僕はテレビを観ました。普段は見ないんです。電気は使いません。でも、その時は使ったし、ヤムルケ（戒律を守る人がかぶる帽子）をつけていたんです。僕は大好きなんです！　弁証法や二項対立、あらゆる厄介なことが好きなんだ」。「どうしてですか？」と私は尋ねた。「生きていると実感できるからです。…するべき選択があるからですね。」彼は妻に腹を立てていた。彼は、彼の見方では神に自分の存在を認めさせるようなことをして、自分の気分を晴らしたのである。

重要なのは、ミツワーに従う集団の一員となる選択であって、〔ミツワーの〕文言を理解しているかどうかでも、神がハンバーガーにアメリカンチーズのスライスを乗せることを禁じていることに意味があるかどうかでもないようだ。私が出会った30代前半の青年は、唯一の購入可能な家が遠いので、安息日に車でシュルに行かなければならないが、（ラビが解釈した）戒律では信者が運転することは禁じられているので困っていた。私は彼に「ミツワーは神から来たものだと思いますか？」と尋ねた。

いくつかはそうだったと思います。そうですね。どの部分がそうで、どの部分がそうでないかを考えるとイライラするんです。でも、いざとなったら、そんなことはどうでもいいんですよ。親からもらったものだし、このリズム、この家族のつながりがあるんだから。もし私がシナイ半島から来た律法を否定しても、私の祖先はそう考えていたわけですから、問題はないのです。

神学的な問題を抱えたからといって、祖先とのつながりを断ち切ることができるでしょうか？

彼の回答は、このシュルでイスラエルに対する政治的なコミットメントが高く評価されていることを理解するのに役立った。たとえその国を訪れたことがなくても、その国の政策が自分たちは選択しないかもしれないものだったとしても、彼らはイスラエルを伝統の一部として理解していた。このシュルの人々は、自らを同じ神の前に共に立つ全体の一部として認識しているように私には思われた。そのつながりを断ち切る者はいないだろう。

つながりの効果

つながりが人を変えるという点で、最もわかりやすいのは、社会的なつながりが身体を変えるということだ。これは、毎週教会に通うことが健康に良い影響を与えるという、疫学的に明らかな発見である。(疫学者は、出席頻度が大規模な調査に加えやすい変数であるため、礼拝出席との関連についてよく知っている)。礼拝に出席することは免疫力を高め、血圧を下げるようだ (Woods 1999; Koenig and Cohen 2002)。また2、3年寿命が延びるかもしれない (Hall 2002)。ある研究では、教会に全く行かない人と週に一度以上行く人では、20歳の時のその後の寿命に7年の差が出たという (Hummer et al. 1999)。この話の一部は、礼拝に参加する人はより健康的な行動をとるという内容だ。つまり彼らは飲酒、薬物摂取、危険な性行為をより躊躇するかもしれないのである。しかし、それが全てでもない。『宗教と健康に関するハンドブック (*Handbook of Religion and Health*)』(Koenig, King and Carson 2002) の著者らは、可能な限り全ての関連研究を調査した。3千件近い膨大なオリジナル・データに基づく定量的研究の中で定義、測定法、結果、そして質における違いがあるにもかかわらず、彼らは次のことを発見した。

これらの研究の少なくとも3分の2は、R／S（宗教的／霊的）な人々がよりポジティブな感情（ウェルビーイング、幸福、生活満足）を経験し、感情障害（うつ、不安、自殺、物質乱用）が少なく、社会的つながり（社会支援、結婚生活の安定、社会資本）を多く持ち、より健康なライフスタイル（運動、良い食事、危険な性的行為の減少、タバコの減少、病気のスクリーニング、より良い治療の遵守）を送っていると報告している。このことは、R／S（宗教的／霊的）な人々が平均して身体的に健康である（心血管疾患が少なく、免疫および内分泌機能が良好で、おそらく癌が少なく、かかっても予後が良好で、長寿である）理由を説明するのに役立っている。

（Koenig, King and Carson 2012：600–602）

また疫学者は、宗教と関係があるかどうかにかかわらず、社会的支援が健康にとって重要であることを発見している。社会的な人は幸せな人なのだ。社会的に孤立していればいるほど、人は不健康で、死にやすい（Diener and Seligman 2002）。孤独は喫煙と同じくらい致命的である（Cacioppo and Patrick 2008）。さらに、社会的支援から健康という結果につながる因果関係があることは明らかだ（House, Landis, and Umberson 1998）。確かに文化は重要で、一般的な効果は他の国や他の信仰にも当てはまるように見えるが、幸福とみなされるもの自体は変化する。例えば日本では社会的調和、米国では自尊心（Ryff et al. 2014）が幸福とみなされるように。しかし、それでも、社会的支援が大きければ大きいほど、幸福度が高いことには変わりはない。

そして当然のことだが、誰かが宗教の信徒になれば、その人はより多くの社会的支援を受けることができる。私が知っている福音派の教会では、人々は本当にお互いを気遣っているようだった。誰かが病気になると夕食を持って現れ、不幸になると一緒に座って話をした。その助け合いは、時に驚くほど具体的だった。教会員の3分の1は、毎週集まって聖書や自分の人生について話すハウスグループに所属していた。ある晩、私が参加したグループの若い女性が泣き出した。歯医者で1500ドルかかる治療が必要だと言われたのだが、お金がないのだ。すると他のメンバー（ほとんどが学生）は、その費用を匿名の寄付で賄ってくれた。ノースカロライナ州で行われた研究によると、頻繁に教会に行く人は、教会に行かない人に比べて社会的ネットワークが大きく、人々との接触や愛情、社会的支援の種類も多い（Ellison and George 1994）。

神という概念は実は社会の象徴だと主張したデュルケームが、何世代にも渡る家系のラビの息子であったことは、決して偶然ではない。実践のルールは、私が他の信仰で見たことのないような形で、シュルの共同体を作り出した。人々は互いに関わることで神と関わり、そのつながりを神に認められるという感覚を味わったのである。神とのつながり、つまりミツワーに従うという体験が、文字通り他者とのつながりとなるのだ。毎週、通常は週に2回、人々は互いの家で食事をした。コーシャ〔食事に関する戒律〕を守らない人、つまりグループ外の人の家では食事をすることができなかった。世俗的な観察者は、このような結びつきを見ると気が狂いそうだと思うかもしれないが、疫学が提供する鳥瞰的な距離から見ると、宗教に参加することによる激しい結びつきは体にとって良いことだ。宗教の実践と参加は、人々がしばしばそれらのために祈るもの、すなわち健康、幸福、ウェルビーイングをある程度は実現するのである。

もちろん、信仰を持つ人々は、人間の社会的接触による直接的な健康上の利益以上に、信仰自体から多くのものを得る。神や霊もまた、それ自体が社会的な関係になり得るのだ。

神々もまた社会的関係である

私がフィールドワークを行った1980年代後半、ボンベイ（当時はそう呼ばれていた）は、インドに7万6千人ほどいたパールシー・ゾロアスター教徒の大多数にとっての故郷であり、英国、香港、東アフリカ、カナダ、米国にディアスポラとして広がった2万人以上の人々の象徴的故郷であった。彼らは主に中流階級の教養あるコミュニティを構成し、法律、医療、銀行業に携わっていることが多い。彼らは、10世紀にイスラム化したペルシャから逃れてきたゾロアスター教徒の子孫で、最終的にグジャラート州にたどり着き、そこで織物や貿易をしながら農業生活を営んでいた。イギリスに到着すると、特に17世紀にイギリスがボンベイを獲得した後、パールシーは金融業者や仲介者としてイギリスと関わり、その後の数世紀に渡ってビジネスや政治で大きな成功を収め、その名声を確立した。注目に値する彼らの宗教は、最も古い一神教の一つである。

しかし、私が会ったパールシーの多くにとって、この古代の信仰はひからびてしまっていた（Luhrmann 2006）。19世紀から20世紀初頭にかけ、パールシー教徒は明らかに西洋化したアイデンティティを身につけようとしており、特にコミュニティとして、自分たちの宗教が近代的、合理的な時代にふさわしいことを熱心に主張した。当時のパールシー文学は一貫して、インドで最も西洋化されたコミュニティとして自己紹介している。信仰はその巻き添えを食ったようなものだった。自分たちの宗教についてほとんど知らない、もっと深く知りたいと悲しげに語るパールシーが多いことに私は驚かされた。

私がボンベイに来る10年ほど前に、まさに約束されていたかのようなムーブメントが起こっていた。1977年、一人の若いカリスマ性のある講師が、ロックンロールのスターのように登場したのだ。コジエステ・ミストリーは、ハンサムで知的で行動的、しかもイギリス訛りの英語を話す人物で、ゾロアスター教を学んだオックスフォードからボンベイに戻ったばかりであった。彼は友人の学者アラン・ウィリアムズと一緒に、この宗教に関する一連の講演を始め、驚異的な成功を収めた。何千人もの人々が講堂に詰め掛けた。彼はゾロアスター教の歴史と、現代のパールシーにとってのその重要性を（英語で）語った。つまり彼は、古代の祈りと儀式の背後にある理由を、あの魅力的なアクセントで、論理的かつ明快に説明したのである。彼は、教室を開き、講義をし、宗教を説明する楽しい子ども向けの本を作り、同様の目的からスタジオで大々的に映画を作り、パールシーの祈りとグジャラートの歌を録音するチームを作った。彼らの目標は、単に知識を伝えることではなく、テキストや神学、儀式に意味を持たせることだった。

私は、彼の信奉者たちにとって、テキスト上の神（アフラ・マズダ）が、彼らに応答する一人の人物のように感じられ始めたのを目撃した。これは彼らにとって大きな変化だった。例えば、ある女性は、20代でこの新しい教えに出会った。彼女は、数少ない正統派の家庭で、毎日お祈りをし、月経に関する厳格なルール（特別なベッドで寝る、月経期間以外に使うものには触れない）を守って成長してきた。19歳の時に母親が亡くなり、大きなショックを受けた。「みんな、『神様の思し召しだ、大切な人だから連れて行かれたんだ』と言うんです。そんなの無意味です。それが私にとって大問題でした」。彼女は神に話しかけようとしたが、神が答えてくれるとは思えなかった。しかし、ミストリーのクラスを受け始めてから、それが変わった。「とても興奮して家に帰宅したのを覚えています。その夜の光景をよく覚えていて。ソファに座っていた小さな息子がいて、それ〔今日わかったこと〕はずっとそこにあったのに、まるで誰かがそれを新しく発見をしたかのようでした。汚れや病気を見ても、その責任が神にはないことを知り、とても安心しました」（ミストリーは悪の力をアーリマンとして擬人化し、痛みや災いを引き起こすと説いた）。今、彼女は神の意図を理解した。彼女は神と話すことができたのである。

また、成長するにつれ自分はあまりパールシーではないという感覚を持ちそうになっている若い男性がいた。彼はとても世俗的な家庭で暮らし、信仰に執着することもなく、外国人と結婚して移住する可能性も十分にあるような人だった。彼は、ボンベイの北にあるグジャラート州の火の寺院を見学する旅に参加することにした。その内の一つの寺院で、司祭（ダストゥール）が、一人物としての火と、友人としてのアフラ・マズダについて話をした（学者から見れば、これはテキストを拡大解釈したものである）。その青年は、これまで確信を持って祈ったことはなかったが、この火の寺院で祈り、初めて誰かが聞いてくれているると感じたという。それは彼にとって本当に意味のあることで、日常生活に大きな違いをもたらしたと彼は言った。彼は個人的に意味のある方法で祈るようになり、耳を傾けてくれる人がいると感じた。そして、今まで感じたことがなかったような仕方でゾロアスター教を感じるようになった。

内なる他者

神との関係は、他のものと同じような社会的な関係なのだろうか。そこが難しいところだ。私たちは、人間が比較的簡単に想像上の仲間を作ることを知っている。そういうことをする人のほとんどは子どもだ。彼らはしばしば目に見えない友人とおしゃべりをし、その友人が話し返しているかのように振る舞う。40代のある男性は、心理学者のマージョリー・テイラーに自分の子ども時代の仲間について説明した。

(ドゥギーは)一種のスーパードッグでした。彼は少なくとも半分人間でした。彼は話すことができ、ジョークを言うのが好きでした。ディガー(見えないパートナー)が深刻になりすぎると、ドゥギーと私はお互いに微笑んで、わかったような顔をしてうなずいたものです。(Taylor 1996：26)

多くの心理学者は、子どもたちにとってこうした経験が他人をより深く理解するのに役立つと考えている(Fernyhough et al. 2019)。子どもたちは、その友人がただのふりであることを完全にわかっている。J・ブラッドリー・ウィガーは、ドミニカ共和国、ネパール、マラウイ、ケニアなど、彼の故郷のケンタッキー州とはまるで違う地域を旅した。しかし、どこにでも目に見えない存在と話をする子どもたちがいたのである。そして、その子どもたちは、想像上の友人がリアルではないことを知っていた。ウィガーは、ある少女に、二人の見えない友人について、じっくりインタビューした時のことを記している。その少女は、しゃがんで一人の想像上の友人にささやき、手を振ってもう一人の想像上の友人に呼びかけた。インタビユーが終わると、ウィガーは彼女にステッカーを1枚差し出し、さらに2枚のステッカーを想像上の友人たちのために差し出した。するとその少女は、彼が少し呆けているのではないかと言いたげな眼差しで見つめ「彼らはごっこ遊びなんだよ！」と言い返した（Wigger 2019：45）。

神や霊が見えない友人と違うのは、一般に人はそれをごっこ遊びだと表現しないという点、それは人と共有され得るという点、そして神や霊はその人の人生でより重大な役割を果たすという点だ。この重大さこそ、この神や霊との関係が、その関係の中にある人間を変化させる一因かもしれない。私は、人々が神々との関係に真剣に取り組んでいるのを見てきた。魔女、ゾロアスター教徒、サンテロス（＝サンテリアの信者）、ユダヤ教徒、カトリック教徒、福音派など、私が知っている全ての信仰共同体において、人々は自分たちの神をどう見分け、どう関わり、どう信頼するかを学ばなければならないと私に説明した。彼らはまた神々が自分たちを見捨てたと思った時期があり、その後戻ってきたと説明した。多くの人が、信仰を体験する過程で、自分の神々を様々な形で体験することを学んだと語っている。

このことを私たちはどのように理解できるのだろうか。精神分析医のアナ・マリア・リズートは、『生き神の誕生（*The Birth of the Living God*）』（Rizzuto 1979）の中で、ボストンの入院患者との経験を語っている。当時、患者は1年以上入院することもあり、それほど病気でもないのに入院することもよくあった。彼女は、患者たちが神をどう体験しているのか、家族をどう体験しているのか、深く掘り下げた質問をした。彼女は、彼らの家族の内の何人かに会いに出かけた。彼らの神の概念は、フロイトが示唆したような理想化された父親の単なる投影でもなければ、どちらかの両親の単なる反映でもないと彼女は結論づけた。その代わりに彼女は、人の内的な神の表象は、親の内的な表象と同じくらい複雑であり、それは個人の人生における重要な関係や強力な経験に基づいており、いったん形成されると、たとえそれが心の中だけで経験されるとしても、生きた人間の心的潜在力を全てもつと主張した。彼女は、調査参加たちの神概念は、人間の内的表象、主に母親と父親の表象から生み出されたものだと考えている。彼女が主張するには、幼い子どもにとっては、とても感情的に心地よく慰めになるものであっても、ほとんどの人にとっては年をとるにつれて意味を失い、押し入れの棚に眠ってしまう特別なぬいぐるみとは異なり、人々の神概念は決して精神的な空白地帯に追いやられることはない。その創造プロセスは決して止まらないのだ。「明らかに」と彼女は述べる。「私たちの神には、人間の数だけ形がある。そして、人間の人生の過程における波乱の数だけ、それに対処する方法がある」（Rizzuto 1979 : 180）。彼女は、人々が精神的に健康になるにつれて、彼らの神概念はより優しく、より人間的になると考えた。

私は、福音派の教会での祈祷会が、実際にこの目的を達成するために行われているのを見た。他の宗教の祈祷会でも同じことが言えると思う。私が知っている福音派教会では、信徒は他の信徒に繰り返し祈ってもらっていた。祈ってもらう人たちは、しばしば目に見えて苦境に立たされている。彼らのために祈る人たちは、彼らが神に愛されていると断言する。そしてそれを毎週、何度も何度も繰り返すのだ。私の経験では、これらの教会は明らかに、信徒が神を、自分を愛してくれるものとして自動的に経験すると想定していない。実際、信徒は神の愛を信じるのに苦労している。なぜなら、信徒は神の概念を自分の親に基づかせているが、理想的な親など、ほとんど存在しないからだ。残忍な父親の息子である福音派の男性が私にこう言ったのを覚えている。

神は、将来、半身不随になるとか、非常に破壊的なことで私を試したいと思っておられるかもしれません。神は、私に人生で色々なことを経験させたいのだと思います。わかりますよね。何かが待ち構えている感じがするんです。説明が難しいのですが。

彼は、神に殴られることを想像していた。彼の父親がそうだったようにだ。彼と一緒に祈った人たちがはっきり望んでいたのは、神が愛に満ちていると繰り返し説明されることで、殴られて当然だと感じながら大人になった彼が、神に愛されていると感じるようになることだった。

もし誰かの神概念が時間とともに変化するならば、その変化はフロイト（Freud［1914］1984）が「徹底操作」（被分析者がその解釈をより深く理解できるように、分析者の解釈を繰り返し、詳しく説明すること）と呼んだプロセスに似たやり方で起こる。信仰の場では、ヘンリー・コービン（Corbin 1969a）が「想像的」関係と呼ぶものの中で、「徹底操作」は行われる。このような関係にあるためには想像力を働かせなければならないが、その関係がただの想像上のものだと理解されることはない。

想像上の関係

1983年から84年にかけて、私はロンドンに滞在し、自らを魔法使いと称する様々なグループに参加した。これらのグループで最も印象深かったのは、想像との激しい関わり合いだった。毎週、人々は集まり、目を閉じて、その夜のリーダーから与えられた物語を、自分の内的感覚をフルに使って想像しようとする。このサークルの全員が読んだ本（『スパイラル・ダンス（*The Spiral Dance*）』）（Starhawk 1979）から、そのようなエクササイズの一つを紹介しよう。

右側にカーブしている銀色の三日月をイメージしてください。彼女〔月〕は始まり、成長、そして生成の力です。彼女は野性的で、飼いならされていない、現実によって和らげられる前のアイデアや計画のようなものです。彼女は白紙のページであり、耕されていない世界です。あなた自身の隠された可能性と潜在的な可能性、そして始まりと成長の力を感じてください。細い月の下、森を自由に駆け巡る銀髪の少女をイメージしてください。彼女は聖母であり、永遠に浸透することなく、自分以外の誰のものでもないのです。彼女の名前を「ニムエ！」と呼び、あなたの中にある彼女の力を感じてください。……

丸い満月をイメージしてください。彼女は母であり、結実の力です。彼女は新月が始めたことを養っています。彼女の開かれた腕、豊かな胸、生命で膨れ上がった子宮を見てください。あなた自身の育む力、与える力、可能なものを顕在化させる力を感じてください。彼女は性的な女性です。結合における彼女の喜びは、全ての生命を維持する原動力です。あなた自身の喜び、オーガズムの中にある力を感じてください。彼女の色は赤、生命である血液の色です。彼女の名前を「マリ！」と呼び、あなた自身の愛する力を感じてください。

暗い空に囲まれた、左へカーブする衰えつつある三日月を思い浮かべてください。彼女は老婆であり、閉経を過ぎた姥であり、終焉、死の力です。全ての物事は、その始まりを満たすために終わらなければなりません。植えられた穀物は刈り取られなければならない。白紙のページは破られ、作品が書かれなければなりません。生は死を糧とし、死は生に至ります。そして、その知識の中に知恵があります。婆は賢女であり、無限に老いています。自分の年齢を感じ、進化の知恵を体中の細胞に蓄えなさい。淀み、腐敗したものを破壊し、得るものと失うものの両方があることを知りなさい。月が欠けていく中で、黒衣をまとった婆を見よ。彼女の名「アヌ！」を呼び、自らの死において彼女の力を感じてください。

(Starhawk 1979：78–79)

これらの実践は、明らかに「徹底操作」へと方向づけられている。実践者が自分の人生の中で最も困難な部分と折り合いをつけ、それを創造性の源泉として体験できるようにするために構成されているのだ。これは、神々や霊との関係を想像の中で繰り返し再現する実践を通して行われた。

私が出会った女神のスピリチュアリティに関わる女性たちは、困難を乗り越える（「徹底操作」する）経験を求めて、女神の第三の側面である死、冥界、破壊としての女神と深く関わっていた。彼らは、喪失、痛み、失敗に対処する方法を求めていた。血と痛みが誕生と再生に密接に関係する月経として、喪失体験を再想像しようとしたのである。「婆（月経があることもある）」は、人々が最も畏敬の念をもって語る女神の一面である。彼女たちは女神を通してイニシエーションを受け、女神を通して自分自身の「最も深く」「最も真実な」側面に到達すると語り、女神を「甘美と光」だと考えている人々を軽蔑して語った。「闇の女神、『婆』は、食べて破壊するのです。彼女は荒れ狂う虎の狂気、母熊の怒り、子を食うカーリー、男殺しのクリュタイムネストラ、メデイア、復讐の女神、そして荒れ果てたヒースの魔女たちです。彼女は闇であり、絶望です」。

私がロンドンにいた時、このネットワークの中で、女神に関する一冊の古ぼけた本が女性から女性へと受け渡されていた。シルヴィア・ブリントン・ペレラによって書かれた『女神への降臨（*Descent to the Goddess*）』（Perera 1981）と呼ばれるその本は、紀元前3000年頃に粘土板に書かれたシュメールの詩の中で、イナンナは冥界に行くことを決意する。大いなる下界の女王エレシュキガアルは、激怒する。彼女は、シュメール人が墓に寝かせたように、上界の女神を「裸で頭を低くして」連れてくるように主張する。エレシュキガルはイナンナを殺し、その亡骸を杭に吊るすと緑色に変色して腐敗してしまう。この後イナンナは帰るが、エレシュキガルの試練は強烈であった。

このグループの知り合いの女性たちは、この物語が大好きだった。彼女たちは、引き裂かれる体験としてその神話を語ってくれた。自分の中の善良な少女であるイナンナが、エレシュキガルのような激しい怒りと欲望によって破壊されるのを感じる体験として語ってくれたのである。彼女たちは、神話の経験を、考えることができないほどひどい月経痛、自殺願望、中絶、狂気、仕事や恋人を失うこと、母親や文化や自分自身への憎しみを発見する経験として説明した。彼女たちは、自分たちの人生の中で神話を演じ、そうすることで人生が変わっていったと説明した。ある女性は、台所のテーブルの上で米粒を数えていると、宝石を失い、肉のように腐っていくのを感じている自分に気づいたと言う。これらのエピソードは全て神話の話である。彼女はこのように神話を体感したところ、それまでうまくいかなかったのに、妊娠したのだと語った。

フランセスとは、このようなグループで出会った。彼女は20代の頃、フェミニストへの目覚めの一環として魔術に夢中になった。彼女は中世の写本修復という中世愛好者の夢のような仕事に就いていたが、自分自身に苛立ちを覚えていた。つまり彼女は自分があまりに控えめで従順すぎると思い、自分は男性が支配する世界でそうなってしまったと感じ、歯がゆく思っていたのだ。思春期の頃、彼女は強い信仰心を持っていた。彼女は、自分自身のセクシュアリティを「不潔」だと思わせるようなキリスト教が許せず、キリスト教から離れたと語った。数年後、彼女はフェミニストのスピリチュアリティについて読み始め、最終的に自らを魔術師や魔女と呼ぶ人々のサークルに行き着いた。彼女は神性を求めたが、同時に変容も求めた。彼女は違うものになりたかったのだ。ある晩、私たちは闇の女神について話をした。

イナンナとエレシュキガルの話はとても重要だと思います。これは、それぞれの女性が経験する、ある種のシャーマニズム的な体験です。精神分析的な観点から見ると、彼女は自我の防衛を全て捨て、それらの装飾を全て取り去り、玉ねぎの皮を芯まで剥いてしまうのです。芯の部分には暗い鏡のようなものがあり、それは闇の姉妹のようなものです。イナンナが釘にぶら下がって腐っていく姿は、私たちが受け入れるように条件づけられている、外側の装飾をはがすようなものなんです。肉のように腐ってしまうと、全てを失ってしまいます。それはとてもシャーマニズム的ですよね。あなたは自分の骨格の中に座り、肉が腐り、全てを失う。核となる体験をするのです。その後、生まれ変わり昇天します。服も宝石も全て返され、昇天し、彼女は天国の女王になるのです。

あなたは肉のように腐って、タマネギを芯までむかなければならない。私たちは、女性が自分の本質を隠すことを学ぶ世界に生きている、とフランセスは語った。絶望や欲望や怒りを表に出さないように、いい子でいることを学ぶのだ。しかし、絶望や怒りの感情は本物であり、私たちはそれを何層もの社会的装いの下に隠しているのだと彼女は言う。それは世界ではなく自分自身に出会う痛みで、少なくとも世界が自分にしたことに出会う痛みだ。それは、アドリエンヌ・リッチ〔（1929～2012年）フェミニズムに大きな影響を与えたアメリカの女性詩人〕のように、自己の内面に深く潜り込むことである。

そして、それこそ彼女が実行したことだった。フランセスはアパートの二部屋のうちの一つを女神のための神殿（彼女の用語）として用意した。60体ほどの女神像や絵が壁一面に飾られ、それぞれの壁が季節とその時々の女神に指定されていた。ネフティス、ヘカテ、ペルセポネは冬、イシスとアフロディーテは夏を表している。手描きの背の高いエジプトの神々の壁画が、この部屋を支配していた。フランセスはこの部屋で儀式を行い、瞑想することもあった。女神のイメージに囲まれて暮らすことを選んだのは、女神のイメージによって、ある種の体験の仕方に接近し、またそれを思い出すことができるからだと彼女は言う。「私たちはそれを表現する言葉を持たないですし、それを明確にしようとすると、奇妙に聞こえるのです。…（イメージは）言語で、しかも感情を表す言語なので、異なる感情状態や感情のトーンを持つ女神の道標のようなものがある風景で、感情を表現する方法なのです」。私が彼女を知っていた頃、彼女が最も愛した女神はセクメトという、火と結びつき、獅子の頭を持つエジプトの女神だった。フランセスはセクメトの炎を欲していた。彼女は、自分自身の欺瞞を焼き尽くし、自分自身の力で燃え上がることを望んでいた。かつて私は、彼女がセクメトについて書いた儀式に立ち会ったことがある。彼女は参加者を（想像の中で）火の回廊に導き、炎に囲まれた恐ろしくも美しい獅子に対峙させた。彼女自身の〔魔術の〕

実践のなかで、彼女はこれを何度も繰り返した。

徹底操作

これは人類学で最も古い問いの一つである。象徴や物語はどのように私たちを変化させるのだろうか？1986年に、ジェイムズ・ダウは、ダニエル・モアマン（Moerman 1979）の論文に基づき、「象徴的治癒」には四つの特徴があるという議論を展開した。第一に、治療者と患者が神話の世界を共有していること、第二に、治療者が患者に、問題は神話の言葉で理解できると説得すること、第三に、治療者が患者に感情的に神話に関与させること、第四に、治療者がそこで神話を操作し、患者がその操作によって変化したと感じるようにすることだった。神話の象徴（言葉、イメージ、物語）が患者にとって感情的にリアルに感じられるようになると、他の誰かがその物語を作り直すことによって、患者の経験に影響を与えることができるというものだ。

多くの人類学者にとって、このプロセスを捉えたエッセイと言えば、出産に悩むクナ族の女性について書いたクロード・レヴィ＝ストロースの「象徴的効果」[*1]だ。その中でレヴィ＝ストロースは、シャーマンが女性のために歌を歌ったことについて書いている。その歌は女性の苦悩を物語っていた。助産婦がシャ

＊1　1958年に公刊された論集『構造人類学』（Lévi-Strauss 1958）の第10章として収録されている。

ーマンを呼ぶことにしたこと、助産婦が森の小道を走って彼を探したこと、彼がやってきてコカを焚き、痛みに苦しむ女性を助ける小さな木の置物を組み立てたことが歌われている。この歌は日常の現実を忘れさせた。そして、女性の産道を行進してきた善い精霊（ngellum）が、女性の魂を盗んだ女神の悪い精霊と戦うことを歌った。その戦いに良い精霊が勝利し、子どもが生まれた。レヴィ＝ストロースは、シャーマンが、女性が痛みを感じ取るように、細かい描写を用いるやり方を強調している。

まるでシャーマンが具合の悪い女性に…痛みを通して最初の状況を再現し、非常に正確で強烈な方法で、その最も細かい部分に心理的に気づくように誘導しようとしているかのように、全ての出来事が生起する。(Lévi-Strauss［1963］1974：188)

彼は、細部が幻想的な物語を等しく説得力のあるものにすると書いている。

この治療法では、それに先立つ出来事の歴史的な説明から始まり、二次的なものに見えるかもしれないいくつかの要素が、…贅沢に扱われている。そして、そのような「治療」が、いわばスローモーションで撮影されたかのように、豊かなディテールをもって扱われている。(Lévi-Strauss［1963］1974：188)

彼は、ヒーリング・ソングが効果を発揮する時には「もともと感情レベルに存在する状況を明示し、身体が拒否している痛みを心に受容させている」と論じた（Lévi-Strauss［1963］1974：192)。

先述のダウが見落としているのは、シャーマンの物語りが、女性たちがこれらの善良な小さな霊を生き生きと想像するのを助け、この生き生きとした感じが、女性たちが自分の身体に存在していることを感じるのを助けているという点である。私はダウの四つのステップを次のように書き直す。

1. 期待すること：シャーマンは、苦しんでいる女性に、精霊が今現れると告げる。

2. 曖昧さ：シャーマンは、目に見える現実的なものの描写から、心の目でしか見えないものの描写へと物語を移行させるが、非物質的な現実と物質的な現実を区別していないようだ。彼は、それらを織り交ぜる現代文学では魔術的リアリズムと呼ばれる手法をとっている。

3. 鮮明さ：シャーマンは、善い精霊の視覚的なディテールと音を、女性が自分の目で見ることができるように描写する。例えば彼らの尖った帽子、大きな叫び声、先の尖った槍である。

4. 関わり：シャーマンは、女性に精霊と対話するように誘う。彼女は精霊が自分の中にいることを感じ、次々に応答することができるようになる。

霊がリアルなものになって初めて、彼らは効果的に働くことができるのだ。

精神分析の「徹底操作」の中心的な考え方は、自分の内的体験に対する他人の解釈を、その内的体験の真実の説明として受け止めるようになることだ。その解釈は最初はありえないと感じるので、解釈を受ける人はしばしば何度もその解釈と格闘する必要がある。習慣というものは、自分自身を納得させる習慣も含めて、なかなか断ち切れないものだ。クーナ族の物語のポイントは、シャーマンの仕事とは、出産に悩む女性の内面で精霊をリアルに感じられるようにすることだということである。多くの批評家がこの説明に問題があると指摘している（Severi 1993など）が、要点は、外側の表現と内側の経験の間の境界を曖昧にするには努力が必要で、曖昧にすることができれば結果をもたらすことができるということなのだ。

夢は本来、境界を曖昧にするものだ。夢は夢見る人のものである。それは「私らしさ」の質を持っている。しかし、夢はまた、それが外から来るかのようにも感じられる。夢を見る人が何を夢見るかを選んでいるわけではないからだ。人類学者のアミラ・ミッターマイヤーは、『大切な夢（*Dreams That Matter*）』（Mittermaier 2010）で、カイロにある夢占いの長い伝統を理解しようとした。彼女は、夢解釈の才能で知られている首長、信心深いグループのメンバー、そして普通の人々と話をした。人々は、自分の夢について、それを理解する手助けをしてくれる人に語り、そしてまた夢を見る。いくつかの夢は何をすべきかを彼らに告げ、いくつかは洞察を与えた。夢は驚くべき人間的な出来事である。それは自分のものでありながら、自分のものではない、ステファニア・パンドルフォ（Pandolfo 1997 : 184）が言うように「他の場所から到来するパロール（言葉）」である。つまり夢は個人的であると同時に非個人的なものであり、自分の内面から発せられる、まだ話していない言葉のように感じられるので、変化をもたらす鮮やかな象徴となりうる。ミッターマイヤーは、カイロでは夢を見るという行為が、人々にとって葛藤を解決し、選択をするための手段となっていることを見抜いた。ミッターマイヤーのインタビュー相手の一人が主張したように、夢は、日常の世界を超えて、本当に重要な神的現実を見るための手段となったのである。

精神分析医のように、シャーマンのように、セクメトに立ち向かうフランセスのように、内と外の境界を曖昧にすることで、「徹底操作」は成し遂げられる。プロセスを成功させるには、その作業が繰り返し行われなければならない。シャーマンの戦い（一回限りの介入）でさえ、多くのスタンザ、多くの語り、ひねりのある筋書きを用いる必要がある。

より暗い暗黒面

いかなる剣も諸刃の剣だ。多くのキリスト教徒が母子間のまなざしのような強烈な愛に抱かれていると感じる鮮烈な内なる他者〔＝キリスト教の神〕も、次のような人々には息苦しく感じられることがある。つまりセクシュアリティ、政治、家族などの理由で、臨在するようになった神が自分たちを蔑んでいると意識化する人にとっては、息苦しく感じられるかもしれないのだ。ケビン・フランネリーら（Flannelly, Kevin, Kathleen, Ellison and Harold 2010）は、人が、自分を愛してくれていると感じる神に祈るほど健康になり、自分を裁いていると感じる神に祈るほど精神疾患の症状を多く発症することを観察している。

さらに、神や霊との関係が、その人の身体や精神にとって良い方向に人を変えることがあっても、その神や霊が必ずしも社会にとって良いものであるとは限らない。私は多くの保守的なキリスト教徒のコミットメント〔献身・信仰生活〕と格闘してきた。例えば、貧しい人々をどのようにケアするかという彼らの判断は、イエスが下しただろう判断ではないように見える。何人かの福音派の信徒は、自分たちが持つようになった道徳的な公約に驚きつつも、その公約はイエスと自分たちの関係のあり方から生じたものだと理解していると報告した。人類学者にとって、これはジェームズ・レイドローの『徳の主体（*The Subject of Virtue*）』（Laidlaw 2012）が含意したことだ。本書の中で彼は、倫理とは、特定の社会とその社会的関係の中で自由が展開される方法として理解されるべきだと主張している。一旦、神を地球規模のクンバヤの表現ではなく、特定の社会的アクターとして扱うならば、私たちは、その関係から生まれる道徳的理解が、それ以前に私たち自身が持っている道徳的理解とは異なり得るという困難な真実に直面することになる。

保守主義者イエス

60年代の騒乱の後に出現した福音派キリスト教のラディカルな革新は、イエスが歴史的にだけでなく、現在も一人の人物であって、とりわけあなた自身とパーソナルな関係を持っているという主張にある。このイエスは、パレスチナで彼がしたのと同じように、考え、感じ、愛し、泣き、怒る。あなたは彼に、どんなシャツを着るべきか、どんなシャンプーを買うべきかを尋ねることができる。彼は生きていて、あなたが親友と持つような、より良い友情をあなたと持ちたいと願っているのだ。ある牧師が言っていたように、この生きていて、呼吸しているイエスは「強烈な人物」だ。「彼は私をイラつかせます。私は彼に同意していません。離婚と結婚に関する彼の教えは、過度に厳格に見えます。でも、彼は厄介で、複雑です。彼は一人の人物でした。彼は凡庸ではありませんでした」。

複雑なイエスは多くの質問を投げかけてくる。福音書の中で、イエスは「私に従いなさい」と言う。しかし、彼はどのようにとは言ってはいない。福音書は逸話やことわざの寄せ集めであり、異なる読者に向けて書いたと思われる著者たちによって、個々に異なる方法で再話されている。ある福音書では、イエスは自分が誰かわかった人々に、「誰にも言わないように」と言う。別の福音書では、イエスについて告げ知らせろと言う。ある福音書でイエスは売春婦を石打の刑から守り、イチジクの季節でもないのに実をつけないイチジクの木を罵り、その木は枯れて死んでしまう。彼のたとえ話はしばしば意味をなさず、信奉者たちも時折理解できなかった。ある福音書で彼の両親は、イエスが正気を失ったかのように振る舞っている。何度もイエスはテキストから直接読者を見て「あなたは私を誰だと言うのか」と問いかけているように見える。

福音派教会でイエスを発見する時、その人は2千年にわたる解釈と釈義の果てに、イエスのもとにやって来ることになる。新しい入信者が、即座に新鮮な形でイエスを理解する、つまり祈りと聖書に没入してイエスとは何者かを発見すると想像するのは単純すぎるだろう。しかし、今だに多くの新参者、そして教会で成長し、後に自分自身でイエスを時には何度も何度も再発見する人々でさえ、イエスを新鮮に発見する感じがすると言っている。

現代の福音派キリスト教徒のほとんどが、信仰とは、神が誰であるか、そして神が特にあなたに何を望んでおられるかを常に理解しようとする**発見のプロセス**だと語っている。福音書に登場するイエスが完璧であると同時に複雑で厄介な人物であることは、このプロセスの中心をなす。イエスは両替商を追い出した怒れる若者であると同時に、理想的な友人でもある。ハウスグループでは、人々は座り、その週の神やイエスの経験についてお互いに話す。しばしば、あるメンバーは、神がいかに彼女自身を混乱させるかについて説明する。すると別の誰かが、神が彼女に失望するはずがないかのように、神がどれほど彼女を愛しているかを思い出させ、またイエスが何か奇妙なことをする別のくだりで彼女を困惑させるのだ。

この発見プロセスが原因で、福音派キリスト教徒は常に、自分自身を、実際に自分である誰かではなく、神が望む何者かとして想像している。信仰は受容ではなく憧れの問題となるのだ。あなたがなれる人、なるべき人は常にあなたという人間から生まれ、あなたが見つけるイエスはあなたを揺るがす可能性がある。

福音派キリスト教の謎の一つは、この運動が、１９６０年代にＬＳＤと異言を話すことを結びつけた、左派ヒッピーのキリスト教文化から部分的に生まれたことである（Eskridge 2013）。主流派は彼らを「ジーザス・フリークス」と呼んだ。学者たちがまだ議論を続けている複数の理由から、福音派は現在、政治的右派にがっちりと組み込まれている。この右傾化を、ヒッピー・クリスチャンを指導するようになった保守派の牧師が原因だと説明する者もいれば（Shires 2007）、左翼政治と結びついた太平洋沿岸のエリートに対する怒りが原因だと言う者もいる（Hochschild 2016）。私は以下に、自分自身の変容はイエスとの関係から直接発展したというある女性の説明を提供したいと思う。

ベッツィーは、私が会った時には、カリフォルニア州オレンジ郡に住む中流階級の60代女性だった。10代の頃、左派のプロテスタントになり、ベトナム戦争中はヒッピー・クリスチャンになり、その後すぐに中流階級の福音派教会の常連になった。一旦教会に落ち着くと、民主党について彼女が主に悩まされたのは、自分たちだけではやっていけない人々が政府からの援助を必要とするという感覚だった。「神は私たちが働くことを望んでいます」と彼女は言った。食べ物、住居、医療など、かつては権利だと思っていたものを、彼女は今では施しだと思っている。そして、彼女は自分が反体制的な放蕩者であったことを戒めた。「ヒッピーの時代、私たちは皆、権利を与えられていました。皆そのように感じていました でも、そこから成長して抜け出すものだと思うんです。願わくは」。

ベッツィーは、自分が右傾化したのは、常に自分より優れた存在であろうとする生き方にコミットしたからだと語った。福音派キリスト教徒は、神を信じることをイエスかノーかの命題のように語るのではなく、神と共に歩み、成長することとして語る。つまり、神があなたに望んでおられることについて、あなたはもっと自信を持てるようになっていますか、神が望んでおられる人物にもっと近づいていますか、と互いに問いかけるのだ。

ベッツィー(60年代に子ども時代を過ごし、10代の頃、LSD常習者たちと一緒に過ごした人)にとって、これは何よりも依存を避けることを意味し、実際彼女はそれを中毒(アディクション)として語っていた。現代のアメリカの福音派では、罪は直接的に薬物乱用のモデルで語られている。「私たちは皆、中毒者だ!」私が参加した福音派の会議で、ある指導者が叫んだ。彼はステージを行ったり来たりして、拳で空気を叩きながら、私たちは心の中の空虚さを埋めるために、孤独に対処するために、失望した仕事や結婚に対処するために中毒に走ったと主張した。ベッツィーは「暫定的に人々を助ける、そういう政府のプログラムには大賛成です」と言った。「でも、それに依存するようになったら、それこそ一線を超えてしまいます」。ベッツィーは自分が共和党員になってしまうとは思ってもみなかった。ヒッピーだった彼女は、困窮者を支援して金持ちを解体する左派政治、つまりロビンフッド版〔金持ちから奪って貧者に施す〕のカウンターカルチャーに身を献げていた。今、彼女は、人々が麻薬のように助けを求めるという考えにたじろいでいる。彼女にとっての元凶は、政府、労働組合、民主党で、これらは全て、彼女の考えでは、最終的には受給者を破滅させるような援助を与えているのだ。「福祉が始まったころはよかったと思うんです。労働組合が始まった時はよかったと思います。でも、組合はおかしくなってしまった。そして今、私たちはモンスターを作り出してしまったのです。民主党はこのモンスターに餌を与え続けるような気がします」と彼女は言う。

モンスター。彼女が語っていることはまるで黙示録の幻視のようだ。獣が悪魔の力で押し寄せて国を奪い、主の僕《しもべ》たちが鎧を着て戦いに乗り出すのである。この話では個人のスピリチュアルな成長は天使の側にあり、政府のプログラムは獣の側にある。彼女は言う。「私たちが施しをすると、誰かの成長を阻害することになるのです。そうすると、その人は前に進めないし、なりたい自分、なることができる自分、なるつもりだった自分になれません」。

ベッツィーの考えが道徳的なビジョンになっていることにたじろぐ読者がいることは、私も理解している。彼女の話をしたのは先に述べたことを強調するためだ。つまり個人は神との関係を深めることで利益を得るかもしれないが、その神のイメージの仕方が社会全体にとって利益になるとは限らないのである。

また、人間と神との関係が全て良いものであるとも限らない。全知全能の神と親密な関係を持ちながら、その神が自分たちを軽蔑していると思い込んでいる人は、困ったことになる。私はこれまで、神がどのようにリアルになるかということを順序立てて説明するにあたり、空から感じられる強烈な愛が、人々を突き動かすということを強調してきた。しかし、神と人間の間に親密さを生み出すのに役立つ実践は、誰かを悲惨にする神を築き上げることにもなりかねない。内なる他者が自分を激しく否定する時、それは自分自身の自責の念よりもつらく感じられることがある。まるで自分が内側から牢屋に入れられているような気分になるのだ。若い福音派が思春期になって、自分が貞操を守れないこと、間違った性別に惹かれること、周囲の人々の政治性に耐えられないことに気づくと、安全だと感じられる方法で神を作り直すのに何年も苦労することがある。人間同士の関係もしばしば難しいものだが、人間と神との関係も同様に難しい。私がここで言いたいのは、人間が神を応答者として経験するようになった時、彼らは関係を体験し、それが彼らを変えるということだ。疫学的なデータによると、平均して、これは体にとっては良いことである。

ここで私は以下の観察結果も追加したい。人間と神との関係は、多くの点で現実の社会的関係と同じなのだ。人類学はこのことを必ずしも真剣に受け止めてこなかった。

臨在に関わること

私はロバート・オルシと同じ結論にたどり着いたが、出発点は異なる。オルシは、プロテスタントの読者に対して、彼らの強調する信仰が党派的な強迫観念であることを指摘するために『歴史と臨在（*History and Presence*）』（Orsi 2006）を書いた。彼は、ノースブロンクスのイタリア系アメリカ人のカトリック労働者階級で幼少期を過ごした。大学で彼は、宗教がいかに社会的ニーズから生まれ、人々の世界の見方を構築してきたかを説明する冷静な学問的議論を見た。しかし、このような議論は、自分の過去に照らすと正確ではないと彼は気づいた。彼の子ども時代には、イエスもマリアも聖人も現実だったからだ。人々は、祈りに応えない聖ユダに腹を立てると、彼が自分のしたことを考え直すように、彼の像を車の後ろに放り込んだりしていた。「ここに古いシボレーの床の上で逆さまになっている聖なるものがあるぞ！」（Orsi 2016：98）オルシにとって、神のリアリティとはある気分であって、信念ではない。カトリックの「豊かな生活」を理解するためには、ある物やある人の中に、いかに日常を超えたものが臨在しているかを理解しなければならない、と彼は繰り返し主張する。

私は、神々は重要な意味を持つ仕方でリアルにされなければならないと主張してきたが、オルシの研究には、こうした現実制作《リアル・メイキング》のプロセスも見て取ることができる。もし、カトリック教徒として生まれた男が、祈ることも、告白することも、ミサに行くこともなければ、聖ユダの像を床に投げつけた時に、聖ユダがメッセージを受け取ったと考える可能性は相当低くなるだろう。オルシと同様に私は、信仰を理解しようとするならば、信仰だけでなく、関係にも焦点を当てるべきだと考える。「本当に臨在する特別な存在と関係を持つということは、人類と同じくらい古く、個々人の幼年期と同じくらい新しい。世界は今日もこうした仕方で宗教的なのである」（Orsi 2016：51）。

私たち学者は、神についてこのように語らないことが多い。人類学者のジョン・ビアレッキ（Bialecki 2014）が指摘するように、民族誌では、宗教家が何を行い、何を言い、何を考えるかについて長々と述べ、彼らの生活の中で神がどのように出現するかについては言及しないことが珍しくない。彼が言うように、「率直に言って、世界の行為主体としての神を無視することは、多くの情報提供者の信念を無視したり軽んじたりするだけでなく、彼らの世界との関わりの重要なモードを見落とすことになる」（Bialecki 2014：33）。人々が神や霊をどのように体験するのかを扱った民族誌、つまり神の民族誌とでも言うべきものは比較的稀だ。しかし、これは間違っている。ブルーノ・ラトゥールが人間以外の物体について私たちに教えようとしているのは、根本的な意味において、物体が人々の生活の中のアクターであるということだ。ラトゥール（Latour 2005）は、科学的事実とは社会的に構築されたものだという我々の理解について、最も責任のある社会学者の一人なのだが、奇妙にも彼は宗教に関する研究において、科学の中で働いていると彼自身が考える現実制作《リアル・メイキング》の過程から神を排除しようとした。私の考えでは、彼はカトリック教徒として、神がある意味で構築物だと理解されることを避けようとしている。しかし、もし私たちが何よりも人間との関係の中で神を理解するなら、現実制作《リアル・メイキング》は自然にそのプロセスの一部となるように思われる。神々や霊が応えてくれるという感覚、つまり関係こそ、現実制作《リアル・メイキング》が生み出すものなのだ。

もちろん信念は重要である。信仰の枠組みに話を戻すと、「信念」という概念は、神々や霊が人間にとってどのような意味を持つのかを理解する上で明らかに重要な存在論的コミットメントを捉えている。神や霊が重要だという思考様式を理解するための分析装置として、私が「信仰の枠組み」を導入したのは、（ニール・ヴァン・リューウェンが論じているように）世界について日常的に考えるやり方では、たとえ自分を敬虔だと理解している人にとっても神や霊は明らかに重要ではない場合が多いと思われたからだ。神や霊についての信念は、テーブルや椅子についての信念とは異なる。なぜなら、神や霊についての信念は、日常世界についての信念とは異なり、括弧に入れたり脇に置いたりすることができるからだ。信仰の枠組み、つまり神や霊に対する存在論的態度は、人間が神や霊がリアルだと感じるようになることで所定の位置に固定され、関連性を持つようになる必要がある。これは究極的には関係のことで、正しい考えや間違った考えのことではない。信仰の枠組みと実践が一緒になって、神や霊が臨在すると感じられるようになるのだ。

これらは結局のところ、モルテン・ペデルセン、マーティン・ホルブラード、エドゥアルド・ヴィヴェイロス・デ・カストロ、アパレシダ・ヴィラサらが、人類学の「存在論的転回」と呼ばれるものについて議論してきた問題だと私は思う。彼らは、アマゾンやモンゴルの人々の一見奇妙な主張を、誤った信念として排除するのではなく、出来事として理解することを求めてきた。彼らは、（誤った）解釈から（実際に）感じた体験に、視点を転換することを望んできた。重要なのは、女性がジャガーになるかどうかではなく、ジャガーの霊がこの世に実在すると感じられるかどうかで、信念に焦点を当ててしまうと、その体験を見逃しがちだと彼らは主張する。ジョエル・ロビンスが指摘するように、人類学者はしばしば超越という考えに違和感を覚える。魔術を、悪との対決として感じられるものではなく、社会的葛藤の表現を可能にするものとして理解しようとしたように、人類学者は、宗教を社会で機能する（あるいは機能不全に陥る）何らかの信念として理解することを好んできた。

　神々や霊を関係として理解することは、人間の信仰体験により忠実だ。また、より敬意に満ちてもいる。私自身は、目に見えない他者がどこかにいるとか、離れて座っているとか、空にひげを生やした男がいるという考え方に対して、個人的には抵抗がある。そのような神が存在するとは思えない、とあなたは言うかもしれない。しかし私は、信者と呼ばれる人たちを、誤った信念を持っていると評することにも違和感を覚える。哲学者のドナルド・デイヴィッドソン（Davidson 1984）が「プリンシプル・オブ・チャリティー」[*2]と呼んだものと共に進むほうが、より誠実だと私は思うのだ。つまり、ある発言（「私は神を信じる」）が、私たちも共有する理解の文脈の中でどのように真であるかを理解すべく努めることである。私は、神や霊がテーブルや椅子のように世界に存在すると仮定することなく（仮定したら、その人の信念は誤りであると結論づけなければならないかもしれない）、また彼らの言葉を単なる比喩だと仮定することなく（仮定したら、私が話している相手にとって神や霊はリアルではないと暗示してしまう）、神や霊が相手にとってリアルになる方法を理解しようとした。この謎が、何十年にもわたって私の仕事の中核をなしてきた。

　私の解決策は、神や霊が、人間の実践を通して人々にとってどのようにリアルなものとなり、真に自律的な存在として、つまり人々の生活のなかの行為主体として経験されるようになるかを理解することだった。人々は神や霊が重要だという信仰の枠組みへの存在論的なコミットメントを持っているが、そのコミットメントは、神や霊が感覚的な仕方で鮮明にリアルだと感じられるようになることで妥当なものにならなければならない。そのように私は考えるようになった。

　それゆえ、二つの分析的ストーリーがある。まず「信仰の枠組み」という物語があり、それは人々がいつ神々や霊が重要であるか、またその存在論的態度が他の信念や思考、態度の生態系でどのように機能するかを考える方法だ。次に、実践や方向づけ、注意の訓練を通じて、現実性《リアルネス》の感覚がどのように発火《キンドル》するかという物語がある。信仰の枠組みと発火《キンドル》は互いに支え合っているが、探索すべき謎は別個のものだ。

　私のアプローチは、ある事物がこの世に存在するかどうかという問題（神は存在するのかしないのか）から、様々な瞬間や経験を通じてある存在者がどのように認識され体験されるようになるのか（どのように神や霊が人々にとってリアルに感じられるようになるのか）という謎に移行した。誤解のないように言うと、リアルに臨在するものとして神や霊に注目するということは、それらを研究する者が、古い車の後部座席

＊2　人の発言は、その真理性と合理性が最大になるように解釈されなければならないという分析哲学の原則。

に逆さまに置かれた聖なるものが本当にそこにいると仮定する必要があるということではない。つまり、私たちの疑問は、人々がなぜ神々や霊をリアルだと考えるのかについてだけでなく、それらがどのようにして彼らにとってリアルになり、臨在するのかについてでなければならない。そして、神や霊が人々にとってリアルに感じられる時、それらは人間が愛し、議論し、闘うことができる存在になっていることを理解する必要がある。神や霊と人間の関わりについての深い人類学的な謎は、人々がどのようにしてこれらの目に見えない存在を自分の人生にとって重要だと強く感じるようになるのか、つまり目に見えない世界がいかに人間に近づき、生き生きと見つめ返すようになるのかなのだ。

訳者あとがき

本書『リアル・メイキング：いかにして「神」は現実となるのか』は、スタンフォード大学人類学部の教授、ターニャ・ラーマンの著作 *How God Becomes Real: Kindling the Presence of Invisible Others* (Princeton University Press, 2020) の全訳である。著者のターニャ・ラーマンは、民族誌を書く人類学者のアプローチと、心理学の定量的研究を組み合わせる研究者で、本書は、学際的に展開する優れた人類学研究に与えられるＪ・Ｉ・スタイリー賞を２０２４年度に受賞した。フィールドワークと参与観察、定量的調査と実験の結果を総合し、さらには歴史及び哲学研究の成果も参照する彼女のダイナミックな研究は、心が生み出す最も不可思議な現象（神々、霊、幻視、幻聴、魔術）を対象としてきた。ラーマンの射程は制度化された宗教に限定されない広さを持っている。そのことを端的に伝えるために、本書の邦訳タイトルは、ラーマン本人にも相談の上で「リアル・メイキング」とした。

ラーマンの研究の特徴は、こうした非日常的な現象を単なる個人の思い込みや信念、つまり「現実ではないもの」だと断定しない点にある。もちろん「神」や幻聴が現実《リアル》であることは、テーブルや椅子のような他の事物が現実《リアル》であるのとは異なる。しかし、何らかの仕方で「目に見えない他者」を現実であると感じる人、少なくともリアルに感じるために祈ったり、儀式をしたり、多くのコストを割いて努力する人たちがいるのは確かなことだ。それゆえ、現実か非現実かという二分法で考えるのではなく、どのようにリアルであるのか、またどのような仕方でリアルになるのかを問うべきだとラーマンは考えている。このような考え方が、彼女自身が唱える概念であり、邦訳のタイトルでもある「リアル・メイキング」には込められている。ラーマンの見立てでは、宗教や魔術を実践する人たちの「リアル・メイキング」は、私たちが小説のキャラクターをリアルに感じることや子どもの頃のごっこ遊びに近い。

ラーマンの代表的な研究対象の一つは、本書でも随所で触れられているアメリカ合衆国の福音派キリスト教徒だ。米国の福音派キリスト教徒たちは、特に２０１６年のアメリカ大統領選挙以来、ドナルド・トランプの岩盤支持層のキリスト教保守として注目されるようになった。ラーマンは本書の前に福音派研究を一冊にまとめているが（Luhrmann 2012）、その研究上の関心は、主に「神の声を聞く」という彼らの実践に向けられていた。宗教の核心とは非現実的なことを「信じること」ではなく、目に見えない他者をリアルな存在にする「リアル・メイキング」にあるという見解自体、ラーマンは福音派の参与観察から得たと言う。リベラル層からは狂信的な極右とみなされることも多いこの集団を、ラーマンは政治的な文脈とは別の「リアル・メイキング」の観点から、長期間に渡って参与観察している。ラーマンの共感的な参与観察に基づく民族誌は、リベラル側の福音派理解に貢献し、福音派側からも歓迎された。

この「リアル・メイキング」という観点に基づき、ラーマンのそれまでの研究成果をまとめたのが本書である。ラーマンが本書で言及する調査対象は、以下のように福音派以外にも多岐に渡っている。大都市ロンドンで魔術を実践する人々（Luhrmann 1989）、インドのエリートでありかつマイノリティであるゾロアスター教徒（Luhrmann 1996）精神医療及び精神分析（Luhrmann 2001）、サンテリア、世俗的生活から正統派の信仰に回帰したユダヤ教徒などだ。ラーマンが直接調査対象としているこれらの集団は概ね、1960年以降に興隆した、中産階級が担い手となっている文化現象であることを付言しておきたい。

本書の概要

本書の概要は序にもまとめられているが、改めてここでも確認しよう。

第1章は、神や霊などの目に見えない何かをリアルに感じるためには、努力が必要だという指摘から始まる。人が目に見えない神や霊をリアルに感じるためには、特別なやり方の思考、期待、記憶によって世界を解釈しなければならない。この解釈の枠組みをラーマンは**「信仰の枠組み（faith frame）」**と呼び、また**信仰とは「真面目なごっこ遊び」**だと言う。

第2章では、**目に見えない神や霊をリアルに感じるためには、詳細に書かれたテキストが有効であること**が示される。ディテールに満ちた物語は、目には見えない世界とそこにいるキャラクターを繰り返し読者に想像させ、リアルに感じさせる。ラーマンはここで「パラソーシャル」という社会学の概念を援用し、私たちが会ったことのないメディアで見る登場人物に親しい感情を抱く現象は、信者が神や霊と結ぶ関係にも当てはまると述べる。また非日常的な「信仰の枠組み」に入るために人は、特別な言い回しや振る舞いといったルールを覚えたり、**多くの献身や時間的、金銭的コストを割く必要があると言われる。**

第3章では、**想像に没頭し、目に見えない他者をリアルに感じる状態が「没入（absorption）」という心理学の概念で定義される。**ラーマンによれば、（彼女自身がそうであるように）明らかに没入向きの心理的傾向があり、それは訓練によってある程度修養されるものでもある。

第4章では、目に見えない神や霊をリアルに感じるやり方は、個々の文化圏特有の「心」の捉え方から影響を受けることが指摘される。例えば世界中の福音派キリスト教徒が「神の声を聴く」と語るが、内面と外界の区分が明確な、西洋的な「心」モデルを持つアメリカ人は、神の声が聴こえることを内面で認めつつ同時に異常事態だと感じている。これに対して、共同体志向のインド人は「神の声」を身近な人々との関わりの中に最も鮮明に見出し、肉体的な実感を重視するアフリカのガーナ人は他者の悪意や呪いと戦うために神がより物理的に働くと感じている。

第5章では、目に見えない他者がリアルになるプロセスが、**「発火《キンドル》」**という概念によって分析されている。例えば「鳥肌が立つ」といった物理的現象は、社会や周囲の環境によって特別な意味が与えられることで、経験した当人にとって際立つようになる。その結果、当人は同様の現象に注意を払うようになり、更にはそういうことが起こるのではないかと期待することによって、当該の現象は一層引き起こされやすくなっていく。

第6章は、リアルに感じられるようになった**神や霊がもたらす変化**についてであり、「祈り」が取り上げられている。ラーマンによれば、「祈り」とはメタ認知《コグニション》である。それはマインドフルネスや精神療法のように、**自分が考えていることについて考えさせ、自分の思考への向き合い方を変える**ことで、実践する当人の現実認識に大きな影響を与える。

最終章の第7章は、目に見えない他者を実在させる諸々の実践が生む最も重要な変化に踏み込んでいる。ラーマンによれば、**一旦目に見えない他者である神や霊をリアルに感じるようになると、人は、その他者と情緒的でパーソナルな関係を結ぶようになる。**関係が人に与える影響は大きい。考えや信念は捨てることができるが、私たちは、家族やパートナーとの関係と同様に、神や霊との関係を簡単に捨てることはできないし、根本的な気分や性格に至るまで大きな影響を受ける。社会的な関係こそ、現実制作《リアル・メイキング》が実現するものだとラーマンは結論づける。以上を前提にラーマンは、世界中で起きている宗教同士、宗派同士の対立、またアメリカで進行中の福音派を含む右派と左派が繰り広げる文化戦争を解決することが、極めて困難であることを認めている。

今日の社会状況に照らして

本書が公刊される2024年、イスラエルと中東諸国の緊張は高まり、米国のみならず欧州でも右派と左派、あるいは親イスラエルと親パレスチナが激しく対立している。21世紀を迎えてから、こうした宗教、政治の領域での集団間の対立は両極化する傾向にあり、合意点を見つけることが非常に難しくなってしまった。こうした極化（polarization）の原因は、しばしばソーシャル・メディア（SNS）だとされてきたが、本書のラーマンの議論を参照するならば、これらの対立は、考え方や思想の対立というよりも、「自分が何者であるか」をめぐるアイデンティティを賭けた戦いであり、だからこそ過激化していると言えるのかもしれない。

また、日本の読者に宛てたラーマンのメッセージでも明らかなように、本書が提示する「見えない他者をリアルにする」現実制作《リアル・メイキング》という見立ては、文化消費のなかに擬似的な宗教が偏在している日本文化を理解するためにも有益だ。よく知られているように、特定の宗教に属する日本人は少ない。しかし、西洋社会でも衰退した伝統的宗教の代替物となっている占いや瞑想などのスピリチュアル、陰謀論、そして一大産業と化したファンダム・カルチャーは、ここ数年、日本社会でも一層存在感を増している。とりわけファンダム・カルチャーについては、「推し活」という日本語まで生まれ、女性を中心に活況を呈している。本書は直接的にファンダムを論じているわけではないが、トールキン文学の大ファンだったラーマン自身の経験が参照される等、随所にファン心理と信仰との類似性を見出すことができる。

例えば第1章の「真面目なごっこ遊び」という表現、その具体例でもある第2章の祭壇を作るサンテリアの信者や、イエスとコーヒーを飲むと言う福音派の信者は、「推し」のために祭壇を作ったり、「推し」の誕生日にケーキを作って祝うファンに重なるだろう。また同じく第2章には、あらゆる宗教や魔術は「聖典を持つ」という前提から、細部に渡り具体的に書かれたテキストが読者の想像力を刺激し、二次創作を生み出す仕組みが紹介されている。さらに第7章で論じられた、見えない他者とのパーソナルな社会的関係が、関係を結ぶ当事者を変えるという現象もまた、キャラクターやアイドルとパラソーシャルな関係を結ぶファンに当てはまりそうだ。事実、以上列挙した特徴は久保南海子『「推し」の科学：プロジェクション・サイエンスとは何か』（久保2022）の内容とも重複する点が多く、興味深い。訳者としては、ラーマンの共感的で精緻な分析を通じ、日本の読者が、日常生活のなかで自分たちが行なっていることの「宗教性」に気づいてくれることを願っている。

共有可能な「現実」はどこに

最後に、訳者である私自身の関心に引き寄せ、本書の意義を敷衍したい。本書が描き出す、しばしば他者と共有不可能なほどパーソナルな現実性《リアルネス》を個々人が生きている状況とは、宗教の問題という以上に、今日の社会全般の問題に見えないだろうか。１９６０年代以降の人々の現実の捉え方がどのように変化したのかを知るためにも、ラーマンの研究、そして本書は極めて有益だと私は考えている。先述したように、「リアル・メイキング」という着想の源であるカリスマ的キリスト教福音派もまた１９６０、70年代のアメリカ西海岸で現在の信仰形態になり、その特徴は主観を重視するという意味で「個人主義的」だと形容されてきた。進化生物学者のロビン・ダンバーが言うように（ダンバー ２０２３）、宗教は確かに集団の結束力を強めるものだが、60年代以降のニューエイジ的なスピリチュアリティも含めた広義の宗教的実践は、よりプライベートで個人主義的になっている。福音派キリスト教徒の熱狂的な礼拝も、集団で一体化しているというよりむしろ、個々に深く没入している人たちが集結している状態だと言えるのかもしれない。これもまた先述のファンダムと似ている点だろう。

本書でも触れられているように、ラーマンは、精神医療についても研究を行っており、精神分析やセラピー等、主観的幸福の実現にフォーカスした心理療法を60年代に特徴的なものとした上で、福音派キリスト教はこの心理療法と極めて似たものだとしている。要するに幸福感という「現実」実現のための感情操作こそが、この時期の文化の中心的で共通のテーマだったと言うのだ。それは本書が取り上げた様々な宗教やスピリチュアルな実践だけではなく、この時期に生まれたドラッグ・カルチャー、音楽などのエンターテインメントにも共通するものだろう。ラーマンも示すように、一方でカウンターカルチャーや公民権運動が進展し、他方で右傾化する宗教グループが興隆したのが１９６０年代のアメリカだった。60年代というとリベラルな対抗文化を想起することが多いが、実は右派が拡大した時期でもあり、そのいずれも主観的な幸福感と自由を追求した、自己表現だったのである。

60年代に流行した精神分析が医学からは非科学的だと駆逐されても、ポピュラー心理学や民間のセラピーとして生き残っているように、この時期の主観的幸福感を至上の目的とする文化は根強い。その傾向は日本でも数年前から顕著な「ウェルビーイング」という概念の流行にも現れているだろう。実体のないものを消費する「ハイパーリアル」（ボードリヤール）な消費社会が全面化し、感情は真実より信頼されるようになり（「ポストトゥルース」）、更にはAIやVR技術によって虚実の境界は、ますます曖昧になりつつある。このような時代に私たちに課されているのは、どうやって（もしかしたら大して幸福でもない）同一の「現実」を認め、共に生きることができるのか、という問いだろう。認知という観点から丁寧な観察に基づき現実性《リアルネス》の生成に迫った本書は、ますます見たいものだけ見て幸福であろうとしている私たちが、なぜこのような生き方をせずにはいられないのかを理解し、分析し、それ以外の可能性を模索するための出発点にもなるはずだ。

最後に、本書の翻訳にあたり、日本の読者のために資料写真を選ぶなど、様々な点でご協力くださった原著者のターニャ・ラーマンさん、心理学実験およびデータ部分の翻訳を確認してくださった中分遥さん、本書の内容が伝わる素晴らしいデザイン、装丁を実現してくださった髙橋あゆみさん、仁木順平さん、そして翻訳作業全般に渡り大変にお世話になった慶應義塾大学出版会の永田透さんに心から感謝申し上げます。本当にありがとうございました。

参考文献

ロビン・ダンバー『宗教の起源：私たちにはなぜ〈神〉が必要だったのか』小田哲訳、白揚社、２０２３年。

久保（川合）南海子『「推し」の科学：プロジェクション・サイエンスとは何か』集英社、２０２２年。

柳澤田実「感情が『現実』を作る時代——なぜニューエイジというアメリカの病はこれほど根強いのか」『現代思想』青土社、２０２３年10月号、64–82頁。

——,「消費社会の宗教、ファンダム・カルチャー」『三田評論』慶應義塾大学出版会、２０２４年４月号、40–45頁。

T. M. Luhrmann, *Persuasions of Witch's Craft: Ritual Magic in Contemporary England*, Harvard University Press, 1989.

——, *The Good Parsi: The Fate of Colonial Elite in a Postcolonial Society*, Harvard University Press, 1996.

——, *Of Two Minds, An Anthropological Look at American Psychiatry*, Knopf, 2001.

——, *When God Talks Back: Understanding American Evangelical Relationship with God*, Knopf, 2012.

と私を説得して以来、この本を愛読してくれている。プリンストン大学出版局のチームはずっと素晴らしい。ハンク・サウスゲートのコピー編集は議論をよりシャープにし、ナタリー・バーンは文章をさらに引き締めてくれた。また父はとても重要な読者だった。母が亡くなった後、彼はこの各章を何度も読み返して気を紛らわせていた。彼は全ての文章を明晰にするようこだわった。夫のリチャードも全ての章を注意深く読み、私がかみ砕くのを手伝ってくれた。私がこの世界に見出している喜びは、彼と深く関わっている。

本書の章のいくつかは、2006年のルイス・ヘンリー・モーガン・レクチャーとして発表された。トーマス・ギブソンとアーネスティン・マクヒューの歓待と質問、そしてロチェスター大学の人類学者全員に感謝している。また、2011年にはフラー神学校で、「心理学と神学の統合に関するフラー・シンポジウム（Fuller Symposium on the Integration of Psychology and Theology）」として別のバージョンの講義を行った。特に、ウォーレン・ブラウンとビル・ダイアネスの親切と知的な関わりに感謝したい。私はSSRCの「祈りにおける新たな方向性」のパイロットワークをまとめた。チャールズ・ハーシュキンドは私が参加したグループを率い、激論が交わされる中、賢明で親切な魂の持ち主でいてくれた。ジョン・テンプルトン財団は、この研究の多くの部分に資金提供してくれた。彼らの支援が私の人生を変えてくれたことに、感謝している。

本書で私は、過去に発表された研究を参考にし、あちこちの段落や文章を拝借した。“The Ugly Goddess”（*History of Religions,* 2001）、“Evil in the Sands of Time”（*Journal of Asian Studies,* 2002）、“Metakinesis”（*American Anthropologist,* 2004）、ハワード・ヌスバウム、ロナルド・ティステッドとの共著論文“The Absorption Hypothesis”（*American Anthropologist,* 2010）、“Blinded by the Right”（*Harpers,* 2013）、ジュリア・カッサニティとの共著論文“The Cultural Kindling of Spiritual Experiences”（*Current Anthropology,* 2014）、“Knowing God”（*Cambridge Anthropology,* 2017）、そして“The Faith Frame”（*Contemporary Pragmatics,* 2018）である。これらのエッセイの質を高めるために協力してくれた査読者と編集者に深く感謝している。

謝辞

本書は、長年にわたる多くの議論と、発表・出版された多数の論文から発展してきた。事実、本書は過去に出版されたエッセイの論集として始まり、ジェニファー・コールが一つの議論として構築した方がより理にかなっていると提案しなければ、そのままだっただろう。アン・テイヴェスとジョエル・ロビンスに大変にお世話になった。長年にわたる彼らとの会話を通して、私の進路は形成されたと感じている。パスカル・ボイヤーについても同様だ。私たちがケンブリッジ大学で一緒だった頃、彼は信念がいかに自然なものであるかについて考えを深め、私は、霊を現実のものにするために、人々がどれだけのことをしたかに注目していた。その時以来、私は、彼の仕事と関係づけながら考察を進めてきた。UCSDでは、ディック・マドセンと一緒に毎週宗教について学び、様々な信仰の集まりに出かけた。最近ではヘイゼル・マーカスと毎週一緒に歩いているが、彼女の鋭い洞察力がこれらの議論をより鮮明にしてくれた。ポール・ハリス、サラ・アイルズ・ジョンストン、リタ・アストゥティ、ジェームズ・レイドロー、ジョー・クック、ジュリア・カッサニティ、ジョン・ビアレッキ、ジェームズ・グロス、そして最近ではフェリシティ・アウリノ、ジョシュ・ブラヒンスキー、ジョン・デュリン、ビビアン・ドゾコト、エミリー・イング、レイチェル・スミス、ニッキー・ロス・ゼンダーとの会話は、これらの事柄についてより深く、明晰に考えるよう私を後押ししてくれた。この最後のグループ（私たちは自分たちを「マインド・アンド・スピリット・クルー」と呼んでいる）も、章のいくつかを読み、より良いものにしてくれた。また、ニール・ヴァン・ルーウェン（全ての章を読み、素晴らしいコメントをくれた）、マイケル・リフシッツ、G・E・R・ロイド、カーラ・ワイズマンという素晴らしい読者にも恵まれ、彼らは第5章の統計もチェックし、私の言葉を明晰にしてくれた。アリエル・メイセは、私の正統派ユダヤ教に関する記述の誤りを訂正してくれた。エレイン・ペイジェルスとの会話は重要で、彼女とサラ・アイルズ・ジョンストンとの会話は、私を教会に導いてくれた。ダグ・メディンにこれらのアイデアのいくつかを試しに話してみたところ、彼はミネソタ州民の彼の祖母のことを教えてくれた。この会話は、私が第1章を書いたり、直したりしている間、私の心に残った。パスカル・ボイヤーとアミラ・ミッターマイヤーは、出版社のための初期の原稿を読んでくれた。ナンシー・チューは参考文献をチェックし、全般的に賢明で親切なアドバイスをくれた。シャロン・ブロールは今回も素晴らしい編集者だった。フレッド・アペルは、人類学の学会で雨の中、私を駅まで送ってくれ、この本はプリンストン大学出版局のものだ

まりのインタビューを全て聞き、一語一句正確に添削し、コード化した。この間、私たちは緊密に協力し合った。私たちの方法の詳細は、Luhrmann 2012; Luhrmann and Morgain 2012; and Luhrmann, Nusbaum, and Thisted 2013に報告されている。この研究は、ジョン・テンプルトン財団と全米科学財団から助成を受けた。

2013年から2014年にかけては、私は海外で働いた。チェンナイでは、牧師の招きでニュー・ライフ・アッセンブリー・オブ・ゴッド教会の英語礼拝に参加し、アクラでは、やはり牧師の招きで、数多くあるインターナショナル・ゴスペル・チャーチ・オブ・クライスト教会の一つに参加した。いずれの場所でも、このプロジェクトのための作業の大部分は1ヵ月で行われた。私と話をした全ての人がインタビューに応じ、神についての理解を熱心に語ってくれた。この研究は、ジョン・テンプルトン財団と社会科学研究評議会（the Social Science Research Council）から助成を受けた。

より構造化された方法を追加し、統計的に分析するという私の決断について、コメントを加えておきたい。私がこの方法を選んだのは、人々の違いに注目し始めたからであり、エスノグラフィックな観察をサポートするために構造化された方法を加えると、その違いがより鮮明に浮かび上がってきたからである。どのような方法も、真実への決定的なアクセスを与えてはくれない。しかし、複数の方法から同じようなパターンの証拠が得られた場合、それは確証につながる。

氏名は全て仮名であり、特定できる詳細は変更されている場合もある。引用文は、繰り返し、ためらい、決まり文句を削除するよう編集されている。ほぼ全ての引用は記録からとったものである。参加者を保護するための現在の人類学の慣例に従い、各引用文の日付と場所は明らかにしていない。本文中では、多くの書籍に関しては著者名、書名で引用しているが、ほとんどの科学論文では、読者の便宜を図るため、著者名と発行年で引用している。一般的に、聖書の引用は欽定訳聖書または新欽定訳聖書から引用している〔翻訳については新共同訳聖書を用いた〕。

全ての研究に対し、私が所属していた大学からヒト対象研究の承認を得ている。

方法についての注

1998年から2000年にかけて、私はサンディエゴの四つの宗教的環境に滞在した。一つ目は正統派のシュルで、そのメンバーのほとんどが最近礼拝を守るようになった人たちだった。二つ目は保守的な福音派教会、三つ目はアフリカ系アメリカ人の教区に奉仕するために設立されたカトリック教会、そして四つ目がアングロ・キューバ人のサンテリアの家である。この研究の多くは、同僚のリチャード・マドセンと共に行われたが、この場で彼の協力とインスピレーションに感謝することができとても嬉しく思う。それぞれの環境で、宗教指導者(ラビ、牧師、神父、マドリーナ)は私たちの存在を知ると快く迎えてくれ、信徒へのインタビューを許可してくれた。私たちはシュル、カトリック教会、サンテリアの家でそれぞれ約1年間、礼拝やその他の行事に参加し(礼拝の時間は重ならなかったが、忙しいスケジュールだった)、福音派教会ではその後半年近くを過ごした。それぞれの環境で、10人の信徒にインタビューを行った。

2003年から2011年までは、私は主にシカゴのヴィンヤード・クリスチャン・フェローシップとサンフランシスコ半島のもう一つのヴィンヤード教会の二つの教会で活動した。それぞれがその地域に数多くあるヴィンヤード教会の一つである。各教会に2年間定期的に通い、それより長い期間不定期で通った。加えて、地元、地域、国単位のさまざまな行事にも出席した。牧師たちは研究者としての私の存在を知っていて、このプロジェクトと活動を支持してくれた。実際、どちらの教会も、質問をする環境としては驚くほど温かく、協力的だった。私はデジタルレコーダーを使って優に50人以上にインタビューし、また優に100時間を超えインタビューを行い、たくさんのメモを取った。ほとんどの場合、私はインタビューを聞き直して、自分で原稿を修正した。何度も強迫的に原稿を読み返したものだ。

2007年と2008年、私はスタンフォード大学で「スピリチュアル・ディシプリン・プロジェクト」と呼ばれる大規模なプロジェクトを実施した。このプロジェクトでは、約130人に複数回インタビューを行った(初回インタビューは合計129人である)。インタビューは半構造化方式で、具体的な質問をし、その後の質問では慎重に探りを入れた。参加者は、主にサンフランシスコ半島にある四つのカリスマ福音派教会(二つはヴィンヤード教会で二つはヴィンヤードに似た教会)の会報に掲載された告知を通して、「スピリチュアルな変容とキリスト教の霊的鍛錬に関心のある」人々を求める広告で募集した。私はクリスティーナ・ドライモンに助けられ、インタビューを行い、データを入力し、プロセスを整理した。彼女に代わってレイチェル・モーゲインが、400時間あ

1. 壊れること：聖職志願者は、不快感を、修道女になるようにという神からの召命だと認める。
2. 所属すること：聖職志願者は修道院に社会的に統合されていると感じるようになる。
3. 封じ込め：聖職志願者は、自分の身体が修道院の壁の中で完結し、その中に封じ込められることを経験するようになる。
4. 組織化：聖職志願者は、反抗的で欲望に満ちた人間としての自分の身体を、神にふさわしいものに作り変えるという経験として、ある実践を行うことを学ぶ。
5. 内的批判：聖職志願者は、緊張感のある自己批判に身をさらすことを選択し、自分の欠点が神との破綻した関係の原因であると認識する。
6. 降伏：聖職志願者は、欠点も何もかも含めて、自分自身を神に委ねることを選ぶ。
7. 回想：聖職志願者は、自分自身が神とともにあって真に存在することを経験するようになる。

この順序は、何よりもまず「壊れること」に依存する。聖職志願者は意図的に悪い感情を抱き、その感情を、愛してくれる神と関係している感覚に置き換える実践を何度も繰り返す。在米ブラジル移民にとっての神のセラピー的な臨在については、ヨハンナ・リッチリン（Richlin 2019）、トーマス・ソルダス『聖なる自己（*The Sacred Self*）』も参照いただきたい。

一方、臨在感が相互作用として理解される方法については、コーデリア・エリクソン＝デイヴィスとアンナ・コーウィンによる非常に興味深いエッセイ（Erickson-Davis and Corwin 2020）や、相互作用が臨在感を生み出すと主張するハーバート・クラークの著作『言語を使う（*Using Language*）』を参照されたい。

私は、人類学者は神を信念として扱い、関係としての神の働き方についての民族誌を書かない傾向があると述べたが、アミラ・ミッターマイヤーが神についての民族誌を書いていることを報告できるのは嬉しいことだ。

第7章　応答する神

細胞レベルでも脳内でも、目に見えない他者は社会的な関係として経験される。つまり、神との関係のあり方が免疫機能や孤独感に影響することも、神と話す行為が（fMRIから見ると）友人と話すように見えることもわかっている（Schjoedt et al. 2009; Woods et al.1999; Paloutzian and Ellison 1982）。また人は確かに神々と社会的関係があるかのように語る。つまり神々と話したり、彼らにからかわれたり、慰められたり、励まされたり、叱られたりすることを話すのだ。

1953年、D・W・ウィニコットは、子どもの身体の一部とは言い難いが外的現実の一部でもない、また自己から切り離されてもいないが自己と同一でもない「内的現実と外的生活の両方が寄与する経験領域」（Winnicott 1953: 90）をとらえるために、「移行対象（transitional object）」という用語を考案した。彼は、この中間領域の現実性《リアルネス》によって、子どもは母親が不在の時におもちゃを母親の代わりとして使うことができ、クマが「本当に（really）」生きているわけではないことを自覚しているにもかかわらず、おもちゃから愛が溢れているように感じることができると主張した。ウィニコットはまた、創造性、芸術、宗教がこの中間領域から生まれたとし、神々は事実上、テディベアと同じように機能すると述べた。

自己《セルフ》をテーマとする心理学者たちは、信頼が心の中に生み出すこのような精神的構成物を「自己対象」と呼んでいる。これはシカゴの分析家ハインツ・コフート（Kohut 1971）が作った造語で、長期にわたる集中的な心理療法を効果的にするのは、患者が共感的な心理療法師を、愛情深く、思いやりがあり、自分にとって何が最善かを考えてくれる内的な「対象」として経験することを学習したからだと主張した。セラピーによって助けられた患者は、あたかもその応答的で配慮に満ちた関係の中で形成された人間になったかのように。心理療法師の愛情深い配慮を常に意識しているかのように行動し、考え、感じることができた。この観点からすると、理想的な自己対象とは、コーチとテディベアを組み合わせたような存在であり、常に利用可能で、決して押しつけがましくなく、その感情的な存在が希望を保たせてくれて、また自責の念を抑えてくれるものである。

レベッカ・レスター（Lester 2005）は、メキシコの修道院の研究の中で、宗教的実践が、神を、心をなだめてくれる自己対象として、すなわち賢明な内なるテディベア＝コーチとして作り上げる軌跡を描写した。彼女は、聖職志願者（終生請願を立てていない女性たち）が、自分の召命が正しく選ばれたものであることを経験するようになるまでの7段階のプロセスを示している。この七段階のプロセスは、単に召命を受け入れるための動きというだけでなく、神と関係を持つようになるプロセスでもある。

いるイエス（*Jesus in Our Wombs*）』）、トマス・チョルダス（『聖なる自己（*The Sacred Self*）』）などは、祈りが自己をどのように変化させるかを記述することに先導的な役割を果たしてきた人類学者である。ジェローム・フランク（『説得と癒し（*Persuasion and Healing*）』）は50年以上も前に、宗教的な癒しと心理療法は同じ原因に基づいて機能していると主張していた。しかし、癒しに焦点を当てる彼の議論はしばしば、宗教の核心にあるものは何かという問題から外れて、宗教がたまたま得意とするものとしての象徴的癒しの議論へと追いやられてしまっている。

「メタ認知」という言葉は、特に教育分野において多くの役割を果たすようになったが、人類学、哲学、心理学を通して、考えることについて考える行為として探求されている。有名な論文「メタ認知と認知モニタリング（*Metacognition and Cognitive Monitoring*）」は1979年にジョン・フラベルによって書かれた。メタ認知に関連する人類学者には、マルタン・フォルティエ、ジョアンナ・クック、ジョナサン・メアなどがいる。本章の初期バージョンを含む、多くの学問的観点からの有用な概観は、ジョエル・プルーストとマルタン・フォルティエ編『メタ認知の多様性（*Metacognitive Diversity*）』である。

ウェルビーイングは非常に幅広い分野だ。ウェルビーイングの本質をより厳密に考察するには、スティーブ・デルネの『ウェルビーイングの社会学（*Sociology of Well-Being*）』を参照されたい。

マインドフルネスの効用に関する研究は、今やかなりのものになっている。このテーマの総括としてはクレスウェル（Cresswell 2017）やダール、ルッツ、デヴィッドソン（Dahl et al. 2015）などがある。多くの科学的研究に言えることだが、調査が進展するにつれて、一般集団における瞑想の効果はかつて考えられていたよりも控えめかもしれないという観察結果も出てきている。とはいえ、うつ、不安、痛み、薬物乱用に苦しむ人々にとって、マインドフルネスが大きな効果をもたらす可能性はあるようだ。ジョアンナ・クック（Cook 2016; 2018）は、ジュリア・カッサニティ『現在を記憶する（*Remembering the Present*）』と同様に、異なる文化的環境におけるマインドフルネスの理解、実践の差異について、人類学的観点から有益な見解を示している。

多くの人は以下のフレーズをブレーズ・パスカルの口癖として引用する。「膝をついて祈りなさい、そうすればあなたは信じるだろう」。しかし、彼は実際にはそのようなことは言ってはいない。以下が正確な引用である（Pascal 2005: 202）。

> 証明は心を納得させるだけだが、習慣は、私たちの最も強く、最も固く信じられる証明を提供する。私たちは、習慣に属するより容易い信念を身につけなければならない。

分けている。儀式的な祈り（暗記、暗唱）、会話的な祈り（非公式なおしゃべり）、請願的な祈り（お願い）、瞑想的な祈り（ほとんど言葉を使わない瞑想）だ。1988年秋、彼女はジョージ・ギャラップを説得し、米国の全国調査に祈りに関する質問を加えた。その結果、10人に9人近くが祈っていることがわかった。そのうちの半数は、少なくとも時どき暗記した祈りを唱え、半数は観想的な祈りを行っていた。半数近くが物質的なものを求めたが、ほとんど全員が自分の言葉で形式ばらずに神に語りかけた（Poloma and Gallup1991: 26）。2006年にピュー・リサーチ・センターが米国の18歳以上の35,000人以上を対象に行った調査（The US Religious Landscape Survey）によると、毎日祈る人は55%、毎週祈る人は16%、毎月祈る人は6%、めったに祈らないか全く祈らない人は23%であった。

マルセル・モースは祈りに関する未完の論文（「祈り（La prière）」）の中で、祈りには歴史があることを示唆した。人は一個人になるにつれて、祈りの実践もパーソナルになり、祈りにおいて何が効果的かについての理解が、典礼の厳密さから、実行する人の意図へとより内面的なものにシフトしていくのである。モース以来、祈りについて書いた人類学者は比較的少ないが、その状況は変わりつつある。近年の人類学者は、祈りが言語的パフォーマンスとして構造化された形式を持つこと（Capps and Ochs 2002）、祈りが特別な目的のために意図された特種な言語であること（Shoaps 2002; Keane 1997a; Baquedano-Lopez 2008）、祈りが近代性と出会う方法になること（Robbins 2001）、植民地支配者による祈りの使用が意図しない政治的結果をもたらすこと（ウィリアム・ハンクス『言葉の回心（*Converting Words*）』、ジーン・コマロフ『力の身体、抵抗の精神（*Body of Power, Spirit of Resistance*）』）に注目している。フィリップとキャロル・ザレスキーが著した『祈り：その歴史（*Prayer: A History*）』は参照する価値がある。

ロバートソン・スミスについて簡単にコメントするならば、彼は交換システムに焦点を当てるのではなく、それを超えていこうとしていたが、彼が述べていたことは、タイラーやフレイザーから採られた交換システムという見方だと仮定せずに読むのは難しい。この問題についてはジョーンズの論文（Jones 1981）を参照のこと。

メラネシアの航法の仕組みを探求した認知科学者は、トーマス・グラッドウィン（『東洋は大きな鳥（*East Is a Big Bird*）』）とエドウィン・ハッチンス（『野生の認知（*Cognition in the Wild*）』）の二人である。

宗教が基本的に感情の調整に関わるという考えは、多くの人類学者の宗教理解の中心的なものではないが、エイミー・コックス・ホール（「祈りながら生きる（Living on a Prayer）」）、ジョアンナ・クック（『現代仏教における瞑想（*Meditation in Modern Buddhism*）』）、レベッカ・レスター（『私たちの胎内に

き」〕への移行について述べている。DSMからRDoc〔精神疾患を脳の構造や機能の障害として理解する立場から、遺伝学、神経科学、行動科学などからの知見を加えた新しい分類〕への移行についての説明は、Zachar and Kendler 2017で優れた分類上の概観とともに紹介されている。

デイヴィッド・ハフォードの『夜に訪れる恐怖』は、金縛りという病態を有名にしただけでなく、民話が生理学に根ざしたものかどうかを理解するための民族学の手法も有名にした。彼は多種多様な民間伝承の例を集め、それらを数値化し、分類し、同じような体験をした生きた人々にインタビューを行い、睡眠生理学に関する科学文献を参照した。彼は、オールド・バグ・シンドロームや中世・近世ヨーロッパの夢魔〔インキュバスやサキュバス〕の話は、究極的には生理的現象に根ざしているが、文化的要因がその体験の描写や解釈の仕方を大きく左右していると結論づけた。最近では、シェリー・アドラー（『金縛り(Sleep Paralysis)』）が、特にモン族における金縛りの「ノセボ」効果〔プラセボ効果の逆で、本来薬として効果を持たないものを服用しているのに有害事象が現れること〕を記録している。モン族は、金縛りを死の前兆と解釈し、実際に死んだように見えることもある。このことについてはHinton, Hufford, and Kirmayer 2005を参照のこと。

宗教的とみなされるものに制約されたパターンがあるという考え方については、ウィリアム・ジェイムズの『宗教的経験の諸相』が最も有名である。当時、エドウィン・スターバック、ジェームズ・リューバ、ジョージ・コーといった学者たちが彼の野心を共有していた。ルドルフ・オットーの『聖なるもの』も同様の道を歩んでいる。最近では、アリスター・ハーディの『人間のスピリチュアルな本性(The Spiritual Nature of Man)』がある。これは新聞募集に応じて寄せられた、何千もの一般人のスピリチュアル体験のレポートを、魅力的に分類したものである。エッツェル・カルデニャ、スティーブン・ジェイ・リン、スタンリー・クリプナー編『異常体験の諸相(*Varieties of Anomalous Experience*)』も、神秘的状態、体外離脱現象、臨死体験などの頻度や一貫性についてわかっていることをまとめた、非常に興味深いコレクションである。ウェイン・プラウドフットの『宗教的体験(*Religious Experience*)』は、これらの主張を解釈する際にいかに慎重でなければならないかを思い起こさせてくれる。アン・テイヴェス（『宗教体験再考(*Religious Experience Reconsidered*)』、『啓示的出来事(*Revelatory Events*)』）は、このテーマに関する同代で最も優れた研究を行っている。

第6章　祈りが効く理由

アメリカ人のおよそ55%が毎日祈り、78%が少なくとも時々祈ると答えている(Pew 2008)。社会学者のマーガレット・ポロマは、祈りのタイプを四つにであった（Alvarado 2000に報告がある）。この場合も、スピリチュアルな出来事として解釈していないカリスマ的キリスト教徒では、その割合はほぼ同じであった。声を聴く確率は、測定方法やアプローチによって異なる（Luhrmann 2012参照）。一般集団における幻覚の割合に関する最近の分析では、6〜7％であった（Baumeister et al. 2017）。

第四に、このような出来事は個人にとって習慣となり、しばしば最初の体験は、その後に起こる体験よりも強力なものである。

私たちは、最初のインタビューの前に起こった異常体験と、その一ヵ月後に、その一ヵ月間に何らかの出来事を体験したかどうかについての質問に対する答えを合計した。声、幻視、神の臨在感、体外離脱、神秘的な出来事、金縛り、圧倒的な感情、力の奔流（聖霊体験）、筋肉カタプレキシー（「霊に殺される」体験）などを経験したかどうかについての質問である。過去に多くの体験をした人ほど、その月に多くの体験をする傾向があった（$r = 491$, $n = 108$, $p < 0.001$）。この効果は、没入をコントロールしても有意である（$r = 0.467$, $n = 107$, $p < 0.001$）。つまり、発火《キンドリング》は没入の別名ではない。どちらかというと、没入は体験をする能力の底を高めるようなものである。スピリチュアルな出来事の頻度を増加させるような、没入と他の要因（修練など）との相互作用の証拠は見つからなかった。参加者が少なすぎて、そのような証拠が見つけられなかった可能性もある。

第五に、異常な出来事は互いに関連している。ある人がある体験をした場合、その人は別の体験もする可能性が高い。

クロンバックのアルファ係数は、項目間の関連性の高さを評価するためによく使われる。声、幻視、臨場感、神秘体験、体外離脱体験、睡眠麻痺、神からの強烈な感情体験、アドレナリン・ラッシュ（電気のように感じる霊的体験）、カタプレキシー（「霊に殺される」体験）については、クロンバッハのアルファ係数では0（関連がない）から1（完全な関連を意味する）の範囲で、.653であった。このことは、誰かがこれらの出来事に遭遇した場合、その人は別の出来事に遭遇する可能性が高いことを示唆している。

発火《キンドリング》に関する生物医学的論文には、Delgado and Sevillano 1961; Goddard 1967; Goddard and Douglas 1975; Gaito 1974; McNamara et al. 1980; Kendler, Thornton, and Gardner 2000; Gilbert 2001; and Post 2007がある。

精神医学診断の歴史は豊かで魅力的である。私は『二つの心について（*Of Two Minds*）』の中でその一部について述べたが、この本では、精神分析的な非分類化からDSM〔精神疾患の診断体系である「精神疾患の診断と統計の手引

あまり一般的でない体験のほとんどについて、有意な正の予測因子（$p < .05$）を示した。しかし、大多数の人が報告するほど一般的なものについては、そうではなかった。透明性を確保するために付け加えておくと、私たちが尋ねた質問の中には、あまりにうまくいかないと感じたため、単純にデータを掲載しなかったものが四つある。例えば「聖なる恐怖」を経験したかどうかを尋ねる質問などがある（この質問を聞いたクリスチャンたちは、ただ驚きの表情を浮かべていた）。これらの四つの質問を除けば、没入は14の項目のうち11を$p < .05$で予測した。

没入はまた、人々がどの程度の頻度で霊的な体験をしたか（または「した」と言ったか）とも相関していた。例えば、以下のようになっている。人々が神からの考えを経験した頻度（$r = .335$, $n = 115$, $p < .001$）、神に関連する感情や感覚を経験した頻度（$r = .283$, $n = 113$, $p = .002$）、神からのイメージを持った頻度（$r = .302$, $n = 110$, $p = .001$）、声のような出来事（$r = 0.194$, $n = 114$, $p = .039$）や幻視のような出来事（$r = .334$, $n = 114$, $p < .001$）を経験し、また、それらの声〔幻聴〕のような出来事や幻視のような出来事がどの程度有意義だと判断したか（五件法で声〔幻聴〕：$r = .379$, $n = 114$, $p = 0.039$；幻視：$r = .271$, $n = 127$, $p = .002$）。全体として、没入はインタビューに含まれる17の頻度判断のうち10と有意に相関していた（$p < .05$）（これには神から聴く、状況を通して聴く、聖書を通して聴くという非常に一般的な三つの経験が含まれている）。

第三に、これらの出来事はその集団にとって習慣化されたものである。地域特有の社会的予期は、人々が体験する様々な出来事を形作る。

繰り返しになるが、これらの非日常的な体験の割合は、研究によって異なる方法で算出されているため、過信は禁物である。これに関連して、これらの割合を統計的に比較することはできない。私が現在取り組んでいるマインド・アンド・スピリット・プロジェクトでは、時間をかけて、より効果的な三角測量ができるような数字を出したいと考えている。とはいえ、私たちが持っている数字では、一般集団における神秘体験の推定値は100人に1人かそれ以下である（Thomas and Cooper 1980; Wulff 2000）。私たちは間違いなく、より包括的なコーディングを行ったが、それでも私たちの割合はそれよりもはるかに高い。人々がこのような体験を重視し、その体験を通して神と鮮明に出会うことを期待する場合、そのような体験をする頻度は高くなるようだ。

一般集団の金縛りの割合は約25–33％（Adler 2011の報告）であり、米国のカリスマ的キリスト教徒は、これらの体験に価値を見いださず、（少なくともこのサンプルでは）ほとんどの場合、悪魔的なものとして解釈していないが、その割合はほぼ同じであった。体外離脱体験については、五つの研究で約10％

験した人は少なかった（金縛りは変則的な出来事ではあるが、かなり一般的である。「霊に殺される」ことは、神体験に対する地域特有の期待には含まれていないようである）。ここでは、私たちの質問に対する答えが「はい」だと私たちが判断した人々だけを数えている。

第二に、生まれながらの傾向が重要だった。

このグループでは、没入のスコアが高い人ほど、様々なスピリチュアルな体験や非日常的な体験をしたことがあると報告する傾向が有意だった。これは、単純な線形回帰分析により、スピリチュアルな経験を没入スコアへの反応として予測し判断した通りである。これらには、幻覚のような出来事（$F[1,126] = 16.069, p < .001, R^2 = .113$）、幻視のような出来事（$F[1,126] = 23.185, p < 0.001, R^2 = .156$）、神からの考え、つまり神についての考えではなく、神からのコミュニケーションとして神が心に置かれた考え（$F[1,126] = 11.618, p = .001, R^2 = .084$）、コミュニケーションとして心に置かれた神からのイメージ（$F[1,126] = 9.093, p = .003, R^2 = .067$）、同じくコミュニケーションとして神から与えられた神からの感情や感覚（$F[1,124] = 3.976, p = .048, R^2 = .031$）、神の臨在（$F[1,124] = 3.976, p = .048, R^2 = .031$）が含まれている。

これらの効果は小さいが、その理由は、部分的には回答尺度が短かったからであり（0＝いいえ（no）、1＝たぶん（maybe）、2＝はい（yes））、また部分的にはこれらの出来事がカリスマ的福音派キリスト教徒にとって非常に一般的であったからである。それでもなお効果は一貫している。

出来事の頻度が低くなると（そして、より顕著に異常であると）、没入の役割が強まる。没入が予測したのは、神秘的であると判断した出来事（$F[1,124] = 6.608, p = .011, R^2 = .051$）、体外離脱のようであると判断した出来事（$F[1,123] = 17.755, p < .001, R^2 = .126$）、臨死体験のようだと判断した出来事（$F[1,124] = 6.201, p = .014, R^2 = .048$）、金縛りだと判断した出来事（$F[1,123] = 5.185, p = .025, R^2 = .04$）であった。

没入は、神から話を聞いたことがあるかどうか（$F[1,127] = 0.832, p = 0.364, R^2 = .007$）、状況を通して神から話を聞いたことがあるかどうか（$F[1,125] = 0.270, p = 0.604, R^2 = .002$）、聖書を通して神から話を聞いたことがあるかどうか（$F[1,126] = 0.000, p = 0.987, R^2 = .000$）を含む、全ての神体験を予測しなかった。これらの経験は非常に一般的なものであり、参加者の90％以上がこれらの経験があると答えている。没入はまた異言を話すかどうかも予測しなかった。この行為は、個人の性向と同様に教会の文化にも依存すると思われる（$F[1,123] = 1.156, p = .284, R^2 = .009$）。

全体として没入は、インタビューに含まれる「核心的」異常体験の全てと、

スピリチュアル・ディシプリン・プロジェクトでヴィンヤード教会のメンバーに行ったインタビューと比較した。

研究2の方法については以下の通りである。この研究は、スピリチュアル・ディシプリン・プロジェクトから生まれたもので、その詳細についてはLuhrmann 2012; Luhrmann and Morgain 2012; and Luhrmann, Nusbaum, and Thisted 2013を参照されたい。ここで報告される観察のために、私は129人のキリスト教徒を最初に訪問した際に行われたインタビューを調べた。クリスティーナ・ドライモンは全員に同じ質問をし、「はい(Yes)」と答えるかどうかを探った。ほとんどの場合、インタビューはそれぞれ1時間半ほど続いた。その後、レイチェル・モーゲインがインタビューをコード化した。彼女は、その人が質問の対象である経験を本当にしているかどうかを最初に判断し、それから私と一緒に個々のケースについて話し合った。その結果、私たちは二つの判断を下すことになった。つまり、その人が話したことについて、そして私たちが質問した経験をその人が本当に報告していると私たちが思うかどうかについてである。全てのケースで、私たちは「はい」、「たぶん」、「いいえ」をコード化した。私たちはグループ(レイチェル、私、そして当時私のポスドクだったジュリア・カッサニティとジョセリン・マロー)で、声〔幻聴〕とビジョン〔幻視〕をコーディングした。全体的に私たちは気前よくコーディングした。誰かが例として挙げそうなものを例示すれば、私たちはそれを「はい」という意味だと理解してマークした。声〔幻聴〕とビジョン〔幻視〕については、インタビュー参加者がその出来事を自分の心の外部として経験したことを明確に示す場合のみ、「はい」とした。

データは以下の通りである。

第一に、名前はついているが、特定の身体的目印を持たない出来事が最も一般的である。次に多いのは、身体的アフォーダンスに依存する出来事だ。異常な出来事は最も一般的ではなく、それが起こった時にもスピリチュアルな出来事として認識されるとは限らない。

私たちがインタビューした人のうち、96%が何らかの方法で(必ずしも聴覚的であるとは限らない)神からの声を聞いたと答え、93%が状況を通して(例えば、他の人が自分の考えていることに驚くほど適切なコメントをした時など)神からの声を聞いたと答え、90%が聖書を通して神の声を聞いたと答えた。また、スピリチュアルで、泣いてしまうほどの圧倒的な感動を覚えたのは37%だった。聖霊と関連づけられる電撃に撃たれたような感覚を覚えたのは31%で、「霊に殺される」に関連づけられる突然の筋力低下を覚えたのは21%であった。神秘体験(17%)、金縛り(26%)、体外離脱(12%)のような強力な出来事を経解答の選択肢はイエス（はい）かノー（いいえ）だった。ここでも、アメリカのヴァンガードの学生が最も経験が少なく（M＝4.53, SD＝2.83）、チェンナイの女子クリスチャン・カレッジの学生がやや多く（M＝5.67, SD＝3.57）、アクラのセントラル大学の学生が最も多かった（M＝8.04, SD＝3.17）。

このパターン（米国が最低、ガーナが最高、インドが中間）は、気分の自覚を問う標準的な尺度である「特性的メタ・ムード尺度」（Salovey et al.1995）などの他の尺度には該当しなかった（米国M＝144.35、SD＝17.04、インドM＝134.37、SD＝14.2、ガーナM＝127.57、SD＝13.46）。言い換えれば、これらの回答は単にアクラの生徒の「肯定バイアス」を表しているのではない。アクラの学生はチェンナイの学生よりも、またチェンナイの学生はアメリカの学生よりも、より多くの神の声を聞いた経験があると一貫して認識しているのだ。

第5章　神々と霊の反応に関する五つの証拠

一般的な注釈として、ウィリアム・ジェイムズは非常に繊細だ。『宗教的経験の諸相』の結論で、彼は私たち一人ひとりが自分自身の現実を創造する方法について述べている。実際、彼はそれらの現実が個々に全く異なるものであるかのように書いている。とはいえこの本全体は、神秘体験に共通する特徴が、結論で彼が「より大きい（the more）」と呼んだものに関する真の洞察につながることを強調するように構成されている。

研究1の方法については以下の通りだ。2011年、ジュリア・カッサニティは、2002年から民族誌的フィールドワークを行っていたタイ北部の小さな谷間のコミュニティに戻った。彼女が働いているタイのコミュニティは、互いに微妙に異なるスピリチュアルな系譜の人々で構成されているが、コミュニティはそれら全てを上座部仏教の傘下にまとめている。このコミュニティの人々は、中・下層の農民や中小企業の経営者である。ジュリアは仏教の実践に積極的な20人にインタビューをした。彼女は、私がスピリチュアル・ディシプリン・プロジェクトでキリスト教徒に尋ねた質問を翻訳し、逆翻訳を行ってくれた。逆翻訳とは、翻訳された文書を別の翻訳者に原語に翻訳してもらい、その翻訳が原語の意味を保っているかどうかを確認することである。タイ語に翻訳するのが難しい考え方もあったが、ジュリアは、ほとんどの場合、スピリチュアル・ディシプリン・プロジェクトで問われた質問と同じようなものだと感じていた。例外は以下である。「悪魔的」な臨在について尋ねるのではなく、「悪い霊が近づいてくるように感じることがありますか？」と尋ねたこと、「聖霊」や「霊に殺される（Slain in the spirit）」という言葉を使わなかったこと、そして「神」について尋ねるのではなく、「霊 」や「霊的なもの 」について尋ねたことである。スピリチュアル・ディシプリン・プロジェクトと同様、質問はそのまま述べられ、フォローアップの質問で更に探られた。私たちは彼女のインタビューを、

The Eddies of Ghanaian Christianity)』）とセファス・オメンヨ（『ペンテコスタリズムの外のペンテコステ（*Pentecost outside Pentecostalism*)』）の著作に見出すことができる。アサモア゠ギャドゥの著作（『アフリカのカリスマ（*African Charismatics*)』、『現代のペンテコステ派キリスト教（*Contemporary Pentecostal Christianity*)』）とともに、これらの教会に関するポール・ジオードの社会学的分析（『ガーナの新キリスト教（*Ghana's New Christianity*)』）は明快で鋭い。

南インドのカリスマ・キリスト教については、ナサニエル・ロバーツ『慈しまれるために（To Be Cared For)』を参照されたい。標準的な歴史書は、マイケル・バーグンダー『20世紀の南インド・ペンテコステ運動（*The South Indian Pentecostal Movement in the Twentieth Century*)』である。

チェンナイとアクラでのインタビューを補足するために、私は2013年と2014年に、チェンナイ（女子クリスチャン・カレッジ)、アクラ（セントラル大学)、そしてロサンゼルスのヴァンガード・カレッジで、クリスチャンの大学生たちにスピリチュアルな体験に関するアンケートを実施した。

質問の一つはこうだった。一人でいる時に、聴覚的に聞こえる声を聞いたことがありますか？あるいは、誰かがあなたの名前を呼ぶような、その場にいる誰にも聞こえない声を聞いたことがありますか？（この質問は、真偽（true-false）の回答キーを使用する「没入尺度」に従ったものである）ヴァンガード・カレッジでは59人の生徒の44％が「真（true)」と答え、チェンナイでは57％の生徒が「真」と答え、アクラでは30人の生徒の57％が「真」と答えた。別のページには、この質問の宗教バージョンがあった。頭の外で聞こえたと感じるような神の語りかけを聞いたことがありますか？　解答は、0＝聞いたことがない、1＝1回、2＝数回、3＝かなり頻繁に、4＝非常に頻繁に、であった。南カリフォルニアの59人の生徒の平均回答は1.4（M = 1.44, SD = 1.15)、チェンナイの30人の生徒の平均回答は1.7（M = 1.70, SD = 1.34)、アクラの30人の生徒の平均回答は 2以上（M = 2.17, SD = 1.12）であった。

また、聴覚的な出来事について一般的に尋ねる尺度（Posey and Losch 1983）も生徒に提供した（神の声を聞いたことがあるかという質問もあった)。これら14個の質問は次のような構成になっていた。

昨年の夏、私は裏庭で洗濯物を干していました。突然、家の中から夫が私の名前を呼ぶ声が聞こえました。何か良くないことがあったような声で、はっきりと聞こえたのです。私は駆け込みました。…でも、彼はガレージに出ていて、全く呼んでいませんでした。明らかに、私自身がでっちあげたのだと思いました。…ただそれは本物の声のように聞こえましたし、夫の声だったのです」。あなたにも同じようなことがありましたか？

被験者にこの尺度と他の尺度の調査を受けてもらった。「感覚的喜び尺度」は、「没入尺度」と高い相関を示し（$r = .854$, $n = 252$, $p < .001$）、神の声を聞いたり幻視を見たりといった霊的な出来事のリストと高い相関を示し（$r = .736$, $n = 252$, $p < .001$）、宗教とは関係のない、幻覚のような出来事のリストである改訂版「Launey-Slade幻覚尺」とも高い相関を示した（$r = .743$, $n = 252$, $p < .001$）。2016年の春、アマゾンのMTurk上で100人強の人々にこの尺度と他の尺度に回答してもらった。「感覚的喜び尺度」は、「没入尺度」と高い相関があった（$r = .873$, $n = 114$, $p < .001$）。「日常的スピリチュアル体験尺度」（$r = .487$, $n = 103$, $p < .001$）、超常現象を信じるか否かの尺度であるタルボーンの「山羊・羊尺度」（各記述を順番に信じるかどうか質問される）（$r = 552$, $n = 112$, $p < .001$）、自然とのスピリチュアルなつながりについて質問する「自然とのつながり尺度」（$r = .501$, $n = 51$, $p < .001$）は表記の通りである。この尺度の名はコーデリア・エリクソン＝デイヴィスが名付けた。

これらの尺度が最初に発表された論文は以下の通りである。没入尺度（Tellegen and Atkinson 1974）、感覚的スピリチュアル出来事尺度（Luhrmann, n.d.）、改訂版Launey-Slade幻覚尺度（McCarthy and Fernyhough 2002）、日常的スピリチュアル体験尺度（Underwood and Teresi 2002）、タルボーン「山羊・羊」尺度（Thalbourne and Delin 1993）、自然とのつながり尺度（Mayer and Frantz 2004）。

第4章　どのように心が問題なのか

人類学者は二元論について多くの議論を行ってきたが、その中には言葉の病気のような議論もある。人間に意識があることを否定するのは難しいし、どこの国の人間でも、内なる意識と身体に関する事柄を区別していないとは考えにくい。このことは、アストゥティとハリスの論文（Astuti and Harris 2008）を読めばよくわかる。最近の論文には、ワイズマン、ドウェック、マークマンによるもの（Weisman et al. 2017）がある。彼らは子どもたちに一連の絵（カブトムシ、子ども、携帯電話など）を提示し、絵の中の対象がお腹を空かせたり、悲しんだり、計算をしたりすることができるかどうかを尋ねた。幼い子供たちでさえ、精神的な行動と身体的な行動を区別するかのように答えた。この研究はさらに五カ国で繰り返された。どの国でも、子供も大人も精神的行動と身体的行動を区別している。文化的に異なるのは、感情をどのように分類するかだ。

ガーナのカリスマ的キリスト教について書いた人たちには、ビルギット・メイヤー（『悪魔を翻訳する（*Translating the Devil*）』）、ブルーノ・ラインハルト（Reinhardt 2014など）、ジョン・デュリン（Dulin 近刊）などがいる。ガーナのペンテコスタリズム・キリスト教全般に関する優れた歴史は、エマニュエル・ラルビ（『ペンテコスタリズム：ガーナ・キリスト教のエディー（*Pentecostalism:*

(『後期古代キリスト教における修道院と魂のケア(*Monasteries and the Care of Souls in Late Antique Christianity*)』)。レベッカ・レスターは、現代のメキシコの修道女について同様に詳しく説明している(『私たちの胎内のイエス(*Jesus in Our Wombs*)』)。

これらの修行法に関する私のお気に入りのテキストは、リチャード・ノールの「文化的現象としての心的イメージの修養(Mental Imagery Cultivation as a Cultural Phenomenon)」である。この論文が1985年に出版された時に私は読み、彼が何か深く重要なことを捉えていると思ったのを覚えている。ジョン・クリストファー・クロッカーの『バイタル・ソウルズ(*Vital Souls*)』は、現代的ではないシャーマンたちのシャーマニック・トレーニングに関する最も詳細な記述の一つであり、スティーブン・ベイヤーの『タラのカルト(*The Cult of Tara*)』は、同様にチベット仏教の修行に関する最も詳細な記述の一つである(アヤワスカに関する同様の本である『植物に歌う(*Singing to the Plants*)』も参照のこと)。ジョナサン・ガーブはカバラに関する著作(『現代カバラにおけるシャーマン的トランス(*Shamanic Trance in Modern Kabbalah*)』)で、エリオット・ウルフソン(『輝くスペクトルを通して(*Through a Speculum That Shines*)』)、モシェ・イデアル(『ハシディズム:エクスタシーと魔術の間(*Hasidism: Between Ecstasy and Magic*)』)、そしてもちろんゲルショム・ショーレムの足跡をたどりながら、同様のことを始めている。

没入と内的感覚の修養に関する私の研究は、『神が語りかける時(*When God Talks Back*)』や関連する学術論文に詳しく述べられている。マイケル・リフシッツ、ミヒエル・ファン・エルク、そして私は最近、没入とスピリチュアルな体験の関係について、より広範に概観した論文を発表した(Lifshitz et al. 2019)。

ここからは統計学の領域に移行する。これらの数値は、二つの観察結果(この場合は被験者の没入スコア(0–34)と、異なるもう一つの尺度のスコア)の関係の緊密さを表す慣例的な表現である。r記号は二つの変数間の相関係数を示し、相関は数学的演算である。rは-1(強い負の相関)から$+1$(強い正の相関)の間で、0は相関がないことに対応する。rの絶対値が大きいほど、関係が密接であることを意味する。p値は0から1の間で、変数間に実際の従属性がないという帰無仮説モデルのもとで観察された相関値の確率である。たとえば, $r=0.15$, $p=0.25$は、観察された正の相関(0.15)、またはより高い値が、二つの変数の間に関連がない場合、4分の1の確率で観察されることが期待されることを意味する。pが.05以下である場合、帰無仮説を棄却するのが慣例であり、従ってその関係を「有意」と表現する。つまり、$p=.05$は、関連性がないという帰無仮説のもとで、この観察されたような事象、またはより極端なデータが観察される確率が5%になることを意味する。

「感覚的喜び尺度」については、2018年にアマゾンのMTurk上で約250人の

(*Holding the Hand of God*)』) などがいる。現代の異教についてはサビーナ・マグリオッコ(『魔女の文化(*Witching Culture*)』) から、ユダヤ教についてはヨーラム・ビル(『かつてないほど私たちとともに(*With Us More Than Ever*)』)、ミハエル・クラヴェル゠トヴィ(『国家がウィンクする時(*When the State Winks*)』)、エリザベス・エーリッヒ(『ミリアムの台所(*Miriam's Kitchen*)』)、そしてアリエル・メイゼとの対話から多くを学んだ。ルイ・ブラネスとディアナ・エスピリト・サントが編集した『霊魂の社会生活(*The Social Life of Spirits*)』は、霊魂憑依に関する注目すべき論集である。

物語理論を通して神話と宗教を理解し、宗教と神話を通して物語理論を理解するという新しいアプローチは、サラ・アイルズ・ジョンストン(『神話の物語(*The Story of Myth*)』)、ジョシュア・ランディ(『フィクションで物事を行う方法(*How to Do Things with Fictions*)』)、ジェームズ・ウッド(『フィクションの仕組み(*How Fiction Works*)』)、ブレイキー・ヴェルムール(『なぜ我々は文学のキャラクターを重視するのか(*Why Do We Care about Literary Characters?*)』) によって見事に説明されている。

アン・テイヴェスはまた、『宗教的経験再考(*Religious Experience Re-considered*)』や『啓示的出来事(*Revelatory Events*)』でも特殊な世界について論じている。

第3章　才能とトレーニング

人類学のコミュニティでは、「鍛錬(discipline)」はしばしば身体的規律と結び付けられる。ミシェル・フーコーは「自己のテクノロジー」、つまり個人が自分の生活を変えるため自らの心と身体を変化させるために用いる実践について語ったが、彼は身体的変容の技術に注目する傾向があった。タラド・アサドは『宗教の系譜学(*Genealogies of Religion*)』の中で、この概念を使って中世の修道士たちの実践がどのように彼らを変容させていったかを探求し、彼の弟子であるサバ・マフムード(『敬虔の政治学(*Politics of Piety*)』) とチャールズ・ハーシュキンド(『倫理的なサウンドスケープ(*The Ethical Soundscape*)』) は、イスラムの男女が政治的主体として自らを創造していく方法を理解するために、このテーマを発展させていった。これらの倫理的変容の実践は、ここで述べた祈りの実践と強く共鳴している。

思考や感情を変化させるために用いられる具体的な精神的訓練を示す、別の学問的系譜がある。この伝統の中心には、ルネサンスの偉大な歴史家フランセス・イェーツ(『記憶術』、『ジョルダーノ・ブルーノとヘルメス教の伝統』) がいる。中世の研究者メアリー・カラザースは、修道士たちの修練が彼らの内的体験を変化させることを可能にしたと論じている(『思考の技法(*The Craft of Thought*)』)。この伝統を受け継ぐ新しい若手学者の一人がポール・ディリーで、彼はエジプトの砂漠での修道士たちの修行を驚くほど詳細に紹介している

Imagination: The Private Worlds of Childhood)』に掲載されている。また、ギャヴィン・フラッド(『見えない世界のマッピング(*Mapping Invisible Worlds*)』)や、マージョリー・テイラー(『架空の仲間(*Imaginary Companions*)』など)やメアリー・ワトキンス(『見えない客(*Invisible Guests*)』、『目覚めた夢(*Waking dreams*)』)の素晴らしい仕事も参照されたい。テイラーがパラコズムに直接取り組んでいるのは、マージョリー・テイラー、キャンディス・M・モットワイラー、エミリー・R・ネイラー、ジェイコブ・G・レヴァニエによる論文「中期児童期における想像上の世界:調整された二組のパラコスムの質的研究(Imaginary Worlds in Middle Childhood: A Qualitative Study of Two Pairs of Coordinated Paracosms)」と「パラコズム:小児期中期の想像の世界(Paracosms: The Imaginary Worlds of Middle Childhood)」である。

想像力、特に幼児期の想像力を理解するための最良の手引書の一つは、ポール・ハリス(『想像力の仕事(*The Work of the Imagination*)』)だ。また、マージョリー・テイラー編『想像力の発達に関するオックスフォード・ハンドブック(*Oxford Handbook of the Development of Imagination*)』(ポール・ハリス、スザンヌ・ガスキンズなどの作品が掲載されている)にも、注目すべき概要がある。また、年代は古いものの、カール・ローゼングレン、カール・ジョンソン、ポール・ハリス編『不可能を想像する(*Imagining the Impossible*)も有用である。ジャクリーン・ウーリーもまた、空想的なものについての議論に多大な貢献をしており、両巻にエッセイが収められている。

現代キリスト教に関する優れた民族誌は数多くある。ヴィンヤード教会に関する優れた本としては、ジョン・ビアレッキの『炎のためのダイアグラム(*A Diagram for Fire*)』がある。福音派キリスト教に関する新しい人類学者としては、ジョエル・ロビンス(『罪人になること(*Becoming Sinners*)』)、ジェームズ・ビエロ(『聖書の社会生活(*The Social Life of Scriptures*)』、『新興福音派(*Emerging Evangelicals*)』)、コートニー・ハンドマン(『批評的キリスト教(*Critical Christianity*)』)、バンビ・シーフェリン(「パプアニューギニアにおけるキリスト教化言語と文化の再配置(Christianizing Language and the Displacement of Culture in Bosavi, Papua New Guinea)」)、アンネリン・エリクセン、ミシェル・マック・カーシー、ルイ・レラ・ブラネス(『ペンテコステへ行く(*Going to Pentecost*)』)、サイモン・コールマン(『カリスマ的キリスト教のグローバル化(*The Globalisation of Charismatic Christianity*)』)、マシュー・エンゲルケ(『臨在の問題(*A Problem of Presence*)』)、ウェッブ・キーン(『キリスト教的現代人(*Christian Moderns*)』)、ナオミ・ヘインズ(『霊によって動く(*Moving by the Spirit*)』)。カトリシズムの人類学者としては、マヤ・メイブリン(『ブラジルにおけるジェンダー、カトリシズム、道徳(*Gender, Catholicism, and Morality in Brazil*)』)、アンナ・コーウィン(『神の手を握ってる記述では「信じる」という言葉をより頻繁に使い、その他の記述では「考える」という言葉をより頻繁に使うことを発見した。研究チームは膨大な数のニュース記事やスピーチを調査し、"think that" というフレーズよりも "believe that" というフレーズの方が、宗教的な単語と関連して出現する確率がはるかに高いことを発見したのである。そして彼らは、学生たちに「考える (think)」か「信じる (believe)」のどちらかを使って文章を完成させるように指示した。その結果、あからさまに宗教的なことに言及している文章では「信じる (believe)」を使う傾向が強かった。研究チームは、これらの観察結果が、人々が思考と信念を異なるものとして考えていること、つまり、両者は異なる種類の認知的コミットメントであるという結論を裏付けると主張した。

ジョン・ランハム (Lanham 2020) は最近、人類学者と心理学者の信念 (belief) についての考え方の違いは、人類学者は行動 (例えば「私は信じる」と言うこと) に焦点を当て、心理学者は認知能力に焦点を当てることだと指摘した。

実在性に関する理解がカテゴリーベースか連続性ベースかという点については、Master, Markman, and Dweck 2012を参照のこと。

遊びに関する偉大な理論家には、ヨハン・ホイジンガ (『ホモ・ルーデンス』)、ロジェ・カイヨワ (『遊びと人間』)、バージニア・アクスライン (『開かれた小さな扉：ある自閉児をめぐる愛の記録』、『遊戯療法 (*Play Therapy*)』)、D・W・ウィニコット (『遊ぶことと現実』、『精神分析的探求 (*Psycho-Analytic Explorations*)』)、グレゴリー・ベイトソン (『精神の生態学へ』) などがいる。スザンヌ・ガスキンズ (『遊びと発達 (*Play and Development*)』アルティン・ゲンチュとの共著、他多数のエッセイ))、デイヴィッド・ランシー (『母なる大地で遊ぶ (*Playing on the Mother-Ground*)』)、ピーター・ストロンバーグ (『遊びの中に捕らわれる (*Caught in Play*)』)、ウェンディ・ハイトとペギー・ミラー (『家庭でふりをする (*Pretending at Home*)』) などは、遊びが文化によっていかに異なるかについて実証的な説明を展開してきた人類学者や心理学者の一人である。アダム・セリグマン、ロバート・ウェラー、マイケル・ピュエット、ベネット・サイモンの『儀式とその結果 (*Ritual and Its Consequences*)』は、上記の問題に密接に関連したテキストである。フィクションや非現実の価値についての古典的な哲学書には、ハンス・ファイヒンガーの『「かのように」の哲学 (*The Philosophy of 'As If'*)』がある。

第2章　パラコズム(空想の世界)を作る

「パラコズム」という概念を開発したのはBBCの研究者ロバート・シルヴィーだが、この言葉は彼の1976年の研究の参加者の一人であるベン・ヴィンセントが考案したものだ。この研究自体は、デイヴィッド・コーエンとスティーヴン・マックキース『想像力の発達：幼年期の私的世界 (*The Development of*

「自然」の概念を持っておらず、したがって私たちが理解するような「超自然」の概念も持っていない…魔術はアザンデにとっては日常的なものであり、たとえそれが滅多に起こらない出来事であっても、非日常的なものではない。それは異常ではなく、普通の出来事なのである。しかし、教養あるヨーロッパ人が自然や超自然に与えるような意味を、彼らが自然や超自然に与えないとしても、それでも彼らは両者を区別している。というのも、私たちの疑問は別の形で定式化することができるし、またそうすべきだからである。むしろ、彼らの文化を観察する者であるわれわれが自然な出来事として分類するものと、神秘的な出来事として分類するものとの間に、原始の人々が、何らかの違いを感じているかどうかを問うべきなのである。アザンデ族は、われわれが自然の営みと考えるものと、魔術や幽霊や呪術の営みと考えるものとの間に、間違いなく差異を感じているが、自然法則の定式化された教義がないために、われわれが表現するように差異を表現することはしないし、できないのだ。（Evans-Pritchard, 1937: 80–81）

宗教の認知科学には豊かで活発な研究課題の一覧があり、独自の会議や学術誌まで存在する。それが『宗教・脳・行動（*Religion, Brain and Behavior*）』誌である。寄稿者には、トーマス・ローソンとロバート・マコーリー（『宗教再考（*Rethinking Religion*）』、『儀式を心に刻む（*Bringing Ritual to Mind*）』）、パスカル・ボイヤー（『宗教的観念の自然性（*The Naturalness of Religious Ideas*）』、『神はなぜいるのか』）、スチュワート・ガスリー（『雲の中の顔（*Faces in the Clouds*）』）、ジャスティン・バレット（『なぜ誰もが神を信じるのか（*Why Would Anyone Believe in God?*）』、『なぜ子どもは神を信じるのか？：人間の宗教性の心理学的研究』）、ジェシー・ベリング（『人はなぜ神を信じるのか：信仰する本能』）、スコット・アトラン（『われわれが信じる神々（*In Gods We Trust*）』）、アラ・ノレンザヤン（『ビッグ・ゴッド：変容する宗教と協力・対立の心理学』）、ハーヴェイ・ホワイトハウス（『論拠とアイコン（*Arguments and Icons*）』）、そしてベンジャミン・プルズッキ、クリスティン・レガーレ、ジョー・ヘンリック、アーミン・ギアーツ、ディミトリス・クシガラタス、リチャード・ソーシスなどによる著作もある。ヘレン・デ・クルスとヨハン・デ・スメドは、『自然神学の自然史（*A Natural History of Natural Theology*）』において、神学者のための概説を提供している。ウェブ・キーンは『倫理的生（*Ethical Life*）』の中で、関連する議論をしている。

ニール・ヴァン・ルーウェンは、「考える（think）」と「信じる（believe）」の関係をより深く掘り下げる一連の実験を始めた（現在、私たちのグループと共同で行っている）。ラリサ・ハイフェッツとケイシー・リー・ランダース（Heiphetz et al. 2018）と協力して、ヴァン・ルーウェンは、人々が宗教に関す

文献エッセイと注

序

序文で言及した宗教理論は以下の通りである。フロイト『幻想の未来』、デュルケーム『宗教生活の原初形態』、ウィリアム・ジェイムズ『宗教的経験の諸相』、エドワード・バーネット・タイラー『原始文化』、パスカル・ボイヤー『神はなぜいるのか』、ジャスティン・バレット『なぜ誰もが神を信じるのか（*Why would anyone believe in God?*）』、マックス・ミュラー『言語科学講義』。その他の著名な古い人類学理論には、ジョージ・フレイザー卿『金枝篇』、ルシアン・レヴィ＝ブリュル『未開社会の思惟』、メアリー・ダグラス『汚穢と禁忌』などがある。E・E・エヴァンズ＝プリチャードの『宗教人類学の基礎理論』は今でも読む価値がある。

「なること（becoming）」の人類学に新たな関心が集まっているが、私の仕事にも共鳴する部分がある。この仕事はジル・ドゥルーズからインスピレーションを得ており、ジョアン・ビエールとピーター・ロックによる論文「ドゥルーズと「なること」の人類学（*Deleuze and the Anthropology of Becoming*）」、およびその編著集『未完：なることの人類学（*Unfinished: The Anthropology of Becoming*）』で最もよく表現されている。

第1章　信仰の枠組み

全ての人間は自然なものとそうでないものを区別する、という考え方に対し、頑なに抵抗する人たちがいることは承知している。私はこの議論に別の方法でアプローチしたい。もしある社会が神や霊の存在を肯定するならば、その社会は神や霊の結果ではない出来事とそうである出来事を区別するだろう。エヴァンズ＝プリチャードが観察したのは次のようなことである。

> 原始的な民族は自然と超自然を区別するのかとよく聞かれるが、アザンデ族に関しては、この問いに予備的に答えることができる。つまり、この質問は次のような意味である。原始人は自然的なものと超自然的なものを抽象的に区別するのだろうか？われわれは自然法則と呼ばれるものに従った秩序ある世界という概念を持っているが、われわれの社会には、自然法則に照らしても説明のつかない、それゆえ自然法則を超越した神秘的なことが起こりうると信じている人々がおり、われわれはこうした出来事を超自然的と呼んでいる。私たちにとって超自然的とは、異常や非日常と同じ意味である。アザンデには現実に関するそのような観念はない。彼らは私たちが理解するような

"World Conference on Religion and Peace Proceedings." *Contemporary Religions in Japan* 10, nos. 3–4 (1969): 204–315. Accessed March 20, 2020. https://www.jstor.org/stable/30233040.

Wulff, David. 2000. "Mystical Experience." In *Varieties of Anomalous Experience: Examining the Scientific Evidence,* edited by Etzel Cardeña, Steven Jay Lynn, and Stanley Krippner, 397–440. Washington, DC: American Psychological Association.

Xygalatas, Dimitrios, and William McCorkle, eds. 2013. *Mental Culture: Classical Social Theory and the Cognitive Science of Religion.* London: Routledge.

Yates, Frances. 1964. *Giordano Bruno and the Hermetic Tradition.* Chicago: University of Chicago Press.〔『ジョルダーノ・ブルーノとヘルメス教の伝統』前野佳彦訳、工作舎、2010年〕

——. (1966) 2014. *The Art of Memory.* New York: Random House.〔『記憶術』玉泉八州男監訳、水声社、1993年〕

Zachar, Peter, and Kenneth Kendler. 2017. "The Philosophy of Nosology." *Annual Review of Clinical Psychology* 13: 49–71.

Zaleski, Philip, and Carol Zaleski. 2005. *Prayer: A History.* Boston: Houghton Mifflin.

Wacker, Grant. 2003. *Heaven Below: Early Pentecostals and American Culture.* Cambridge, MA: Harvard University Press.

Warren, Rick. 2002. *The Purpose Driven Life.* Grand Rapids, MI: Zondervan. 〔『人生を導く5つの目的：自分らしく生きるための42章』尾山清仁・小坂直人訳、パーパス・ドリブン・ジャパン、2015年〕

Watkins, Mary. 1976. *Waking Dreams.* Newark, NJ: Gordon and Breach.

——. 1986. *Invisible Guests: The Development of Imaginal Dialogues.* Hillsdale, NJ: Analytic Press.

Weil, Simone. (1947) 2002. *Gravity and Grace.* Translated by E. Crawford and Mario von der Ruhr. New York: Routledge. 〔『重力と恩寵』冨原眞弓訳、岩波書店、2017年〕

Weisman, Kara, Carol Dweck, and Ellen Markman. 2017. "Rethinking People's Conceptions of Mental Life." *Proceedings of the National Academy of Sciences* 114 (43): 11374–79.

White, E. B. 1990. "Life." In Writings from The New Yorker, 1925–1976, edited by Rebecca Dale, 3. New York: Harper Perennial.

White, Geoffrey, and John Kirkpatrick, eds. 1985. *Person, Self, and Experience: Exploring Pacific Ethnopsychologies.* Oakland: University of California Press.

Whitehouse, Harvey. 2000. *Arguments and Icons: Divergent Modes of Religiosity.* Oxford: Oxford University Press.

Wigger, J. Bradley. 2019. *Invisible Companions: Encounters with Imaginary Friends*, Gods, Ancestors, and Angels. Stanford: Stanford University Press.

Wilde, Oscar. 1940. *The Importance of Being Earnest and Other Plays.* London: Penguin. 〔『オスカー・ワイルド全集．第4巻（劇2喜劇）』鳴海四郎訳、出帆社、1976年〕

Wills, Gary. 2019. "Shallow Calls to Shallow." *Review of Mary Gordon,* On Thomas Merton. Harpers, April.

Winnicott, D. W. 1953. "Transitional Object and the Transitional Phenomena: A Study of the First Not-Me Possession." *International Journal of Psycho-Analysis* 53 (2): 89–97.

——. 1971. *Playing and Reality.* London: Tavistock Publications. 〔『遊ぶことと現実』橋本雅雄・大矢泰士訳、岩崎学術出版社、2015年〕

——. 2010. *Psycho-Analytic Explorations.* London: Routledge.

Winzeler, Robert. 2007. *Anthropology and Religion: What We Know, Think, and Question.* Lanham, MD: AltaMira Press.

Wolfson, Elliot. 1994. *Through a Speculum That Shines: Vision and Imagination in Medieval Jewish Mysticism.* Princeton, NJ: Princeton University Press.

Wood, James. 2008. *How Fiction Works.* New York: Farrar, Straus and Giroux.

Woods, Teresa, Michael Antoni, Gail Ironson, and David Kling. 1999. "Religiosity Is Associated with Affective and Immune Status in Symptomatic HIV-Infected Gay Men." *Journal of Psychosomatic Research* 46 (2): 165–76.

710–20.

Toren, Christina. 2007. "How Do We Know What Is True? The Case of Mana in Fiji." In *Questions of Anthropology*, edited by Rita Astuti, Jonathan Parry, and Charles Stafford, 227–48. Oxford: Berg.

Tsai, Jeanne L. 2007. "Ideal Affect: Cultural Causes and Behavioral Consequences." *Perspectives on Psychological Science* 2 (3): 242–59.

Tsai, Jeanne, Jennifer Louie, Eva Chen, and Yukiko Uchida. 2007. "Learning What Feelings to Desire: Socialization of Ideal Affect through Children's Storybooks." *Personality and Social Psychology Bulletin* 33 (1): 17–30.

Turner, Victor. 1967. *The Forest of Symbols: Aspects of Ndembu Ritual*. Ithaca, NY: Cornell University Press.

Tylor, Edward Burnett. (1871) 2010. *Primitive Culture*. Cambridge: Cambridge University Press.

Underwood, Lynn, and Jeanne Teresi. 2002. "The Daily Spiritual Experience Scale: Development, Theoretical Description, Reliability, Exploratory Factor Analysis, and Preliminary Construct Validity Using Health-Related Data." *Annals of Behavioral Medicine* 24 (1): 22–33.

Vaihinger, Hans. 1925. *The Philosophy of 'As If': A System of the Theoretical, Practical and Religious Fictions of Mankind*. Translated by C. K. Ogden. New York: Harcourt, Brace and Co.

Van Leeuwen, Neil. 2014. "Religious Credence Is Not Factual Belief." *Cognition* 133 (3): 698–715.

Vardenoe, Kirk. 1996. *Jasper Johns: A Retrospective*. New York: Museum of Modern Art.

Vermeule, Blakey. 2010. *Why Do We Care about Literary Characters?* Baltimore: Johns Hopkins University Press.

Verren, Helen. 2001. *Science and an African Logic*. Chicago: University of Chicago Press.

Veyne, Paul. 1988. *Did the Greeks Believe in Their Myths? An Essay on the Constitutive Imagination*. Chicago: University of Chicago Press.〔『ギリシア人は神話を信じたか』大津真作訳、法政大学出版局、1985年〕

Vilaça, Aparecida. 2013. "Two or Three Things That I Know about Talking to the Invisible." HAU: *Journal of Ethnographic Theory* 3 (3): 359–63.

——. 2016. *Praying and Preying: Christianity in Indigenous Amazonia*. Oakland: University of California Press.

Virkler, Mark, and Patti Virkler. 1986. *Dialogue with God*. Gainsville: Bridge-Logos.

Vitebsky, Piers. 2005. *The Reindeer People: Living with Animals and Spirits in Siberia*. New York: Mariner Books.

Viveiros de Castro, Eduardo. 2011. "Zeno and the Art of Anthropology: Of Lies, Beliefs, Paradoxes, and Other Truths." *Common Knowledge* 17 (1): 128–45.

Spiritual Paths. Princeton, NJ: Princeton University Press.

Taves, Ann, and Egil Asprem. 2016. "Experience as Event: Event Cognition and the Study of (Religious) Experiences." *Religion, Brain & Behavior* 7 (1): 43–62. https://doi.org/10.1080/2153599X.2016.1150327.

——. 2020. "The Building Block Approach: An Overview." In *Building Blocks of Religion: Critical Applications and Future Prospects*, edited by Göran Larsson, Jonas Svensson, and Andreas Nordin, 5–25. London: Equinox.

Taylor, Charles. 2007. *A Secular Age*. Cambridge, MA: Harvard University Press. 〔『世俗の時代』(全二巻) 千葉眞監訳、木部尚志・石川涼子訳、名古屋大学出版会、2020年〕

Taylor, Marjorie. 1999. *Imaginary Companions and the Children Who Create Them*. Oxford: Oxford University Press.

——. 2013. *The Oxford Handbook of the Development of Imagination*. Oxford: Oxford University Press.

Taylor, Marjorie, Candice Mottweiler, Naomi Aguiar, Emilee Naylor, and Jacob G. Levernier. 2018. "Paracosms: The Imaginary Worlds of Middle Childhood." *Child Development* 91 (4): 1–15. https://doi.org/10.1111/cdev.13162.

Taylor, Marjorie, Candice M. Mottweiler, Emilee R. Naylor, and Jacob G. Levernier. 2015. "Imaginary Worlds in Middle Childhood: A Qualitative Study of Two Pairs of Coordinated Paracosms." *Creativity Research Journal* 27 (2): 167–74. https://doi.org/10.1080/10400419.2015.1030318.

Tellegen, Auke. 1981. "Practicing the Two Disciplines for Relaxation and Enlightenment." *Journal of Experimental Psychology: General* 110 (2): 217–26.

Tellegen, Auke, and Gilbert Atkinson. 1974. "Openness to Absorbing and Self-Altering Experiences ('Absorption'), a Trait Related to Hypnotic Susceptibility." *Journal of Abnormal Psychology* 83 (3): 268–77.

Thalbourne, Michael, and Peter Delin. 1993. "A New Instrument for Measuring the Sheep-Goat Variable: Its Psychometric Properties and Factor Structure." *Journal of the Society for Psychical Research* 59 (832): 172–86.

Thomas, Eugene, and Pamela Cooper. 1980. "Incidence and Psychological Correlates of Intense Spiritual Experiences." *Journal of Transpersonal Psychology* 12 (1): 75–85.

Thomas, Keith. 1971. *Religion and the Decline of Magic: Studies in Popular Beliefs in Sixteenth and Seventeenth Century England*. New York: Scribner. 〔『宗教と魔術の衰退』荒木正純訳、法政大学出版局、1993年〕

Tien, Allen. 1991. "Distribution of Hallucinations in the Population." *Social Psychiatry and Psychiatric Epidemiology* 26 (6): 287–92.

Tolin, David. 2010. "Is Cognitive-Behavioral Therapy More Effective Than Other Therapies? A Meta-Analytic Review." *Clinical Psychology Review* 30 (6):

edited by Pascal Boyer, 165–81. Cambridge: Cambridge University Press.
Sharp, Shane. 2010. “How Does Prayer Help Manage Emotions?” *Social Psychology Quarterly* 73 (4): 417–37.
Shires, Preston. 2007. *Hippies of the Religious Right*. Houston: Baylor.
Shoaps, Robin. 2002. “‘Pray Earnestly’: The Textual Construction of Personal Involvement in Pentecostal Prayer and Song.” *Journal of Linguistic Anthropology* 12 (1): 34–71.
Shulman, David. 2012. *More Than Real: A History of the Imagination in South India*. Cambridge, MA: Harvard University Press.
Silvey, Robert, and Stephen MacKeith. 1998. “The Paracosm: A Special Form of Fantasy.” In *Organizing Early Experience: Imagination and Cognition in Childhood*, edited by D. C. Morrison, 173–97. New York: Baywood.
Simon, Gregory. 2009. “The Soul Freed of Cares? Islamic Prayer, Subjectivity, and the Contradictions of Moral Selfhood in Minangkabau, Indonesia.” *American Ethnologist* 36 (2): 258–75.
Smith, Jonathan Z. 1982. *Imagining Religion: From Babylon to Jonestown*. Chicago: University of Chicago Press.
Smith, Robertson. (1889) 1956. *Lectures on the Religion of the Semites*. New York: Meridian.
Snell, Bruno. (1953) 1960. *The Discovery of the Mind: The Greek Origins of European Thought*. New York: Dover.〔『精神の発見』新井靖一訳、創文社、1974年〕
Sosis, Richard, and Joseph Bulbulia. 2011. “The Behavioral Ecology of Religion: The Benefits and Costs of One Evolutionary Approach.” *Religion* 41 (3): 341–62.
Spelke, Elizabeth, and Katherine Kinzler. 2007. “Core Knowledge.” *Developmental Science* 10 (1): 89–96.
St. John of the Cross. 2010. *Ascent of Mount Carmel*. Translated by E. Allison Peers. San Bernadino, CA: Bottom of the Hill Publishing.
Starhawk. 1979. *The Spiral Dance*. New York: Harper and Row.
Stromberg, Peter. 2009. *Caught in Play: How Entertainment Works on You*. Stanford: Stanford University Press.
Strunk, William, Jr., and E. B. White. 1959. *The Elements of Style*. New York: Macmillan.〔第三版［1979］の邦訳は『英語文章ルールブック』荒竹三郎訳、荒竹出版、1985年〕
Taves, Ann. 2009a. “Channeled Apparitions: On Visions That Morph and Categories That Slip.” *Visual Resources* 25 (1–2): 137–52.
——. 2009b. *Religious Experience Reconsidered: A Building-Block Approach to the Study of Religion and Other Special Things*. Princeton, NJ: Princeton University Press.
——. 2016. *Revelatory Events: Three Case Studies of the Emergence of New*

——. 2004b. "The Globalization of Pentecostal and Charismatic Christianity." *Annual Review of Anthropology* 33: 117–43.

——. 2006. "Anthropology and Theology: An Awkward Relationship?" *Anthropological Quarterly* 78 (2): 285–94.

——. 2012. "Transcendence and the Anthropology of Christianity." *Suomen Antropologi: Journal of the Finnish Anthropological Society* 37 (2): 5–23.

——. n.d. "Opacity of Mind, Imagining Others, and the Coordination of Action: Melanesianist Reflections on the Ethics of Trust." Unpublished manuscript.

Robbins, Joel, and Alan Rumsey. 2008. "Cultural and Linguistic Anthropology and the Opacity of Other Minds." *Anthropological Quarterly* 8 (2): 407–20.

Roberts, Nathaniel. 2016. *To Be Cared For: The Power of Conversion and Foreignness of Belonging in an Indian Slum*. Oakland: University of California Press.

Rosengren, Karl, Carl Johnson, and Paul Harris, eds. 2000. *Imagining the Impossible: Magical, Scientific, and Religious Thinking in Children*. Cambridge: Cambridge University Press.

Ryff, Carol D., Gayle D. Love, Yuri Miyamoto, Hazel Rose Markus, Katherine B. Curhan, Shinobu Kitayama, Jiyoung Park, Norito Kawakami, Chiemi Kan, and Mayumi Karasawa. 2014. "Culture and the Promotion of Well-Being in East and West: Understanding Varieties of Attunement to the Surrounding Context." *In Increasing Psychological Well-Being in Clinical and Education Settings: Interventions and Cultural Contexts,* edited by G. A. Fava and C. Ruini, 1–19. New York: Springer. https://doi.org/10.1007/978-94-017-8669-0.

Salovey, Peter, John D. Mayer, Susan Lee Goldman, Carolyn Turvey, and Tibor P. Palfai. 1995. "Emotional Attention, Clarity, and Repair: Exploring Emotional Intelligence Using the Trait Meta-Mood Scale." In *Emotion, Disclosure and Health,* edited by James W. Pennebaker, 125–54. Washington, DC: American Psychological Association.

Schieffelin, Bambi. 2014. "Christianizing Language and the Dis-Placement of Culture in Bosavi, Papua New Guinea." *Current Anthropology* 55 (S10): S226–37.

Schjoedt, Uffe, Hans Stødkilde-Jørgensen, Armin W. Geertz, and Andreas Roepstorff. 2009. "Highly Religious Participants Recruit Areas of Social Cognition in Personal Prayer." *Social Cognitive and Affective Neuroscience* 4 (2): 199–207.

Seligman, Adam, Robert Weller, Michael Puett, and Bennett Simon. 2008. *Ritual and Its Consequences: An Essay on the Limits of Sincerity*. Oxford: Oxford University Press.

Severi, Carlos. 1993. "Talking about Souls: On the Pragmatic Construction of Meaning in Cuna Chants." In *Cognitive Aspects of Religious Symbolism,*

Voices in 375 Normal Subjects." *Imagination, Cognition and Personality* 3 (2): 99–113.

Post, R. M. 2007. "Kindling and Sensitization as Models for Affective Episode Recurrence, Cyclicity, and Tolerance Phenomena." Neuroscience and Biobehavioral Reviews 31 (6): 858–73.

Powell, Lynda, Leila Shahabi, and Carl Thoresen. 2003. "Religion and Spirituality: Linkages to Physical Health." *American Psychologist* 58 (1): 36–52.

Proudfoot, Wayne. 1985. *Religious Experience*. Oakland: University of California Press.

Proust, Joëlle, and Martin Fortier, eds. 2018. *Metacognitive Diversity: An Interdisciplinary Approach*. Oxford: Oxford University Press.

Purzycki, Benjamin G., Daniel N. Finkel, John Shaver, Nathan Wales, Adam B. Cohen, and Richard Sosis. 2012. "What Does God Know? Supernatural Agents' Access to Socially Strategic and Non-Strategic Information." *Cognitive Science* 36: 846–69.

Radcliffe-Brown, Alfred. (1922) 2013. *The Andaman Islanders: A Study in Social Anthropology*. Cambridge, MA: Cambridge University Press.

Ratcliffe, Matthew. 2005. "The Feeling of Being." *Journal of Consciousness Studies* 12 (8): 43–60.

Reichard, Gladys Amanda. 1944. *Prayer: The Compulsive Word*. New York: J. J. Augustin.

——. 1950. *Navaho Religion: A Study of Symbolism*. Princeton, NJ: Princeton University Press.

Reichel-Dolmatoff, Gerardo. 1975. *The Shaman and the Jaguar: A Study of Narcotic Drugs among the Indians of Colombia*. Philadelphia: Temple University Press.

Reinhardt, Bruno. 2014. "Soaking in Tapes: The Haptic Voice of Global Pentecostal Pedagogy in Ghana." *Journal of the Royal Anthropological Association* 20: 315–36.

Reisman, Paul. 1977. *Freedom in Fulani Social Life: An Introspective Ethnography*. Chicago: University of Chicago Press.

Richlin, Johanna. 2019. "The Affective Therapeutics of Migrant Faith: Evangelical Christianity among Brazilians in Greater Washington, DC." *Current Anthropology* 60 (3): 369–90.

Rizzuto, Ana Maria. 1979. *The Birth of the Living God*. Chicago: University of Chicago Press.

Robbins, Joel. 2001. "God Is Nothing but Talk: Modernity, Language, and Prayer in a Papua New Guinea Society." *American Anthropologist* 103 (4): 901–12.

——. 2004a. *Becoming Sinners: Christianity and Moral Torment in a Papua New Guinea Society*. Oakland: University of California Press.

26 (4): 443–61.

Norenzayan, Ara. 2013. *Big Gods: How Religion Transformed Cooperation and Conflict.* Princeton, NJ: Princeton University Press.〔『ビッグ・ゴッド：変容する宗教と協力・対立の心理学』藤井修平、松島公望、荒川歩訳、誠信書房、2022年〕

Obeyesekere, Gananath. 2012. *The Awakened Ones: Phenomenology of Visionary Experience.* New York: Columbia University Press.

Omenyo, Cephas. 2002. *Pentecost outside Pentecostalism: A Study of the Development of Charismatic Renewal in the Mainline Churches in Ghana.* Zoetermeer: Boekencentrum.

Orsi, Robert. (2006) 2013. *Between Heaven and Earth: The Religious Worlds People Make and the Scholars Who Study Them.* Princeton, NJ: Princeton University Press.

——. 2012. "The Problem of the Holy." In *The Cambridge Companion to Religious Studies,* edited by Robert Orsi, 84–108. Cambridge: Cambridge University Press.

——. 2016. *History and Presence.* Cambridge, MA: Harvard University Press.

Otto, Rudolf. (1917) 1958. *The Idea of the Holy.* Translated by John W. Harvey. Oxford: Oxford University Press.〔『聖なるもの』久松英二訳、岩波書店、2010年〕

Paloutzian, R. F., and C. W. Ellison. 1982. "Loneliness, Spiritual Well-Being and the Quality of Life." In *Loneliness: A Sourcebook of Current Theory,* Research and Therapy, edited by L. A. Peplau and D. Perlman, 224–36. New York: John Wiley & Sons.

Pandolfo, Stefania. 1997. *Impasse of the Angels.* Chicago: University of Chicago Press.

Parkin, David, ed. 1991. *The Anthropology of Evil.* New York: Wiley Blackwell.

Pascal, Blaise. 2004. *Pensées.* Translated by Roger Ariel. Indianapolis, IN: Hacket Publishing.〔『パンセ』由木康訳、白水社、2024年〕

Pedersen, Morten Axel. 2011. Not Quite Shamans. Ithaca, NY: Cornell University Press.

Pennebaker, James. 1989. "Confession, Inhibition, and Disease." *Advances in Experimental Social Psychology* 22: 211–44.

Perera, Sylvia Brinton. 1981. *Descent to the Goddess.* Toronto: Inner City Books.

Pew Forum on Religion and Public Life. 2008. "US Religious Landscape Survey." https://www.pewforum.org/religious-landscape-study/frequency-of-prayer/.

Pew Research Center. 2006. Spirit and Power: A Ten Country Survey of Pentecostals. Washington, DC: Pew Research Center.

Poloma, Margaret, and George Gallup Jr. 1991. *Varieties of Prayer: A Survey Report.* Philadelphia: Trinity Press International.

Posey, Thoma, and Mary Losch. 1983. "Auditory Hallucinations of Hearing

Mead, Margaret. 1930. *Growing Up in New Guinea: A Comparative Study of Primitive Education*. New York: Blue Ribbon Books. 〔『マヌス族の生態研究』金子重隆訳、岡倉書房、1943年〕

Medin, Douglas, and Scott Atran. 2004. "The Native Mind: Biological Categorization, Reasoning and Decision Making in Development and across Cultures." *Psychological Review* 111: 960–83.

Medin, Douglas, Hillarie Schwartz, Sergey Blok, and Lawrence Birnbaum. 1999. "The Semantic Side of Decision Making." *Psychonomic Bulletin and Review* 6 (4): 562–69.

Meyer, Birgit. 1999. *Translating the Devil: Religion and Modernity among the Ewe in Ghana*. Edinburgh: University of Edinburgh Press.

——. 2015. "How to Capture the 'Wow': R. R. Marett's Notion of Awe and the Study of Religion." *Journal of the Royal Anthropological Institute* 22 (1): 7–26.

Mezzenzana, Francesca. 2018. "Encountering Supai: An Ecology of Spiritual Perception in the Ecuadorian Amazon." *Ethos* 46 (2): 275–95.

Miles, Jack. 1995. *God: A Biography*. New York: Knopf. 〔『God：神の伝記』秦剛平訳、青土社、1997年〕

Miller, Donald E. 1997. *Reinventing American Protestantism: Christianity in the New Millennium*. Oakland: University of California Press.

Mines, Mattison. 1994. *Public Faces, Private Lives: Community and Individuality in South India*. Oakland: University of California Press.

Mittermaier, Amira. 2010. *Dreams That Matter: Egyptian Landscapes of the Imagination*. Oakland: University of California Press.

Moerman, Daniel. 1979. "The Anthropology of Symbolic Healing." *Current Anthropology* 20 (1): 59–66.

Monroe, Scott M., and Kate L. Harkness. 2005. "Life Stress, the 'Kindling' Hypothesis, and the Recurrence of Depression: Considerations from a Life Stress Perspective." *Psychological Review* 112 (2): 417–45.

Müller, F. M. 1864. *Lectures on the Science of Language*. New York: Scribner, Armstrong and Co.

Needham, Rodney. 1972. *Belief, Language and Experience*. Chicago: University of Chicago Press.

Neisser, Ulrich. 1976. *Cognition and Reality: Principles and Implications of Cognitive Psychology*. New York: W. H. Freeman.

Nelson, Richard. 1983. *Make Prayers to the Raven: A Koyukon View of the Northern Forest*. Chicago: University of Chicago Press.

Niebuhr, Reinhold. 1955. *The Self and the Dramas of History*. New York: Charles Scribner and Sons.

Noll, Richard. 1985. "Mental Imagery Cultivation as a Cultural Phenomenon: The Role of Visions in Shamanism, with Commentary." *Current Anthropology* about Soul, Mind and Spirit from Homer to Hume. London: Ashgate.

Magliocco, Sabina. 2004. *Witching Culture: Folklore and Neo-Paganism in America*. Philadelphia: University of Pennsylvania Press.

Mahmood, Saba. 2005. *Politics of Piety: The Islamic Revival and the Feminist Subject*. Princeton, NJ: Princeton University Press.

Mair, Jonathan. 2013. "Cultures of Belief." *Anthropological Theory* 12 (4): 448–66.

Makari, George. 2015. *Soul Machine: The Invention of the Modern Mind*. New York: W. W. Norton & Company.

Malinowski, Bronislaw. 1954. *Magic, Science and Religion*. New York: Doubleday.〔『呪術・科学・宗教・神話』宮武公夫・髙橋巖根訳、人文書院、1997年〕

Markus, Hazel, and Shinobu Kitayama. 1994. "A Collective Fear of the Collective: Implications for Selves and Theories of Selves." *Personality and Social Psychology Bulletin* 20 (5): 568–79.

Marrow, J. 2019. "To Make Her Understand with Love: Expectations for Emotion Work in North Indian Families." In *Psychology of Women under Patriarchy*, edited by H. Matthews and Adriana Manago, 71–90. New Mexico: School for Advanced Research Advanced Seminar Series.

Master, Allison, Ellen Markman, and Carol Dweck. 2012. "Thinking in Categories or along a Continuum: Consequences for Children's Social Judgments." *Child Development* 83 (4): 1145–63.

Mauss, Marcel. 2003. *On Prayer*. Edited by W. S. F. Pickering. Oxford: Berghahn Books.

Mayblin, Maya. 2010. *Gender, Catholicism, and Morality in Brazil:* Virtuous Husbands, Powerful Wives. New York: Palgrave Macmillan.

Mayer, F. Stephen, and Cynthia M. Frantz. 2004. "The Connectedness to Nature Scale: A Measure of Individuals' Feeling in Community with Nature." *Journal of Environmental Psychology* 24 (4): 503–15.

McCarthy-Jones, Simon, and Charles Fernyhough. 2011. "The Varieties of Inner Speech: Links between the Quality of Inner Speech and Psychopathological Variables in a Sample of Young Adults." *Consciousness and Cognition* 20 (4): 1586–93. https://doi.org/10.1016/j.concog.2011.08.005.

McCauley, Robert. 2013. *Why Religion Is Natural and Science Is Not*. Oxford: Oxford University Press.

McCauley, Robert, and E. Thomas Lawson. 2009. *Bringing Ritual to Mind: Psychological Foundations of Cultural Forms*. Cambridge: Cambridge University Press.

McNamara, James, M. Constant Byrne, Richard Dasheiff, and J. Gregory Fitz. 1980. "The Kindling Model of Epilepsy: A Review." *Progress in Neurobiology* 15 (2): 139–59.

05.008.
Lillard, Angeline. 1998. “Ethnopsychologies: Cultural Variations in Theory of Mind.” *Psychological Bulletin* 123 (1): 3–32.
Lindquist, Galina, and Simon Coleman. 2008. “Introduction: Against Belief?” *Social Analysis: The International Journal of Social and Cultural Practice* 52 (1): 1–18.
Lloyd, G. E. R. 2018. *The Ambivalences of Rationality*. Cambridge: Cambridge University Press.
Lohmann, Roger Ivar, ed. 2003. *Dream Travelers: Sleep Experiences and Culture in the Western Pacific*. New York: Palgrave Macmillan.
Lord, Albert B. (1960) 2019. *The Singer of Tales*. Edited by David F. Elmer. Cambridge, MA: Harvard University Press.
Loyola, Ignatius. 1992. *The Spiritual Exercises*. Translated by Joseph Tetlow. New York: Crossroad Publishing Company.〔『霊操』門脇佳吉訳、岩波文庫、1995年〕
Luhrmann, T. M. 1989. *Persuasions of the Witch's Craft: Ritual Magic in Contemporary England*. Cambridge, MA: Harvard University Press.
——. 2000. *Of Two Minds: An Anthropologist Looks at American Psychiatry*. New York: Vintage.
——. 2006. *The Good Parsi*. Cambridge, MA: Harvard University Press.
——. 2011a. “Hallucinations and Sensory Overrides.” *Annual Review of Anthropology* 40: 71–85.
——. 2011b. “Towards an Anthropological Theory of Mind.” *Journal of the Finnish Anthropological Association* 36 (4): 5–13.
——. 2012. *When God Talks Back: Understanding the American Evangelical Relationship with God*. New York: Alfred A. Knopf.
——. 2013. “Making God Real and Making God Good: Some Mechanisms through Which Prayer May Contribute to Healing.” *Transcultural Psychiatry* 50 (5): 707–25.
——. 2017. “Knowing God.” *Cambridge Journal of Anthropology* 35 (2): 125–42.
——. n.d. *The Spiritual Events Scale*.
Luhrmann, T. M., and Rachael Morgain. 2012. “Prayer as Inner Sense Cultivation: An Attentional Learning Theory of Spiritual Experience.” *Ethos* 40 (4): 359–89.
Luhrmann, T. M., Howard Nusbaum, and Ron Thisted. 2010. “The Absorption Hypothesis: Learning to Hear God in Evangelical Christianity.” *American Anthropologist* 112 (1): 66–78.
——. 2013. “‘Lord, Teach Us to Pray’: Prayer Practice Affects Cognitive Processing.” *Journal of Cognition and Culture* 13 (1–2): 159–77.
MacDonald, Paul. 2003. *History of the Concept of Mind*. Vol. 1, Speculations

Latour, Bruno. 2005. "'Thou Shall Not Freeze-Frame' or How Not to Misunderstand the Science and Religion Debate." In *Science, Religion, and the Human Experience*, edited by James D. Proctor, 27–48. New York: Oxford University Press.

Lawrence, Brother. 1982. *The Practice of the Presence of God.* New York: Whitaker House.〔『神の現存の体験』東京女子跣足カルメル会訳、ドン・ボスコ社、1993年〕

Lawson, Thomas E., and Robert N. McCauley. 1990. *Rethinking Religion: Connecting Cognition and Culture.* Cambridge: Cambridge University Press.

——. 2002. *Bringing Ritual to Mind: Psychological Foundations of Cultural Forms.* Cambridge: Cambridge University Press.

Legare, Cristine, E. Margaret Evans, Karl S. Rosengren, and Paul Harris. 2012. "The Co-Existence of Natural and Supernatural Explanations across Culture and Development." *Child Development* 83 (3): 779–93.

Legare, Cristine H., and Susan A. Gelman. 2008. "Bewitchment, Biology, or Both: The Co-Existence of Natural and Supernatural Explanatory Frameworks across Development." *Cognitive Science* 32 (4): 607–42.

Lester, Rebecca. 2005. *Jesus in Our Wombs: Embodying Modernity in a Mexican Convent.* Oakland: University of California Press.

Levine, Robert. 1973. "Patterns of Personality in Africa." *Ethos* 1 (2): 123–52.

Levinson, Stephen. 2006. "On the Human Interaction Engine." In *The Roots of Human Sociality*, edited by Stephen Levinson and Nicholas Enfield, 39–69. London: Berg.

Lévi-Strauss, Claude. (1963) 1974. "The Effectiveness of Symbols." In *Structural Anthropology*, translated by Claire Jacobson, 186–205. New York: Basic Books.〔『構造人類学』荒川幾男（他）訳、みすず書房、2023年〕

Lévy-Bruhl, Lucien. 1923. *Primitive Mentality.* Translated by Lilian A. Claire. London: London, Allen & Unwin.〔『未開社会の思惟』山田吉彦訳、小山書店、1935年〕

——. (1926) 1979. *How Natives Think.* Translated by Lilian A Claire. New York: Knopf.

——. (1949) 1975. *The Notebooks on Primitive Mentality.* Translated by Peter Rivière. New York: Harper & Row.

Lewis, C. S. (1952) 1980. *Mere Christianity.* New York: Penguin.〔『キリスト教の精髄』柳生直行訳、新教出版社、1985年〕

——. 1962. *The Weight of Glory.* London: Geoffrey Bless.

Lienhardt, Godfrey. 1961. *Divinity and Experience: The Religion of the Dinka.* Oxford: Clarendon Press.

Lifshitz, Michael, Michiel van Elk, and T. M. Luhrmann. 2019. "Absorption and Spiritual Experience: A Review of Evidence and Potential Mechanisms." *Consciousness and Cognition* 73. https://doi.org/10.1016/j.concog.2019.

Psychiatry 157 (8): 1243–51.

Keng, Shian-Ling, Moria J. Smoski, and Clive J. Robins. 2011. “Effects of Mindfulness on Psychological Health: A Review of Empirical Studies.” *Clinical Psychology Review* 31 (6): 1041–56. https://doi.org/10.1016/j.cpr.2011.04.006.

Kierkegaard, Søren. (1847) 1948. *Purity of Heart*. Translated by D. V. Steere. New York: Harper.〔『キルケゴールの講話・遺稿集. 2』飯島宗享編集、若山玄芳・浜田恂子訳、新地書房、1981年〕

Knight, Gareth. (1975) 2010. *Experience of the Inner Worlds: A Course in Christian Qabalistic Magic*. Cheltenham: Skylight Press.

Koenig, Harold, and Harvey Jay Cohen, eds. 2002. *The Link between Religion and Health: Psychoneuroimmunology and the Faith Factor*. New York: Oxford University Press.

Koenig, Harold, Dana King, and Verna Benner Carson. 2012. *Handbook of Religion and Health*. Oxford: Oxford University Press.

Kohut, Heinz. 1971. *The Analysis of the Self: A Systematic Approach to the Psychoanalytic Treatment of Narcissistic Personality Disorders*. Chicago: University of Chicago Press.

Kraepelin, Emil. 1921. *Manic-Depressive Insanity and Paranoia*. Edinburgh: E & S Livingstone.

Kravel-Tovi, Michal. 2017. *When the State Winks: The Performance of Jewish Conversion in Israel*. New York: Columbia University Press.

Kravel-Tovi, Michal, and Yoram Bilu. 2008. “The Work of the Present: Constructing Messianic Temporality in the Wake of Failed Prophecy among Chabad Hasidim.” *American Ethnologist* 35 (1): 64–80.

Kripke, Saul. 1980. *Naming and Necessity*. Cambridge, MA: Harvard University Press.〔『名指しと必然性：様相の形而上学と心身問題』八木沢敬・野家啓一訳、産業図書、1985年〕

Laidlaw, James. 2012. “Ontologically Challenged.” *Anthropology of this Century* 4. http://aotcpress.com/articles/ontologically-challenged.

——. 2013. *The Subject of Virtue*. Cambridge: Cambridge University Press.

Lamott, Anne. 2012. *Help, Thanks, Wow*. London: Riverhead Books.

Lancy, David. 1996. *Playing on the Mother-Ground: Cultural Routines for Children's Development*. New York: Guilford Press.

Landy, Joshua. 2012. *How to Do Things with Fictions*. Oxford: Oxford University Press.

Lanham, Jon. 2020. “Belief.” *The Immanent Frame*, January 31, 2020. https://tif.ssrc.org/2020/01/31/belief-lanman/.

Larbi, Emmanuel Kingsley. 2001. *Pentecostalism: The Eddies of Ghanaian Christianity*. Accra: CPCS.

Larsen, Timothy. 2016. *The Slain God*. Oxford: Oxford University Press.

Idel, Moshe. 1995. *Hasidism: Between Ecstasy and Magic.* Albany: State University of New York Press.

James, William. (1902) 1999. *The Varieties of Religious Experience: A Study in Human Nature.* New York: Modern Library. 〔『宗教的経験の諸相』桝田啓三郎訳、岩波文庫、1988年〕

——. (1935) 1970. *Essays in Pragmatism.* New York: Free Press.

Jaynes, Julian. 1976. *The Origin of Consciousness in the Breakdown of the Bicameral Mind.* Boston: Houghton Mifflin.

Johnston, Sarah Iles. 2015a. "The Greek Mythic Story World." *Arethusa* 48 (3): 283–311.

——. 2015b. "Narrating Myths." *Arethusa* 48 (2): 173–218.

——. 2018. *The Story of Myth.* Cambridge, MA: Harvard University Press.

Jones, Nev, and T. M. Luhrmann. 2015. "Beyond the Sensory: Findings from an In-Depth Analysis of the Phenomenology of 'Auditory Hallucinations' in *Psychosis*." Psychosis 8 (3): 191–202.

Jones, Robert Alun. 1981. "Robertson Smith, Durkheim, and Sacrifice: An Historical Context for The Elementary Forms of the Religious Life." *Journal of the History of the Behavioral Sciences* 17: 184–205.

Kahneman, Daniel. 2003. "Maps of Bounded Rationality: Psychology for Behavioral Economics." *American Economic Review* 93 (5): 1449–75.

——. 2011. *Thinking Fast and Slow.* New York: Farrar, Straus and Giroux. 〔『ファスト＆スロー』村井章子訳、早川書房、2012年〕

Kaptchuk, Ted J., Elizabeth Friedlander, John M. Kelley, M. Norma Sanchez, Efi Kokkotou, Joyce P. Singer, Magda Kowalczykowski, Franklin G. Miller, Irving Kirsch, and Anthony J. Lembo. 2010. "Placebos without Deception: A Randomized Controlled Trial in Irritable Bowel Syndrome." *PLoS ONE* 5 (12): e15591. https://doi.org/10.1371/journal.pone.0015591.

Keane, Webb. 1997a. "Religious Language." *Annual Review of Anthropology* 26: 47–71.

——. 1997b. *Signs of Recognition: Power and Hazards of Representation in an Indonesian Society.* Oakland: University of California Press.

——. 2006. *Christian Moderns: Freedom and Fetish in the Mission Encounter.* Oakland: University of California Press.

——. 2015. *Ethical Life: Its Natural and Social Histories.* Princeton, NJ: Princeton University Press.

Kendler, Kenneth, Laura M. Karkowski, and Carol A. Prescott. 1999. "Causal Relationship between Stressful Life Events and the Onset of Major Depression." *American Journal of Psychiatry* 156 (6): 837–41.

Kendler, Kenneth, Laura Thornton, and Charles Gardner. 2000. "Stressful Life Events and Previous Episodes in the Etiology of Major Depression in Women: An Evaluation of the 'Kindling' Hypothesis." *American Journal of*

Hochschild, Arlie. 2016. *Strangers in Their Own Land*. New York: The New Press.

Hoffman, Stefan, Anu Asnaani, Imke Vonk, Alice Sawyer, and Angela Fang. 2012. "The Efficacy of Cognitive Behavioral Therapy: A Review of Meta-analyses." *Cognitive Therapy and Research* 36 (5): 427–40.

Holbraad, Martin. 2009. "Ontology, Ethnography, Archaeology: An Afterword on the Ontography of Things." *Cambridge Archaeological Journal* 19 (3): 431–41.

Holbraad, Martin, and Morton Axel Pedersen. 2017. *The Ontological Turn*. Cambridge: Cambridge University Press.

Holt-Lunstad, Julianne, Timothy B. Smith, and J. Bradley Layton. 2010. "Social Relationships and Mortality Risk: A Meta-analytic Review." *PLoS Medicine* 7 (7): e1000316. https://doi.org/10.1371/journal.pmed.1000316.

Horton, Donald, and R. Richard Wohl. 1956. "Mass Communication and Para-Social Interaction: Observations on Intimacy at a Distance." *Psychiatry* 19 (3): 215–29. https://doi.org/10.1080/00332747.1956.11023049.

Horton, Robin. 1993. *Patterns of Thought in Africa and the West: Essays on Magic, Religionand Science*. Cambridge: Cambridge University Press.

House, James S., Karl R. Landis, and Debra Umberson. 1988. "Social Relationships and Health." *Science* 241 (4865): 540–45. https://doi.org/10.1126/science.3399889.

Hufford, David. 1982. *The Terror That Comes in the Night: An Experience-Centered Study of Supernatural*. Assault Traditions. Philadelphia: University of Pennsylvania Press.〔『夜に訪れる恐怖』福田一彦・竹内朋香・和田芳久訳、川島書店、1998年〕

——. 1995. "Beings without Bodies: An Experience-Centered Theory of the Belief in Spirits." In *Out of the Ordinary*, edited by B. Walker, 11–45. Logan: Utah State University Press.

Huizinga, Johan. (1938) 1971. *Homo Ludens: A Study of the Play-Element in Culture*. Boston: Beacon Press.〔『ホモ・ルーデンス』高橋英夫訳、中央公論社、1973年〕

Hummer, Robert, Richard Rogers, Charles Nam, and Christopher Ellison. 1999. "Religious Involvement and US Adult Mortality." *Demography* 36 (2): 273–85.

Hurlburt, Russell. 2011. *Investigating Pristine Inner Experience: Moments of Truth*. Cambridge: Cambridge University Press.

Huson, Paul. 1970. *Mastering Witchcraft: A Practical Guide for Witches, Warlocks, and Covens*. New York: G. P. Putnam's.

Hutchins, Edwin. 1995. *Cognition in the Wild*. Cambridge, MA: MIT Press.

Huxley, Aldous. 1945. *The Perennial Philosophy*. New York: Harper and Brothers.〔『永遠の哲学』中村保男訳、平河出版社、1998年〕

Oakland: University of California Press.
Harding, Susan. 2000. *The Book of Jerry Falwell.* Princeton, NJ: Princeton University Press.
Hardy, Alister. 1979. *The Spiritual Nature of Man: A Study of Contemporary Religious Experience.* Oxford: Clarendon Press.
Harris, Paul. 2000. *The Work of the Imagination.* Oxford: Wiley-Blackwell.
——. 2012. *Trusting What You're Told: How Children Learn from Others.* Cambridge, MA: Harvard University Press.
Harris, Paul L., Linda Abarbanell, Elisabeth S. Pasquini, and Suzanne Duke. 2007. "Imagination and Testimony in the Child's Construction of Reality." *Intellectica* 2–3 (46–47): 69–84.
Harris, Paul, Emma Brown, Crispin Marriott, Semantha Whittall, and Sarah Harmer. 1991. "Monsters, Ghosts and Witches: Testing the Limits of the Fantasy-Reality Distinction in Young Children." *British Journal of Developmental Psychology* 9 (1): 105–23.
Harris, Paul, and Kathleen Corriveau. 2014. "Learning from Testimony about Religion and Science." In *Trust and Skepticism: Children's Selective Learning from Testimony,* edited by Elizabeth Robinson and Shiri Einav, 28–41. New York: Psychology Press.
Harris, Paul L., and Melissa Koenig. 2007. "Imagination and Testimony in Cognitive Development: The Cautious Disciple." In *Imaginative Minds,* edited by Ilona Roth. Oxford: Oxford University Press.
Harris, Paul, Elisabeth S. Pasquini, Suzanne Duke, Jessica J. Asscher, and Francisco Pons. 2006. "Germs and Angels: The Role of Testimony in Young Children's Ontology." *Developmental Science* 9 (1): 76–96.
Haynes, Naomi. 2017. *Moving by the Spirit: Pentecostal Social Life on the Zambian Copperbelt.* Oakland: University of California Press.
Heelas, Paul, and Andrew Lock. 1981. *Indigenous Psychologies: The Anthropology of the Self.* New York: Academic Press.
Heim, Maria. 2013. *The Forerunner of All Things: Buddhaghosa on Mind, Intention, and Agency.* Oxford: Oxford University Press.
Heiphetz, Larisa, Casey Lee Landers, and Neil Van Leeuwen. 2018. "Does 'Think' Mean the Same Thing as 'Believe'? Linguistic Insights into Religious Cognition." *Psychology of Religion and Spirituality.* Advance online publication. https://doi.org/10.1037/rel0000238.
Henrich, Joseph, Steven J. Heine, and Ara Norenzayan. 2010. "The Weirdest People in the World?" *Behavior and Brain Sciences* 33 (2–3): 61–83.
Hinton, Devon, David Hufford, and Laurence Kirmayer. 2005. "Culture and Sleep Paralysis." *Transcultural Psychiatry* 42 (1): 5–10.
Hirschkind, Charles. 2006. *The Ethical Soundscape: Cassette Sermons and Islamic Counterpublics.* New York: Columbia University Press.

Play to Reality: What Are the Rules of the Game?" *British Journal of Developmental Psychology* 14 (2): 203–17.

Göncü, Artin, and Suzanne Gaskins, eds. 2006. *Play and Development: Evolutionary, Sociocultural, and Functional Perspectives.* Mahwah, NJ: Lawrence Erlbaum.

Gopnik, Alison. 1996. "The Scientist as Child." *Philosophy of Science* 63 (4): 485–514.

Graybeal, Lynda, and Julia Roller (with Richard Foster). 2006. *Connecting with God: A Spiritual Formation Guide.* Englewood, CO: Renovaré, Inc.

Gross, Rita M. 2002. "Meditation and Prayer: A *Comparative Inquiry.*" *Buddhist-Christian Studies* 22: 77–86.

Guarnaccia, Peter J., Glorisa Canino, Marita Rubio-Stipec, and Milagros Bravo. 1993. "The Prevalence of Ataques de Nervios in the Puerto Rico Disaster Study: The Role of Culture in Psychiatric Epidemiology." *Journal of Nervous and Mental Disease* 181 (3): 157–65.

Guarnaccia Peter J., Roberto Lewis-Fernandez, Igda Martinez Pincay, Patrick Shrout, Jing Guo, Maria Torres, Glorisa Canino, and Margrita Alegria. 2010. "Ataque de Nervios as a Marker of Social and Psychiatric Vulnerability: Results from the NLAAS." *International Journal of Social Psychiatry* 56 (3): 298–309.

Guarnaccia, Peter J., Melissa Rivera, Felipe Franco, and Charlie Neighbors. 1996. "The Experiences of Ataques de Nervios: Towards an Anthropology of Emotion in Puerto Rico." *Culture, Medicine, and Psychiatry* 20 (3): 343–67.

Guerrero, Silva, Ileana Enesco, and Paul L. Harris. 2010. "Oxygen and the Soul: Children's Conception of Invisible Entities." *Journal of Cognition and Culture* 10: 123–51.

Guthrie, Stewart. 1993. *Faces in the Clouds: A New Theory of Religion.* Oxford: Oxford University Press.

Haeri, Niloofar. Forthcoming. *Say What Your Longing Heart Desires: Women, Prayer and Poetry in Iran.* Stanford: Stanford University Press.

Haight, Wendy, and Peggy Miller. 1992. *Pretending at Home: Early Development in a Sociocultural Context.* Albany: State University of New York Press.

Hall, Amy Cox. 2018. "Living on a Prayer: Neo-Monasticism and Socio-Ecological Change." *Religion* 48 (4): 1096–151.

Hall, Daniel E. 2006. "Religious Attendance: More Cost-Effective Than Lipitor?" *Journal of the American Board of Family Medicine* 19 (2): 130–39.

Handelman, Don. 2008. "Afterword: Returning to Cosmology—Thoughts on the Positioning of Belief." *Social Analysis* 52 (1): 181–95.

Handman, Courtney. 2014. *Critical Christianity: Translation and Denominational Conflict in Papua New Guinea.* Oakland: University of California Press.

Hanks, William. 2010. *Converting Words: Maya in the Age of the Cross.*

Gade, Anna. 2004. *Perfection Makes Practice: Learning, Emotion, and the Recited Qur'ān in Indonesia*. Honolulu: University of Hawai'i Press.

Gaito, John. 1974. "The Kindling Effect." *Physiological Psychology* 2 (1): 45–50.

Garb, Jonathan. 2011. *Shamanic Trance in Modern Kabbalah*. Chicago: University of Chicago Press.

Gaskins, Suzanne. 2014. "Pretend Play as Culturally Constructed Activity." In *The Oxford Handbook on the Development of Imagination*, edited by Marjorie Taylor, 224– 47. Oxford: Oxford University Press.

Gavriyuk, Paul, and Sarah Coakley, eds. 2011. *The Spiritual Senses: Perceiving God in Western Christianity*. Cambridge: Cambridge University Press.

Geertz, Armin W. 2017. "Religious Bodies, Minds and Places: A Cognitive Science of Religion Perspective." In *Spazi e luoghi sacri: Espressioni ed esperienze di vissuto religioso*, edited by Laura Carnevale, 35–52. Biblioteca Tardoantica 11. Bari: Edipuglia.

Geertz, Clifford. 1988. *Works and Lives: The Anthropologist as Author*. Stanford: Stanford University Press.〔『文化の読み方／書き方』森泉弘次訳、岩波書店、2012年〕

Gelman, Susan A., and Gail D. Heyman. 1999. "Carrot-Eaters and Creature-Believers: The Effects of Lexicalization on Children's Inferences about Social Categories." *Psychological Science* 10 (6): 489–93.

Gendler, Tamar. 2008. "Alief and Belief." *Journal of Philosophy* 105 (10): 634–63.

Geschiere, Peter. 2013. *Witchcraft, Intimacy, and Trust: Africa in Comparison*. Chicago: University of Chicago Press.

Geurts, Kathryn. 2002. *Culture and the Senses: Bodily Ways of Knowing in an African Community*. Oakland: University of California Press.

Gibson, James. 1986. *The Ecological Approach to Visual Perception*. New York: Psychology Press.〔『生態学的視覚論』古崎敬訳、サイエンス社、1986年〕

Gifford, Paul. 2004. *Ghana's New Christianity: Pentecostalism in a Globalising African Economy*. London: Hurst and Company.

Gilbert, M. E. 2001. "Does the Kindling Model of Epilepsy Contribute to Our Understanding of Multiple Chemical Sensitivity?" *Annals of the New York Academy of Sciences* 933 (1): 68–91.

Gladwin, Thomas. 1995. *East Is a Big Bird: Navigation and Logic on Puluwat Atoll*. Cambridge, MA: Harvard University Press.

Goddard, G. V. 1967. "Development of Epileptic Seizures through Brain Stimulation at Low Intensity." *Nature* 214 (3): 1020–21.

Goddard, G. V., and R. M. Douglas. 1975. "Does the Engram of Kindling Model the Engram of Normal Long Term Memory?" *Canadian Journal of Neurological Sciences* 2 (4): 385–94.

Golomb, Claire, and Regina Kuersten. 1996. "On the Transition from Pretence

Article 1665. https://doi.org/10.3389/fpsyg.2019.01665.
Festinger, Leon, Henry Riecken, and Stanley Schechter. (1956) 2009. *When Prophecy Fails: A Social and Psychological Study of a Modern Group That Predicted the Destruction of the World*. New York: Harper and Row.〔『予言がはずれるとき』水野博介訳、勁草書房、1995年〕
Field, Margaret, and Taft Blackhorse Jr. 2002. "The Dual Power of Metonymy in Navaho Prayer." *Anthropological Linguistics* 44 (3): 217–30.
Flannelly, Kevin J., Kathleen Galek, Christopher Ellison, and Harold Koenig. 2010. "Beliefs about God, Psychiatric Symptoms, and Evolutionary Psychology." *Journal of Religion and Health* 49: 246–61.
Flavell, John. 1979. "Metacognition and Cognitive Monitoring: A New Area of Cognitive–Developmental Inquiry." *American Psychologist* 34 (10): 906–11.
Flood, Gavin, ed. 1993. *Mapping Invisible Worlds*. Edinburgh: Edinburgh University Press.
Fortes, Meyer. 1970. *Time and Social Structure and Other Essays*. London: Athlone Press.
——. 1987. *Religion, Morality and the Person: Essays on Tallensi Religion*. Cambridge: Cambridge University Press.
Foster, Richard. 2006. *Celebration of Discipline: The Path to Spiritual Growth*. New York: HarperSanFrancisco.
Frank, Jerome. 1961. *Persuasion and Healing: A Comparative Study of Psychotherapy*. Baltimore: Johns Hopkins University Press.
Frankl, Victor. 1959. *Man's Search for Meaning. Translated by Ilse Lasch*. Boston: Beacon Press.〔『夜と霧』池田香代子訳、みすず書房、2002年〕
Frazer, James George. (1922) 1994. *The Golden Bough: A Study in Magic and Religion*. Oxford: Oxford University Press.
Freston, Paul. 2013. "The Future of Pentecostalism in Brazil: The Limits to Growth." In *Global Pentecostalism in the 21st Century*, edited by Robert Hefner, 63–90. Bloomington: Indiana University Press.
Freud, Sigmund. (1914) 1984. *On Metapsychology*. Penguin Freud Library. London: Penguin.〔『精神分析入門講義　上下』髙田珠樹・新宮一成・須藤訓任・道籏泰三訳、岩波書店、2023年〕
——. (1917) 1976. "Mourning and Melancholia." In *The Standard Edition of the Complete Psychological Works of Sigmund Freud*, translated by James Strachey, 14:237– 58. New York: W. W. Norton.〔『フロイト全集（第14巻）』伊藤正博訳、岩波書店、2010年〕
——. (1927) 1989. *The Future of an Illusion. Edited and translated by James Strachey*. New York: W. W. Norton & Company.〔『幻想の未来』中山元訳、光文社古典新訳文庫、2007年〕
Friston, Karl. 2010. "The Free-Energy Principle: A Unified Brain Theory?" *Nature Reviews Neuroscience* 11: 127–38. https://doi.org/10.1038/nrn2787.

ま学芸文庫、2014年〕

Dyrness, William. 2004. *Reformed Theology and Visual Culture: The Protestant Imagination from Calvin to Edwards*. Cambridge: Cambridge University Press.

——. 2008. *Senses of the Soul: Art and the Visual in Christian Worship*. Eugene, OR: Wipf and Stock.

Dzokoto, V. 2010. "Different Ways of Feeling: Emotion and Somatic Awareness in Ghanaians and Euro-Americans." *Journal of Social, Evolutionary, and Cultural Psychology* 4 (2): 68–78.

Dzokoto, Vivian. 2020. "Adwenhoasem: An Akan Theory of Mind." Special Issue: Mind and Spirit: A Comparative Theory, edited by T. M. Luhrmann. *Journal of the Royal Anthropological Institute* 26 (S1): 77–94. https://doi.org/10.1111/1467-9655.13242.

Ehrlich, Elizabeth. 1997. *Miriam's Kitchen*. New York: Penguin.

Ellison, Christopher. 1991. "Religious Involvement and Subjective Well-Being." *Journal of Health and Social Behavior* 32: 80–99.

Ellison, Christopher, and Linda George. 1994. "Religious Involvement, Social Ties and Social Support in a Southeastern Community." *Journal for the Scientific Study of Religion* 33 (1): 46–61.

Engelke, Matthew. 2007. *A Problem of Presence: Beyond Scripture in an African Church*. Oakland: University of California Press.

Eriksen, Annelin. 2018. "Going to 'Pentecost': How to Study Pentecostalism—in Melanesia, for Example." *Journal of the Royal Anthropological Institute* 24 (1): 164–80.

Eriksen, Annelin, Michelle MacCarthy, and Ruy Llera Blanes. 2019. *Going to Pentecost: An Experimental Approach to Studies in Pentecostalism*. London: Berghahn Books.

Eskridge, Larry. 2013. *God's Forever Family*. Oxford: Oxford University Press.

Evans, Jonathan St B. T. 1984. "Heuristic and Analytic Processes in Reasoning." *British Journal of Psychology* 75 (4): 451–68.

Evans-Pritchard, E. E. 1937. *Witchcraft, Oracles and Magic among the Azande*. Oxford: Clarendon Press.〔『アザンデ人の世界：妖術・宣託・呪術』向井元子訳、みすず書房、2001年〕

——. 1956. *Nuer Religion*. Oxford: Oxford University Press.

——. 1965. *Theories of Primitive Religion*. Oxford: Clarendon Press.〔『宗教人類学の基礎理論』佐々木宏幹、大森元吉訳、世界書院、1967年〕

Fernyhough, Charles. 2016. *The Voices Within: The History and Science of How We Talk to Ourselves*. New York: Basic Books.

Fernyhough Charles, Ashley Watson, Marco Bernini, Peter Moseley, and Ben Alderson-Day. 2019. "Imaginary Companions, Inner Speech, and Auditory Verbal Hallucinations: What Are the Relations?" *Frontiers in Psychology* 10:

(4): 564–70.
Davies, Owen. 2003. “The Nightmare Experience, Sleep Paralysis, and Witchcraft Accusations.” *Folklore* 114 (2): 181–203.
De Cruz, Helen, and Johan De Smedt. 2014. *A Natural History of Natural Theology: The Cognitive Science of Theology and Philosophy of Religion.* Cambridge, MA: MIT Press.
Delgado, José M. R., and Manuel Sevillano. 1961. “Evolution of Repeated Hippocampal Seizures in the Cat.” *Electroencephalography and Clinical Neurophysiology* 13 (5): 722–33. https://doi.org/10.1016/0013-4694 (61) 90104 -3.
Derné, Steve. 2016. *Sociology of Well-Being: Lessons from India.* Delhi: SAGE Publications.
Descola, Philippe. (2005) 2013. *Beyond Nature and Culture. Translated by Janet Lloyd.* Chicago: University of Chicago Press.
Desjarlais, Robert, and C. Jason Throop. 2011. “Phenomenological Approaches in Anthropology.” *Annual Reviews in Anthropology* 40: 87–102.
Diener, Ed, and Martin E. P. Seligman. 2002. “Very Happy People.” Psychological Science 13 (1): 81–84.
Dillard, Annie. (1974) 2016. *Pilgrim at Tinker Creek.* New York: Harper Collins. 〔『ティンカー・クリークのほとりで』金坂留美子・くぼたのぞみ訳、めるくまーる社、1991年〕
Dilley, Paul. 2017. *Monasteries and the Care of Souls in Late Antique Christianity: Cognition and Discipline.* Cambridge: Cambridge University Press.
Doostdar, Alireza. 2018. *The Iranian Metaphysicals: Explorations in Science, Islam, and the Uncanny.* Princeton, NJ: Princeton University Press.
Douglas, Mary. (1966) 2002. *Purity and Danger: An Analysis of Concepts of Pollution and Taboo.* London: Routledge and Keegan Paul. 〔『汚穢と禁忌』塚本利明訳、筑摩書房、2009年〕
Dow, James. 1986. “Universal Aspects of Symbolic Healing: A Theoretical Synthesis.” *American Anthropologist* 88 (1): 56–69.
Dulin, J. 2020. “Vulnerable Minds, Bodily Thoughts, and Sensory Spirits: Local Theory of Mind and Spiritual Experience in Ghana.” Special Issue: Mind and Spirit: A Comparative Theory, edited by T. M. Luhrmann. *Journal of the Royal Anthropological Institute* 26 (S1): 61–76. https://doi.org/10.1111/1467-9655.13241.
——. Forthcoming. “When High Gods and Low Gods Speak to ‘the Mind’: The God-Thoughts of Indigenous Religious Specialists and Charismatic Christians in Ghana.” *American Anthropologist.*
Durkheim, Émile. (1912) 2001. *The Elementary Forms of Religious Life. Translated by Karen E. Fields.* Oxford: Oxford University Press. 〔『宗教生活の基本形態：オーストラリアにおけるトーテム体系　上下』山崎亮、ちく

Comaroff, Jean. 1985. *Body of Power, Spirit of Resistance: The Culture and History of a South African People*. Chicago: University of Chicago Press.

Cook, Joanna. 2011. *Meditation in Modern Buddhism: Renunciation and Change in Thai Monastic Life*. Cambridge: Cambridge University Press.

——. 2016. "Mindful in Westminster: The Politics of Meditation and the Limits of Neoliberal Critique." HAU: *Journal of Ethnographic Theory* 6 (1): 141–61.

——. 2018. "Paying Attention to Attention." *Anthropology of This Century* 22. http://aotcpress.com/articles/paying-attention-attention/.

Corbin, Henry. 1969a. *Alone with the Alone: Creative Imagination in the Sūfism of Ibn 'Arabī. Translated by Ralph Manheim*. Princeton, NJ: Princeton University Press.

——. 1969b. *Creative Imagination in the Sūfism of Ibn 'Arabī. Translated by Ralph Manheim*. Princeton, NJ: Princeton University Press.

Corwin, Anna. 2012. "Changing God, Changing Bodies: The Impact of New Prayer Practices on Elderly Catholic Nuns' Embodied Experience." *Ethos* 40 (4): 390–410.

——. Forthcoming. *Holding the Hand of God: How Catholic Nuns Become Models of Successful Aging*. New Brunswick: Rutgers University Press.

Corwin, Anna, and Cordelia Erickson-Davies. 2020. "Experiencing Presence: An Interaction Model of Perception." HAU: *Journal of Ethnographic Theory* 10 (1): 166–82.

Covington, Dennis. 1995. *Salvation on Sand Mountain: Snake Handling and Redemption in Southern Appalachia*. New York: Penguin.

Cresswell, J. David. 2017. "Mindfulness Interventions." *Annual Review of Psychology* 68: 491–516.

Crocker, J. Christopher. 1985. *Vital Souls: Bororo Cosmology, Natural Symbolism, and Shamanism*. Tucson: University of Arizona Press.

Csordas, Thomas. 1993. "Somatic Modes of Attention." *Cultural Anthropology* 8 (2): 135–56.

——. 1994. *The Sacred Self: A Cultural Phenomenology of Charismatic Healing*. Oakland: University of California Press.

Dahl, Cortland J., Antoine Lutz, and Richard J. Davidson. 2015. "Reconstructing and Deconstructing the Self: Cognitive Mechanisms in Meditation Practice." *Trends in Cognitive Sciences* 19 (9): 515–23.

Davidson, Donald.1984. *Inquiries into Truth and Interpretation*. Oxford: Oxford University Press.

Davidson, Richard J., Jon Kabat-Zinn, Jessica Schumacher, Melissa Rosenkranz, Daniel Muller, Saki Santorelli, Ferris Urbankowski, Anne Harrington, Katherine Bonus, and John Sheridan. 2003. "Alterations in Brain and Immune Function Produced by Mindfulness Meditation." *Psychosomatic Medicine* 65

Buber, Martin. 1937. *I and Thou. Translated by Ronald Gregor Smith.* New York: Charles Scribner and Sons.

Butler, Andrew C., Jason. E. Chapman, Evan M. Forman, and Aaron T. Beck. 2006. "The Empirical Status of Cognitive-Behavioral Therapy: A Review of Meta-Analyses." *Clinical Psychology Review* 26 (1): 17–31.

Cacioppo, John, and William Patrick. 2008. *Loneliness: Human Nature and the Need for Social Connection.* New York: W. W. Norton & Company.

Caillois, Roger. 1960. *Man and the Sacred. Translated by Meyer Barash.* New York: Free Press. 〔『遊びと人間』多田道太郎、塚崎幹夫訳、講談社、1990年〕

——. 1961. *Man, Play and Games.* Translated by Meyer Barash. Glencoe, IL: Free Press.

Capps, Lisa, and Elinor Ochs. 2002. "Cultivating Prayer." In *The Language of Turn and Sequenc*e, edited by Cecelia Ford, Barbara Fox, and Sandra Thompson, 39–55. New York: Oxford University Press.

Cardeña, Etzel, Steven Jay Lynn, and Stanley Krippner, eds. 2000. *Varieties of Anomalous Experience: Examining the Scientific Evidence.* Washington, DC: American Psychological Association Press.

Carruthers, Mary. 1998. *The Craft of Thought: Meditation, Rhetoric, and the Making of Images.* Cambridge: Cambridge University Press.

Cassaniti, Julia. 2015. *Living Buddhism: Mind, Self, and Emotion in a Thai Community.* Ithaca, NY: Cornell University Press.

——. 2018. *Remembering the Present: Mindfulness in Buddhist Asia.* Ithaca, NY: Cornell University Press.

Cassaniti, Julia, and T. M. Luhrmann. 2011. "Encountering the Supernatural: A Phenomenological Account of Mind." *Religion and Society* 2: 37–53. https://doi.org/10.3167/arrs.2011.020103.

——. 2014. "The Cultural Kindling of Spiritual Experiences." *Current Anthropology* 55 (S10): S333–43.

Chentsova-Dutton, Yulia E., and Vivian Dzokoto. 2014. "Listen to Your Heart: The Cultural Shaping of Interoceptive Awareness and Accuracy." *Emotion* 14 (4): 666–78.

Christian, William, and Gábor Klaniczay, eds. 2009. The "Vision" Thing: Studying Divine Intervention. No. 18. Budapest: Collegium Budapest Workshop Series.

Clark, Herbert. 1996. *Using Language.* Cambridge: Cambridge University Press.

Cohen, David, and Stephen MacKeith. 1991. *The Development of Imagination: The Private Worlds of Childhood. Concepts in Developmental Psychology.* New York: Routledge.

Coleman, Simon. 2000. *The Globalisation of Charismatic Christianity: Spreading the Gospel of Prosperity.* Cambridge: Cambridge University Press.

Biehl, João, and Peter Locke. 2010. "Deleuze and the Anthropology of Becoming." *Current Anthropology* 51 (3): 317–51.

——, eds. 2017. *Unfinished: The Anthropology of Becoming.* Durham, NC: Duke University Press.

Bielo, James, ed. 2009a. *The Social Life of Scriptures: Cross-Cultural Perspectives on Biblicism.* New Brunswick, NJ: Rutgers University Press.

——. 2009b. *Words upon the Word: An Ethnography of Evangelical Group Bible Study.* New York: New York University Press.

——. 2011. *Emerging Evangelicals: Faith, Modernity, and the Desire for Authenticity.* New York: New York University Press.

Bilu, Yoram. 2013. "'We Want to See Our King': Apparitions in Messianic Habad." *Ethos* 41 (1): 98–126.

——. Forthcoming. *With Us More Than Ever: Making the Absent Rebbe Present in Messianic Chabad.* Stanford: Stanford University Press.

Blanes, Ruy, and Diana Espírito Santo, eds. 2013. *The Social Life of Spirits.* Chicago: University of Chicago Press.

Blech, Benjamin. 1992. *Understanding Judaism: The Basics of Deed and Creed.* New York: Jacob Aronson.

Bloch, Maurice. 2008. "Why Religion Is Nothing Special but Is Central." *Philosophical Transactions of the Royal Society* B. 363: 2055–61.

Boudry, Maarten, and Jerry A. Coyne. 2016. "Disbelief in Belief: On the Cognitive Status of Supernatural Beliefs." *Philosophical Psychology* 29 (4): 601–15.

Bowen, John. 2007. *Why the French Don't Like Headscarves: Islam, the State, and Public Space.* Princeton, NJ: Princeton University Press.

Boyer, Pascal. 1994. *The Naturalness of Religious Ideas: A Cognitive Theory of Religion.* Oakland: University of California Press.

——. 2001. *Religion Explained: The Evolutionary Origins of Religious Thought.* New York: Basic Books.〔『神はなぜいるのか？』鈴木光太郎・中村潔訳、NTT出版、2008年〕

——. 2008. "Religion: Bound to Believe?" *Nature* 455 (23): 1038–39.

——. 2013. "Why 'Belief' Is Hard Work: Implications of Tanya Luhrmann's When God Talks Back." HAU: *Journal of Ethnographic Theory* 3 (3): 349–57.

Bradley, Marion Zimmer. 1983. *The Mists of Avalon.* New York: Knopf.

Brenner, Suzanne. 1996. "Reconstructing Self and Society: Javanese Muslim Women and 'the Veil.'" *American Ethnologist* 23 (4): 673–97.

Briggs, Jean. 1998. *Inuit Morality Play: The Emotional Education of a Three-Year-Old.* New Haven, CT: Yale University Press.

Brooks, David. 2012. "Op-Ed: The Power of the Particular." *New York Times,* June 25.

Edinburgh: Churchill Livingstone.
——. 1964. *Dibs in Search of Self.* New York: Ballantine Books.〔『開かれた小さな扉：ある自閉児をめぐる愛の記録』岡本浜江訳、日本エディタースクール出版部、1987年〕
Baquedano-Lopez, Patricia. 2008. "Prayer." *Journal of Linguistic Anthropology* 9 (1-2): 197-200.
Barrett, Justin L. 2004. *Why Would Anyone Believe in God?* Walnut Creek, CA: AltaMira Press.
——. 2012. *Born Believers: The Science of Children's Religious Beliefs.* New York: Simon and Schuster.
Bartlett, Robert. 2008. *The Natural and the Supernatural in the Middle Ages.* Cambridge: Cambridge University Press.
Bateson, Gregory. (1972) 2000. *Steps to an Ecology of Mind.* Chicago: University of Chicago Press.〔『精神の生態学へ』（全三巻）佐藤良明訳、岩波書店、2023年〕
Baumeister, David, Ottilie Sedgwick, Oliver Howes, and Emmanuelle Peters. 2017. "Auditory Verbal Hallucinations and Continuum Models of Psychosis: A Systematic Review of the Healthy Voice-Hearer Literature." *Clinical Psychology Review* 51: 125-41.
Beck, Aaron. 1976. *Cognitive Therapy and the Emotional Disorders.* New York: Meridian.
Berger, Peter. 1967. *The Sacred Canopy: Elements of a Sociological Theory of Religion.* New York: Anchor.〔『聖なる天蓋：神聖世界の社会学』薗田稔、筑摩書房、2018年〕
Bergunder, Michael. 2008. *The South Indian Pentecostal Movement in the Twentieth Century.* Grand Rapids, MI: William B. Eerdmans.
Bering, Jesse. 2012. *The Belief Instinct: The Psychology of Souls, Destiny, and the Meaning of Life.* New York: W. W. Norton & Company.〔『ヒトはなぜ神を信じるのか：信仰する本能』鈴木光太郎訳、化学同人、2012年〕
Berkman, Lisa F., Thomas Glass, Ian Brisette, and Teresa E. Seeman. 2000. "From Social Integration to Health: Durkheim in the New Millennium." *Social Science and Medicine* 51 (6): 843-57.
Beyer, Stephen. 1978. *The Cult of Tara: Magic and Ritual in Tibet.* Oakland: University of California Press.
——. 2009. *Singing to the Plants: A Guide to Mestizo Shamanism in the Upper Amazon.* Albuquerque: University of New Mexico Press.
Bialecki, Jon. 2014. "Does God Exist in Methodological Atheism? On Tanya Luhrmann's *When God Talks Back* and Bruno Latour." *Anthropology of Consciousness* 25 (1): 32-52.
——. 2017. *A Diagram for Fire: Miracles and Variation in an American Charismatic Movement.* Oakland: University of California Press.

参考文献

Abram, David. 1996. *The Spell of the Sensuous: Perception and Language in a More-Than-Human World.* New York: Random House.

Adler, Shelley. 2011. *Sleep Paralysis: Night-mares, Nocebos, and the Mind-Body Connection.* New Brunswick, NJ: Rutgers University Press.

Alvarado, Carlos. 2000. "Out of Body Experiences." In *Varieties of Anomalous Experience: Examining the Scientific Evidence,* edited by Etzel Cardeña, Steven Jay Lynn, and Stanley Krippner, 183–218. Washington, DC: American Psychological Association.

Appadurai, Arjun. 1996. *Modernity at Large: Cultural Dimensions of Globalization.* Minneapolis: University of Minnesota Press.

Asad, Talal. 1993. *Genealogies of Religion: Discipline and Reasons of Power in Christianity and Islam.* Baltimore: Johns Hopkins University Press.

Asamoah-Gyadu, J. Kwabena. 2005. *African Charismatics: Current Developments within Independent Indigenous Pentecostalism in Ghana.* Leiden: Brill.

——. 2013. *Contemporary Pentecostal Christianity: Interpretations from an African Context.* Eugene, OR: Wipf and Stock.

Astuti, Rita. 2001. "Are We All Natural Dualists?" *Journal of the Royal Anthropological Institute* 7: 429–47.

——. 2007. "What Happens after Death?" In *Questions of Anthropology,* edited by Rita Astuti, John Parry, and Charles Stafford, 227–47. LSE Monographs on Anthropology 76. London: Berg Publishers.

——. 2009. "Revealing and Obscuring River's Pedigree: Biological Inheritance and Kinship in Madagascar." In *Kinship and Beyond: The Genealogical Model Reconsidered,* edited by Sandra Bamford and James Leach, 214–36. Oxford: Berghahn Books.

Astuti, Rita, and Paul Harris. 2008. "Understanding Mortality and the Life of the Ancestors in Rural Madagascar." *Cognitive Science* 32 (4): 713–40.

Atran, Scott. 2002. *In Gods We Trust: The Evolutionary Landscape of Religion.* Oxford: Oxford University Press.

Atran, Scott, and Jeremy Ginges. 2012. "Religious and Sacred Imperatives in Human Conflict." *Science* 336 (18): 855–57.

Atran, Scott, Hammad Sheik, and Angel Gomez. 2014. "For Cause and Comrade: Devoted Actors and Willingness to Fight." *Cliodynamics* 5 (1). https://escholarship.org/uc/item/6n09f7gr.

Augustine. 2001. *Confessions.* Translated by Rex Warner. New York: Signet Classic.〔『告白』山田晶訳、中央公論新社、2014年〕

Axline, Virginia. (1947) 1989. *Play Therapy: The Inner Dynamics of Childhood.*

マ行

ヤ行

ラ行

タ行

ナ行

ハ行

人名索引

ア行

カ行

サ行

ヤ行

ラ行

ワ行

タ行

ナ行

ハ行

マ行

サ行

事項索引

[著者]

ターニャ・M・ラーマン（Tanya. M. Luhrmann）

スタンフォード大学人類学部教授。シカゴ大学MA、ハーヴァード大学Ph.D.取得。心理人類学、医療人類学、科学研究。著書に *Of Two Minds: An Anthropologist Looks at American Psychiatry*（Vintage, 2000）や *When God Talks Back: Understanding the American Evangelical Relationship with God*（Alfred A. Knopf, 2012）などがある。また24年3月に本書によってSchool for Advanced Research Awards the 2024 J. I. Staley Prizeを受賞。

[訳者]

柳澤田実（やなぎさわ・たみ）

関西学院大学神学部准教授。1973年ニューヨーク生まれ。東京大学総合文化研究科博士課程修了。博士（学術）。専門は哲学・宗教学。東京大学21世紀COE研究員、南山大学人文学部准教授を経て、現職。宗教などの文化的背景とマインドセットとの関係を中心に研究している。

リアル・メイキング
——いかにして「神」は現実となるのか

2024年11月30日　初版第1刷発行

著　者————ターニャ・M・ラーマン
訳　者————柳澤田実
発行者————大野友寛
発行所————慶應義塾大学出版会株式会社
〒108-8346　東京都港区三田2-19-30
TEL〔編集部〕03-3451-0931
〔営業部〕03-3451-3584〈ご注文〉
〔　〃　〕03-3451-6926
FAX〔営業部〕03-3451-3122
振替　00190-8-155497
https://www.keio-up.co.jp/
装　丁————仁木順平
装　画————髙橋あゆみ
ＤＴＰ————アイランド・コレクション
印刷・製本——中央精版印刷株式会社
カバー印刷——株式会社太平印刷社

Printed in Japan ISBN 978-4-7664-2977-0